T0283146

Elogios para *Nuest*

"Es con gran placer y mucha alegría que recomiendo *Nuestra fe: Una introducción a la teología cristiana*, obra muy esperada y necesaria, escrita por los doctores Nancy Bedford y Guillermo Hansen. Nuestra comunidad latina está creciendo rápidamente y de igual forma están creciendo nuestros Ministerios Latinos. Como iglesia latina de la ELCA nuestra visión es expandir nuestra capacitación en el área del liderazgo y este libro es un gran recurso no tan solo como libro de texto sino también como referencia".

—Rev. Dr. Hector Carrasquillo, director del programa
Latino Ministries, Evangelical Lutheran Church in America

"*Nuestra fe* ofrece más que una mera introducción. Este es un libro muy significativo en el campo de la teología que puede ayudarnos a expandir nuestras bibliotecas y cursos. De manera seria y accesible, Bedford y Hansen presentan un volumen en el idioma español para toda persona que desee ampliar y profundizar su conocimiento de la teología cristiana".

—Leslie Diaz-Perez, directora de El Centro for the Study of Latinx
Theology and Ministry, McCormick Theological Seminary

"Una contribución clara y pertinente al diálogo dentro de la teología sistemática, tanto para quienes se inician en el estudio, como para quienes valoran la contextualización que tanto enriquece esta continua conversación".

—Agustina Luvis Núñez, profesora de Teología Sistemática y
decana académica del Seminario Evangélico de Puerto Rico

"Lo maravilloso de esta obra tan brillante es que a la vez es un recurso teológico académico y, sin embargo, tan accesible para aquellos que están acercándose a estas ideas y conceptos por primera vez. Bedford y Hansen son comunicadores talentosos cuyos profundos pensamientos desafían la mente mientras alimentan el alma. Expresan la fe tal como ha sido transmitida a lo largo de los tiempos, pero con sazón latino".

—Javier A. Viera, Presidente,
Garrett-Evangelical Theological Seminary

"Esta nueva edición de *Nuestra fe* es una adición bienvenida para la valiosa bibliografía de recursos para estudiantes en los seminarios, y las personas laicas en América Latina y Europa, tanto como para los Estados Unidos y sus territorios que se interesan en aprender sobre la fe cristiana de dos personas eruditas contemporáneas muy bien informadas sobre la tradición teológica cristiana".

—José David Rodríguez, ThD, PhD,
Lutheran School of Theology at Chicago

NUESTRA FE

NUESTRA FE

Una introducción a la teología cristiana

SEGUNDA EDICIÓN REVISADA

Nancy Elizabeth Bedford
Guillermo Hansen

FORTRESS PRESS
MINNEAPOLIS

NUESTRA FE
Una introducción a la teología cristiana, segunda edición revisada

Cover image: Unique hand-drawn triangle pattern. IStock/jsnegi
Cover design: Marti Naughton

Print ISBN: 978-1-5064-8292-7
eBook ISBN: 978-1-5064-8293-4

PUBLICACIONES EDUCA B
Mayo de 2008

Los capítulos 1 (¿Qué es la teología?); 5 (¿Cuáles son el destino y la vocación de la buena creación?); 6 (¿Por qué un Dios bueno permite el mal y el pecado?); 7 (¿Quién es Jesús, el Cristo de Dios?) y 8 (¿Por dónde sopla el Espíritu?) fueron elaborados por la Dra. Nancy Bedford.

Los capítulos 2 (¿Qué celebramos los cristianos?); 3 (¿Por qué y para qué nos llama Dios?); 4 (¿Qué es esa comunidad llamada Iglesia?); 9 (¿Por qué confesamos un Dios "trinitario"?) y 10 (¿Qué esperamos?) fueron elaborados por el Dr. Guillermo Hansen.

Compilación de Glosario y Datos Biográficos: Dra. Marisa Strizzi, Lic. Susana Chiara, Dr. Daniel Beros.

ÍNDICE

INTRODUCCIÓN

Casi dos décadas atrás nos sentamos en Buenos Aires, Argentina, a pensar cómo estructurar una introducción a la teología cristiana para el ámbito rioplatense. Para ello pensamos primero hacia quiénes estaba dirigida la obra. Teníamos en mente a líderes y lideresas comprometidas con la misión de la iglesia, pero que también contaran con una cierta formación educativa previa. Pensábamos en personas involucradas en algún ministerio, pero que también se sintieran llamadas por Dios en su compromiso con las distintas luchas y reclamos de nuestros pueblos y comunidades. Imaginábamos gente cuyas vocaciones las llevaba por distintos caminos de la vida, pero deseosa de indagar más profundamente sobre el sentido y la relevancia de la fe cristiana en sus caminares. En suma, personas que escuchaban la Palabra de Dios, como así también los clamores y anhelos del mundo. Así surgió la idea de que debíamos comenzar nuestro libro invitando a las personas a imaginarse como protagonistas plenas en el quehacer teológico y por ello comenzar con los "lugares" más inmediatos o cercanos a las personas que confiesan la fe cristiana (caps. 1 al 4). Podríamos haber empezado de una manera más "tradicional" abordando los temas dogmáticos centrales de la teología cristiana (Dios, creación, pecado, Cristo, o escatología, entre otros). O aun, siguiendo más de cerca el método de las muchas teologías contemporáneas, comenzando por nuestras experiencias históricas, existenciales, etnográficas o de género, reflejando la problemática de ser criaturas finitas, llenas de esperanzas y contradicciones.

Sin rechazar la validez de estos caminos, decidimos empero comenzar por otro lado. Queríamos encontrar un sendero donde personas y comunidades con distintas trayectorias e historias pudiesen encontrarse en torno a temas comunes, abriendo puertas hacia los espacios más inmediatos de su experiencia de fe. Y al abrir esas puertas, reconocerse a sí mismas como portadoras de conocimientos teológicos y vivencias espirituales. Por ello, buscando las "puertas de entrada" al gran ámbito de las creencias cristianas, dimos con el mundo de la experiencia cúltica, la adoración y la oración, los sacramentos y la predicación, en fin, la liturgia de la Iglesia (cap. 2). Como lo indicamos en el capítulo 1, la tarea de reflexión teológica siempre supone tanto la oración como el testimonio en el mundo. Por ello, después de tratar el ámbito de la oración y el testimonio, procederíamos a otros espacios cercanos como son el encuentro entre Dios y los y las creyentes (justificación), a la par que el seguimiento de Cristo en el mundo (santificación y discipulado), temas del capítulo 3. Por último, la próxima puerta de entrada sería la reflexión sobre la Iglesia y nuestras comunidades de fe (cap. 4).

Al alentar una conciencia sobre el cúmulo de conocimientos y experiencias cosechadas en estas cercanías, confiábamos en que las personas que leyeran este libro estarían ahora listas para abordar los grandes temas "doctrinales" como ser Dios, la creación, el pecado y el mal, Jesucristo, el Espíritu Santo, la Trinidad y la escatología. Estas temáticas requieren una reflexión más detallada, una paulatina familiaridad con un lenguaje más "técnico", y una apertura a dejarse sorprender por nuevas ideas y miradas. Pero tampoco lo haríamos de una manera tradicional, sino que tomando en cuenta ahora las experiencias históricas, existenciales, etnográficas y de género. Esta introducción buscaría ser tanto fiel al desarrollo del pensamiento cristiano a lo largo de la historia, como así también a las nuevas perspectivas que continuarían con el tema de la creación en relación con el Dios trino y la ecojusticia (cap. 5), siguiendo luego por la pregunta sobre cómo es posible que un Dios bueno permita el pecado y el mal, lo que denominamos "teodicea" (cap. 6). La confesión de Jesús como el mesías de Dios, tema del capítulo 7, exploraría la centralidad de esta temática para la identidad cristiana, y rastrearía en las Escrituras y en la historia de la iglesia las distintas variantes y aproximaciones a la "deiformidad" de Jesús, y a la "cristoformidad" de Dios. Algo semejante ocurre en el capítulo 8, pero esta vez respecto a la figura, experiencia y persona del Espíritu Santo, visto ahora desde una mirada bíblico-histórica en conjunción con nuevas perspectivas derivadas de las teologías feministas. Después de haber tratado las distintas facetas o dimensiones del encuentro con Dios como creador, Jesús como el Cristo, y la "maternidad" del Espíritu Santo, pasaríamos a condensar la particular experiencia y concepción del cristianismo con respecto a Dios y su relación con el mundo, es decir, la doctrina de la Trinidad (cap. 9). Por último, aunque este último podría haber sido el principio de todo, exploraríamos las distintas finalidades de Dios para el mundo y en qué se funda nuestra esperanza, inclusive de cara a la muerte (cap. 10).

En fin, pensábamos que esta forma de estructurar el libro ayudaría a establecer vasos comunicantes entre las experiencias más primarias de nuestra fe y la reflexión sistemática sobre las connotaciones e implicancias de esa fe ante la diaria tarea de vivir en este hermoso, pero complejo, mundo. Y dio sus frutos, porque hemos comprobado que en sus años de existencia este libro ha resultado ser un catalizador para la conversación teológica, ya sea en talleres, cursos y ponencias, tanto en comunidades en la región rioplatense como también en muchos países hispanohablantes de nuestra América. En esta segunda edición, corregida y aumentada, hemos mantenido la estructura original esperando que los y las nuevas lectoras se sientan motivadas y animadas a indagar y explorar distintos aspectos de la identidad cristiana.

Confiamos en que esta nueva edición de *Nuestra fe* preste herramientas para seguir reflexionando y conversando sobre la fe que confesamos y vivimos. En esta nueva empresa hemos tenido en mente algunos de los cambios ocurridos desde la primera edición acaecida en el año 2008. En particular tuvimos presente algunos cambios en el escenario latinoamericano, como así también la realidad de las comunidades latinas en América del Norte. Sin embargo, esta obra no pretende cubrir todas las novedades que se han dado en la última década en el ámbito de la teología, sino recoger algunos lineamientos principales que configuran una suerte de "consenso teológico" ecuménico de los últimos 50 años, enfatizando las perspectivas brindadas por distintas teologías "progresistas" (la teología de la liberación, teologías feministas, ecológicas, etc.) en clave protestante. Como notarán, esta perspectiva tampoco se da en el vacío, sino que recoge los importantes desarrollos que se han dado en la historia de la iglesia, tanto en la era Patrística, durante la Reforma, como así también en la era moderna. Creemos que sería adecuado decir que la perspectiva teológica presente en este libro pretende estar bíblicamente inspirada, históricamente informada, protestantemente interpretada, socio-políticamente comprometida, existencialmente enraizada, y escatológicamente orientada.

Si bien en nuestra primera edición ya teníamos presente un lenguaje inclusivo que se hiciera eco del nuevo protagonismo de las mujeres en la iglesia y en la sociedad, nuevos desarrollos en la conciencia de las identidades de género han cambiado este escenario inicial. Ahora hablamos no solo de identidades femeninas y masculinas, sino también *queer*, trans, bisexual, etc. Frente a este panorama mucho más diverso es un desafío desarrollar un lenguaje más explícito y conscientemente inclusivo en el marco de un idioma como el nuestro, el español, tan marcado por las categorías binarias y por el universalismo masculino. Por ejemplo, en muchos lugares de América latina ya ha comenzado a utilizarse la vocal "e" como un indicador neutro (por ejemplo, elles, nosotres, etc.) que permite abarcar todos los géneros, incluidas las identidades trans-, no binarias, etc. Pero si bien el lenguaje siempre está vivo y cambia, no hemos querido confundir demasiado a los y las lectoras introduciendo formas gramaticales con las cuales no están aún familiarizadas. Por ello hemos seguido, en líneas generales, las sugerencias de la *Guía de uso del lenguaje inclusivo de género en el marco del habla culta costarricense* (2015),[1] utilizando circunloquios cuando sea posible (la gente, las personas, etc.), además del uso tanto masculino y femenino de un sustantivo, pronombre o artículo (los y las creyentes, él y ellas, los y las, etc.). También, motivado por razones estilísticas y de equidad, hemos optado por el uso más asiduo de las formas femeninas cuando estamos hablando de un concepto más universal (por ejemplo, las creyentes, refiriéndonos tanto a varones, mujeres, trans, *queer*, etc.). Sepa el lector y la lectora que a pesar de que todavía no exista un consenso sobre las formas específicas a utilizar, nos mueve el compromiso para ser más justas, inclusivas y equitativas en el uso del lenguaje.

Para no distraer demasiado en la lectura hemos decidido mantener al mínimo las citas directas en el cuerpo del texto. Por ello encontraran al final de cada capítulo una "Bibliografía seleccionada" que indican las fuentes que

---

1 Rojas Blanco, Lillyam y Marta Eugenia Rojas Porras; *Guía de uso del lenguaje inclusivo de género en el marco del habla culta costarricense* (Heredia, C.R.: Instituto de Estudios de la Mujer, 2015).

han inspirado las ideas y el pensamiento desarrollados en el capítulo, sirviendo también como sugerencia para seguir profundizando en las lecturas. También hemos tratado de explicar lo más posible los conceptos e ideas que encierran las categorías teológicas tanto clásicas como modernas, y cómo éstas se relacionan con algunos de los nombres más prominentes en la tradición teológica cristiana. Al final del libro encontrarán un Glosario de términos teológicos, al igual que los datos biográficos de autores y autoras que han inspirado distintas partes de esta obra.

Sin más, ¡disfruten la lectura!

Nancy Elizabeth Bedford
Guillermo Hansen
Buenos Aires, enero de 2023

I. ¿QUÉ ES LA TEOLOGÍA?

"Estoy estudiando teología". La frase tiende a evocar todo tipo de reacciones, no siempre positivas. "¿Biología? ¿Geología?" –preguntan algunas personas, buscando algún terreno conocido dentro de la universidad moderna. "¿Es un estudio de las distintas religiones, o del esoterismo?"– indagan otras, que sentirán decepción al escuchar que se trata de teología *cristiana*. "Aprender a aceptar todos los dogmas inservibles y retrógrados de una tradición represora", puntualizan ciertas personas escépticas, desde afuera de la fe cristiana. "A mí con un estudio bíblico me alcanza, qué tanta alharaca", señalan otras personas escépticas, desde adentro de la fe cristiana. "*Logos*: estudio de, ciencia sobre; *theós*: Dios" dirá alguna persona que conoce de etimologías, posiblemente agregando: "¿Puede acaso haber una 'ciencia' sobre algo tan inasible como Dios? ¿Puede Dios ser *objeto* de estudio?" Algunos podrán inquirir: "¿Eso tiene algo que ver con los problemas de la vida real?" Tales preguntas suelen irritarnos por un lado y reflejar nuestras propias ambigüedades ante semejante materia de estudio por el otro. Tratar de tomarlas en serio y contestarlas ya implica internarnos en la tarea de "hacer teología". En este capítulo nuestro objetivo será comenzar a clarificar nuestros términos y a responder algunas de estas preguntas. Encuadraremos el quehacer teológico como una labor comunitaria, situada y comunicativa de la Palabra de Dios.

1. *Ora et labora*: la oración y la tarea teológica

Podría decirse que la raíz primera de la teología es la oración, y sobre todo la doxología*. Evagrio Póntico** es el autor de un célebre aforismo que resume la estrecha relación entre oración y teología: "Si eres teólogo, orarás verdaderamente, y si oras verdaderamente, eres teólogo"[1]. No es casualidad que algunas de las más bellas expresiones de alabanza y de oración del Nuevo Testamento hayan servido como una de las principales raíces de lo que posteriormente se llamaría la doctrina* trinitaria, o que uno de los resúmenes más apropiados y ajustados de la teología cristiana sea "la ley de la oración funda la ley de la creencia y de la acción" (en latín, *lex orandi est lex credendi et agendi*).[2]

---

1 Evagrio Póntico, Sobre la oración, 61, *Obras Espirituales*, trad. Juan Pablo Rubio Sadia (Madrid: Ciudad Nueva, 2017), 248.

2 La frase es atribuida a diversos teólogos del siglo V, incluidos Próspero de Aquitania y el Papa Celestino I. En el capítulo 2 se trabajará sobre la relación entre la adoración y la creencia, y en el capítulo 9 sobre la doctrina trinitaria.

La actitud y la práctica de la adoración son esenciales para el estudio teológico. Por eso Karl Barth** puede decir que la acción primera y fundamental del trabajo teológico, acción que marca a todas las siguientes, es la oración.[3] De hecho, la oración no es un marco estético o un preámbulo descartable de la tarea teológica, sino el oxígeno que necesita para respirar y tener vida. En ese inhalar y exhalar obra la *Ruaj* o Espíritu de Dios, quien nos ayuda en nuestra debilidad ante la aparente enormidad de la tarea teológica. En la rica tradición* teológica cristiana hay muchos bellos ejemplos de oraciones ligadas al ejercicio de la teología. Recorrer las obras de la gran nube de testigos compuesta por los teólogos y las teólogas del pasado y del presente no debe apabullarnos. Si bien sus escritos no tienen la autoridad de los testimonios bíblicos, nos preceden y acompañan en el camino. Aprendemos de sus errores y nos enriquecemos con sus aciertos.

Agustín de Hipona** era consciente del carácter provisional de todo discurso teológico, así como del peligro de caer en vanas palabrerías. Al concluir su tratado sobre la Trinidad, subraya:

"Sé que está escrito: *En las muchas palabras no estás exento de pecado.* ¡Ojalá solo abriera mis labios para predicar tu palabra y cantar tus alabanzas! Evitaría así el pecado y adquiriría abundancia de méritos aún en la muchedumbre de mis palabras [. . .]

Cuando arribemos a tu presencia, cesarán estas muchas cosas que ahora hablamos sin entenderlas, y tú permanecerás todo en todos, y entonces modularemos un cántico eterno, loándote a un tiempo unidos todos en ti."[4]

Esta admisión no llevó a que Agustín se dedicara solamente a cantar loas; por lo contrario, fue uno de los teólogos más prolíficos e influyentes de la tradición cristiana. Más bien, lo que refleja su afirmación es que las palabras del teólogo o la teóloga, a diferencia de las alabanzas y las doxologías, tienen un fuerte carácter "penúltimo", es decir, provisorio. No por eso dejan de ser necesarias. Simplemente es fundamental darnos cuenta de que nuestra articulación teológica no es un discurso que provenga directamente de la boca de Dios o que pueda identificarse con Dios en sí, sino que nace de la búsqueda de Dios, de la fe en Dios, y de la confianza que Dios nos tiene como sus criaturas, a quienes ha regalado el don de la palabra. Nuestro discurso teológico surge, pues, de una fe que busca entender y comprender, y que por lo tanto se toma la libertad de articular preguntas y respuestas. Este carácter tentativo, provisorio y situado del

3 Karl Barth, *Introducción a la Teología Evangélica*, trad. Elizabeth Linderberg de Delmonte (Buenos Aires: La Aurora, 1986), 166.
4 San Agustín, *La Santísima Trinidad*, 15.28.51, trad. Luis Arias, https://www.augustinus.it/spagnolo/trinita/index2.htm.

discurso teológico lo reviste de humildad, pero a la vez le otorga gran libertad. Al hacer teología es legítimo que expresemos nuestras dudas y preguntas, a la vez que respondemos en fe a la buena noticia del evangelio.

2. Teología: la fe, la esperanza y el amor en busca de expresión

Una de las formas clásicas de entender la teología, elaborada por Agustín y luego por Anselmo de Canterbury**, la entiende como "inteligencia de la fe" (*intellectus fidei*) o como fe en busca de comprensión (*fides quaerens intellectum*). Probablemente esta perspectiva tenga raíces paulinas, por ejemplo, en 2 Corintios 4:13: "Creí, por lo cual hablé . . ." La idea es que, si bien la razón participa en la tarea teológica, esta no nace de la reflexión intelectual solamente. En una de sus oraciones Anselmo refleja el orden de prioridades del que hablamos:

> "Permíteme ver tu luz desde lejos o desde lo profundo. Enséñame a buscarte, y muéstrate al que te busca, porque no puedo buscarte si no me enseñas, ni encontrarte si no te muestras. Te buscaré deseándote, te desearé buscándote, te encontraré amándote, te amaré encontrándote.
> [. . .] No busco entender para creer, sino que creo para entender. Y también creo esto: que, si no creyera, no entendería."[5]

La prioridad, entonces, la tiene la fe por sobre el entendimiento, si bien hace falta un riguroso uso del entendimiento para hacerles justicia a las inquietudes que surgen de esa fe que desea entender. Aquí hay que poner mucha atención, pues a su vez la fe no surge sola, sino como respuesta al gracioso acercamiento de Dios. Antes de que nazca nuestra fe en Dios y nuestra palabra sobre Dios (*theos-logía*), Dios ya ha tomado la palabra de un modo muy particular en su Palabra (*Logos*). Estamos hablando de lo que la teología ha dado en llamar la *encarnación*. En este sentido, es instructivo releer Juan 1:14-18:

> Y la Palabra se hizo carne y tendió su tienda entre nosotros, y contemplamos su gloria, gloria como la del unigénito del Padre, lleno de gracia y de verdad.
> Juan testificó acerca de él y clamó diciendo, "Este es aquel de quien dije: Viene detrás de mí alguien que me precede, pues era antes que yo".
> Pues de su plenitud recibimos todos, y gracia sobre gracia. Porque la Ley nos fue dada por medio de Moisés, pero la gracia y la verdad fueron hechas realidad por medio de Jesucristo.

---

5 San Anselmo, *Proslogion 1, Obras Completas*, trad. Julián Alameda (Madrid: BAC, 1952), 35.

A Dios no lo ha visto nadie jamás: el unigénito Hijo que está en el seno del Padre: él lo ha dado a conocer.

En el texto aparece una clara dinámica:

Encarnación: la Palabra se hace carne

Contemplación: los testigos del Hijo en vida, muerto y resucitado ven su gloria, reflejada en su modo de vivir y de ser.

Testimonio: su encarnación aparece como acompañada de una interpretación teológica acerca de su preexistencia, atribuida a Juan el Bautista.

Mediación: por gracia, el Hijo comparte su plenitud y nos muestra quién es el Padre.

En este texto (así como a lo largo de la Biblia), Dios toma la iniciativa supremamente a través del Hijo. La Palabra ya "era" antes de nuestras palabras. De manera que si bien la teología es palabra organizada y rigurosa (y es en este sentido que se la llama "ciencia" o "disciplina") en torno al Dios conocido por fe, responde a la Palabra *de* Dios en Jesucristo, pues Dios siempre es Sujeto, aun cuando sea el objeto de nuestras elucubraciones. Responder en fe a la Palabra de Dios, tratar de entender, procesar, elaborar, organizar, tamizar lo que surge de esa fe, es *empezar* a hacer teología.

Jürgen Moltmann** sugiere que podría tener una importancia decisiva para la teología extender el principio anselmiano y hablar, además, de la *esperanza* en busca de entendimiento: "espero y por lo tanto entiendo". Sostiene que para que la fe se fortalezca tiene que remitirse a la esperanza en la resurrección; dicho de otro modo, la incredulidad se funda en la falta de esperanza.[6] Si –como pretende Moltmann– sólo la esperanza merece ser calificada de "realista", pues solamente ella toma en serio las posibilidades que atraviesan todo lo real, entonces toda teología precisa un sesgo esperanzado y esperanzador para serle fiel a su vocación. Por consiguiente, la teología no es solamente inteligencia de la fe (*intellectus fidei*), sino también inteligencia de la esperanza (*intellectus spei*). En medio de la desesperanza y la injusticia que sacuden a las sociedades de Nuestra América (José Martí), la esperanza le otorga a la teología una dimensión de gozosa imaginación en torno al Reino de Dios, a la vez que de obstinada contradicción con las cosas "tal como son".

Hablar de la fe y de la esperanza no significa en absoluto olvidar que la teología que elaboramos en América Latina, el Caribe y en los ámbitos latinos de América del Norte, es una teología forjada en un mundo sufriente. Jon Sobrino** profundiza la reflexión acerca de la teología como "palabra" sobre Dios, cuando destaca que, en cuanto palabra sobre la realidad, la pobreza-muerte

---

6 Jürgen Moltmann, *Teología de la esperanza*, trad. A. P. Sánchez Pascual (Salamanca: Sígueme, 1989), 41–44.

toma inocultablemente la primera plana. Este hecho requiere una respuesta de misericordia primordial, adecuada al sufrimiento del mundo, por lo que la teología debe ser una reflexión condicionada por la respuesta al sufrimiento, que es una praxis*. Recalca que "a Dios hay que responder (en fe y esperanza) dejándole ser Dios, pero hay que corresponderle promoviendo en la historia lo divino de su realidad (misericordia, justicia, amor, verdad, gracia)...".[7] Por eso Sobrino destaca en palabras de Gustavo Gutiérrez** que la principal tarea de la teología es cómo decir a quienes sufren de pobreza y necesidad en este mundo que Dios los ama.

La tríada de la fe, la esperanza y el amor, que conocemos por el bello himno de 1 Corintios 13, llamadas tradicionalmente las "virtudes teologales", nos sirven como punto de partida para nuestra reflexión sobre la teología. Podemos afirmar tentativamente que la teología se caracteriza por articular reflexiones y preguntas sobre Dios surgidas de la fe, la esperanza y el amor en busca del entendimiento.

Un pequeño paréntesis

Antes de continuar, es útil leer y reflexionar sobre algunas de las muchas definiciones existentes de lo que es la teología. A continuación, hemos incluido una serie de propuestas. Podemos compararlas, contrastarlas, tratar de detectar qué elementos brindan cada una de ellas, así como dilucidar cuáles nos atraen y cuáles no, y por qué. Al hacerlo, estaremos descubriendo algo también acerca de las precomprensiones que nos acompañan al comenzar el estudio de la teología.

Karl Barth (1886–1968), *Bosquejo de Dogmática*:

"La dogmática es la ciencia por la cual la Iglesia, según el estado actual de su conocimiento, expone el contenido de su mensaje, críticamente, esto es, midiéndolo por medio de las Sagradas Escrituras y guiándose por sus escritos confesionales".

Sallie McFague (1933–2019), *Modelos de Dios*:

"La clase de teología que voy a exponer es lo que yo llamo una teología metafórica o heurística; es decir, una teología que experimenta con metáforas y modelos y cuyas pretensiones son modestas [...] Lo que puede decirse con certeza sobre la fe cristiana es muy poco; la teología –o, en todo caso, la clase de teología

7 Jon Sobrino, *El principio-misericordia. Bajar de la cruz a los pueblos crucificados* (Santander: Sal Terrae, 1992), 70.

que yo hago– es principalmente una elaboración de ciertas metáforas y modelos básicos, en un intento de expresar los planteamientos cristianos de forma convincente, amplia y actualizada".

José Míguez Bonino (1924–2012), *Rostros del Protestantismo*:

La teología es "búsqueda de fidelidad en la comprensión del Evangelio [. . .] Es posible que la teología no sea lo más importante ni lo primero que debe ocuparnos, pero es ciertamente indispensable. La iglesia no puede existir sin interrogarse constantemente a sí misma, a la luz de la Escritura, acerca de la fidelidad de su testimonio, de la coherencia entre su mensaje, su vida y su culto".

Jürgen Moltmann (n. 1926), *Gelebte Theologie*:

"La teología no es la ciencia de administrar lo religioso; la teología es una pasión, que ha de realizarse con todo el corazón, toda el alma y todas las fuerzas, o si no, es mejor no intentarlo. La teología surge de la pasión de Dios, de la herida abierta de Dios en la propia vida, del reclamo a Dios de Job y del Crucificado, de sentir la ausencia de Dios y de las experiencias de los 'sufrimientos de este tiempo': Auschwitz, Estalingrado, Vietnam, Bosnia, Chernobil y un sinfín de lugares más.

La teología nace de la indómita alegría por la presencia del Espíritu de Dios, el Espíritu de la resurrección, de manera que uno afirma esta vida con el amor entero e indiviso de Dios –y a pesar de toda la destrucción de vida– la ama y está presente, totalmente presente. Esta es la alegría divina, la alegría de Dios por la vida. El dolor de Dios y la alegría de Dios son las dos experiencias entre las cuales la teología a uno no lo deja descansar".

Roberto Oliveros (n. 1940), "Historia de la teología de la liberación" en *Mysterium Liberationis* I:

"El 'creer para entender' de san Anselmo se comprende solo desde el camino de Cristo: nació, vivió y murió por la liberación de los pobres y la consiguiente construcción del reino de los hermanos. 'El que ama conoce a Dios. El que no ama, no conoce a Dios' (1 Juan 4:7.8). Pascal lo retoma al expresar que 'el corazón tiene una lógica y conocimientos que se ocultan a la razón'. Un ateo disertará y podrá escribir sobre Cristo con muchos conocimientos sociales científicos, pero no será un teólogo cristiano y bíblico como los escritores de la Sagrada Escritura, modelos y paradigma del quehacer teológico. El teólogo es un creyente. Por ello su reflexión brota y se hace de la compasión por el pobre crucificado y la pasión por la buena noticia de Jesucristo".

María Pilar Aquino (n. 1956), "Theological Method in U.S. Latino/a Theology"

"La elaboración de la teología sistemática es cada vez más una obra comunitaria que se compromete con el diálogo crítico y la reflexión colectiva (. . .) Es un emprendimiento intercultural que no tiene ruta alguna al conocimiento teológico que no sea la interculturalidad".

Aloysius Pieris (n. 1934), *El rostro asiático de Cristo*:

"Nuestra teología es nuestra forma de sentir y hacer las cosas, como aparece en las luchas de nuestro pueblo por la emancipación espiritual y social y como se expresa en los giros idiomáticos y en las lenguas de las culturas creadas por estas luchas".

Paul Tillich (1886–1965), *Teología Sistemática* I:

"La teología, como función de la Iglesia cristiana, debe servir las necesidades de esa Iglesia. Un sistema teológico, en principio, debería satisfacer dos necesidades fundamentales: la afirmación de la verdad del mensaje cristiano y la interpretación de ese mensaje para cada nueva generación. La teología oscila entre dos polos: la verdad eterna de su fundamento y la situación temporal en la que esa verdad eterna debe ser recibida. No abundan los sistemas teológicos que hayan sabido combinar perfectamente ambas exigencias [. . .] La teología es la interpretación metódica de los contenidos de la fe cristiana".

Justo González (n. 1937) y Zaida Maldonado Pérez (n. 1957), *Introducción a la teología cristiana*:

"Si la teología trata acerca de Dios y sus propósitos, y sin embargo sigue siendo tarea humana, resulta claro que sus palabras son siempre provisionales, parciales, precarias. Quien hace teología, por mucho que procure ajustarse a la Palabra de Dios –y mientras más procure ajustarse a ella– tiene que reconocer el abismo que existe entre sus palabras y las de Dios".

Pequeño Larousse Ilustrado (1997):

Teología, n. f.: "Ciencia que trata de Dios y de sus atributos y perfecciones".

3. El sujeto hermenéutico: ¿quiénes hablan y preguntan?

La definición tentativa que habíamos sugerido, según la cual la teología consiste en articular palabras y preguntas sobre Dios que surgen de la fe, la esperanza y el amor en busca del entendimiento, requiere algunas precisiones: ¿Quiénes hablan y preguntan? ¿Desde dónde hablan y preguntan? ¿Sobre qué o quién hablan y preguntan? Esto será lo que trataremos a continuación.

En un sentido estricto, cualquier persona que hace preguntas y que habla desde su fe en Dios en respuesta a la Palabra dada por Dios en Jesucristo, ya es "teólogo" o "teóloga". Hacerlo es un privilegio y una responsabilidad que parte del sacerdocio general ejercido y constituido por todas las personas que siguen en fe a Jesús (1 Pedro 2:9): incluso podemos hablar en este sentido del "teologado general" de los cristianos y las cristianas. Al ejercer este teologado no reflexionamos de manera aislada, sino como parte de una comunidad de fe que es a la vez una comunidad interpretativa o hermenéutica*. Por eso nuestra teología debe ser una teología *en conjunto* como ha subrayado incansablemente la teología latina en América del Norte.[8] Idealmente, nuestras comunidades eclesiales nos proveen las herramientas para profundizar la reflexión como servicio al Reino de Dios. Quienes respondan al llamado de dedicarse de manera especial a la vocación teológica, profundizando sus habilidades a través de estudios formales, no por eso pueden apropiarse exclusivamente del título de "teólogo" o "teóloga". Tampoco puede la voz de algún teólogo en particular representar a toda la Iglesia, pues la teología precisa de los matices y la riqueza de las preguntas planteadas desde distintas ubicaciones sociales, culturales, etáreas, y así sucesivamente.

Por otra parte, vale la pena constatar que la ubicación social y eclesial de la mayoría de quienes se dedican formalmente a la teología se ha ido desplazando conforme a las épocas: en los primeros siglos de la iglesia se destacaron pastores y obispos, tales como Ignacio de Antioquía**, Atanasio de Alejandría**, Basilio de Cesarea** o Agustín de Hipona. En una segunda etapa, durante la Edad Media, la formulación precisa del discurso teológico estuvo a cargo principalmente de personas ancladas en comunidades monásticas, tales como Anselmo o Tomás de Aquino. En un tercer período, a partir de la modernidad, la mayor producción de escritos teológicos formales estuvo a cargo de especialistas, sobre todo en los seminarios teológicos y las facultades de teología. A medida que ha ido avanzando la especialización y la inmensidad de los potenciales saberes, ha ido surgiendo una fragmentación por la cual no son necesariamente las mismas personas quienes interpretan la Biblia, se concentran en la homilética* o

---

8 Véase por ejemplo la obra colectiva editada por José David Rodríguez y Loida I. Martell Otero, *Teología en Conjunto. A Collaborative Hispanic Protestant Theology* (Louisville: Westminster John Knox, 1997).

desarrollan la teología sistemática, a diferencia de lo que ocurría por ejemplo con Agustín, o incluso con Lutero y Calvino.

Actualmente se discute en muchas universidades herederas del modelo moderno cuál puede o debe ser el lugar de una facultad de teología dentro del paradigma científico y tecnocrático que rige la lógica universitaria dominante. En algunas universidades, las facultades dedicadas a las "ciencias de la religión", que se ocupan del análisis fenomenológico de las religiones aplicando criterios de las ciencias sociales, van desplazando a las facultades de teología, cuyo principal propósito ha sido preparar personas para el ministerio cristiano. A la vez, siguen existiendo seminarios teológicos e institutos bíblicos cuyo propósito central es este último. Adicionalmente, siempre han existido numerosos productores de teología en las márgenes de las instituciones eclesiales: entre ellos se destacan las madres del desierto y luego las místicas medievales, tales como Sinclética de Alejandría, Hildegarda de Bingen** o Catalina de Siena**.

Clodovis Boff** elabora una interesante clasificación tripartita de quienes "hacen" teología,[9] cuyas categorías ajustaremos aquí levemente para tomar en cuenta también las realidades de nuestras iglesias evangélicas:

	Teología académica	Teología pastoral	Teología popular y congregacional
Descripción	Más elaborada y rigurosa	Más vinculada a la praxis	Más espontánea y difusa
Lógica	Metódica y sistemática	Concreta y profética	Oral, gestual, sacramental
Productores	Profesores y profesoras	Pastores y pastoras	Miembros de las iglesias, participantes de movimientos de raigambre cristiana
Producción oral	Conferencias, clases, paneles	Sermones, estudios, asesoramiento pastoral, podcasts	Comentarios, celebraciones, dramatizaciones
Producción escrita	Libros, artículos	Cartas, artículos, folletos	Testimonios, boletines, blogs, mensajes

---

9 Clodovis Boff, "Epistemología y método de la teología de la liberación," *Mysterium Liberationis: conceptos fundamentales de la teología de la liberación*, ed. Ignacio Ellacuría y Jon Sobrino, tomo I (Madrid: Trotta, 1990), 93.

Idealmente, estas no deben ser categorías rígidas, sino que -en honor al sacerdocio y al teologado de cada creyente- toda persona cristiana debería tener la libertad de pasearse por el tipo de labor tipificado por cada una de las columnas. Como dice Ivone Gebara, "el lenguaje teológico se expresa ora en profecía denunciadora del presente, ora en canto de esperanza, ora en lamento, ora en forma de consejo . . ."[10] La Iglesia debe reconocer que hay diversidad de dones, y que los diferentes tipos de teología se enriquecen y complementan mutuamente, a la vez que hay un espacio apropiado para cada tipo de discurso. No es apropiado usar gran cantidad de términos técnicos teológicos en un mensaje dominical, aunque conocerlos ayude a tener claridad en el momento de preparar tal mensaje. Tampoco sería apropiado recurrir exclusivamente al estilo testimonial para componer una tesis de grado.

A medida que vamos tomando conciencia de nuestro carácter de *sujetos hermenéuticos* podemos ir ensanchando nuestros horizontes y aprendiendo no solamente de aquellas personas que nos resultan diferentes en virtud de su etnicidad, su género o su condición socioeconómica, sino también de quienes difieren generacional o cronológicamente de nosotros. La Iglesia se extiende a través de los tiempos y las generaciones, hacia el futuro del Dios que creemos que se nos acerca en cumplimiento de sus promesas. Tener esta perspectiva nos ayuda también a percatarnos del carácter limitado y provisorio de cualquier intento de hablar significativamente de Dios y de la fe cristiana en un momento dado y desde un punto en el tiempo y el espacio. Es finalmente Dios la hilandera que de nuestras palabras va tejiendo un tapiz trinitario cuya belleza y armonía supera nuestra imaginación, aunque esté compuesto por los hilos y las hilachas más dispares e inesperados.

4. El lugar hermenéutico:
¿desde dónde se habla y se pregunta?

Cada persona tiene una historia de vida y un contexto vital que orienta sus preguntas teológicas. Quien ha vivido una tragedia familiar o una gran injusticia posiblemente vuelva una y otra vez a la pregunta: Si Dios es bueno, ¿cómo puede haber ocurrido esto? ¿Cómo puede un Dios bueno permitir el mal?[11] Quien haya sufrido bajo el abuso de su padre biológico muy posiblemente se preocupe por dilucidar si las metáforas paternales acerca de Dios son verdaderamente apropiadas. Quien se haya podido conectar con sus raíces, idioma, cultura y religiosidad indígenas, quizá luche por integrarlas a una fe cristiana capaz de dialogar con vertientes no-occidentales. Quien haya pasado por procesos migratorios,

---

10 Ivone Gebara, *Teología a ritmo de mujer*, trad. Miguel Ángel Requena Ibáñez (Madrid: San Pablo, 1995), 16.

11 El tema de cómo "justificar" a Dios frente a la existencia del mal (teodicea) se trata en el capítulo 6.

traerá esas vivencias a su quehacer teológico. Algunas de nuestras obsesiones personales pueden desembocar en nuestras mejores contribuciones a la teología, si nos abocamos a trabajarlas. A la vez es imprescindible tener oídos para oír lo que señalan las voces que articulan preguntas muy diferentes a las nuestras, pues por su medio el Espíritu a menudo habla a la Iglesia. Durante mucho tiempo, la teología dominante ignoró en gran medida las realidades, las experiencias y las voces de las mujeres. Ya no es el caso, pues las mujeres han alzado sus voces y se han abocado a la tarea teológica. Lo mismo ha pasado con voces indígenas y negras, que desafían a la teología a discernir en qué medida ha sido cómplice del racismo y otras formas de pecado estructural. Las inquietudes a las que debemos tomar en cuenta al hacer teología también pueden venir de fuera de la Iglesia, de las preguntas surgidas de la secularidad o de las grandes religiones vivientes.

Otras preguntas teológicas surgen del contexto global en el que vivimos las criaturas de Dios en la actualidad. La biogenética y la tecnología nos imponen algunos interrogantes urgentes: ¿Quién es el ser humano? ¿Qué valor tiene su vida? ¿Qué sentido tiene su trabajo? La injusticia en la distribución de los recursos globales y la crisis ecológica nos instan a pensar en el Dios Creador y Sustentador, y lo que las tendencias autodestructivas de sus criaturas humanas significan para la creación y para Dios. La exclusión social, el sin-sentido experimentado por muchas personas, y muchos otros factores nos constriñen a pensar teológicamente al mundo desde el amor de Cristo.

Nuestras lecturas y relecturas de las grandes doctrinas cristianas (acerca del Dios trino, de la Iglesia, de la creación, del mal y del pecado, del Espíritu Santo, de Jesucristo, de la esperanza cristiana)[12] estarán marcadas por el *locus theologicus* o lugar teológico del que partimos. En nuestros contextos latinoamericanos, latinos y caribeños, el clamor de los más débiles nos sacude continuamente y nos exige una teología que tenga "entrañas de misericordia" (Sobrino).

5. El objeto hermenéutico: ¿sobre qué o quién se habla y se pregunta?

¿Puede acaso ser Dios un objeto de nuestro estudio? Si deseamos controlarlo, manipularlo y proyectarlo a la medida de nuestras mezquindades, ciertamente Dios no podrá ser nuestro objeto de estudio. Gregorio Nacianceno** dijo con razón en una ocasión: "Pienso que hablar de Dios es imposible, y entenderlo, más imposible todavía".[13] ¿Es una ironía que haya elaborado semejante dicho en medio de uno de sus célebres *Discursos Teológicos*? En realidad, no se trata

---

12 Ver los capítulos 4–10.
13 Gregorio Nacianceno, Discurso 28 (2) 4, *Los cinco discursos teológicos*, trad. José Ramón Díaz Sánchez-Cid (Madrid: Ciudad Nueva, 1995), 98.

de una ironía: su afirmación es correcta, pues nuestro lenguaje es limitado, a la vez que podemos hablar significamente de Dios porque Dios mismo nos ha dado su Palabra. Esto se puede expresar teológicamente de la siguiente forma: la *decibilidad de Dios tiene una raíz cristológica*. Eberhard Jüngel lo explica diciendo que:

> "La fe cristiana parte del prejuicio de que Dios ha venido definitivamente al lenguaje en la palabra de la cruz en cuanto evangelio (buena noticia) para todos los seres humanos. Por consiguiente, la teología está atenta a un lenguaje que corresponda a Jesucristo crucificado. Sólo así justificará su pretensión de ser palabra acerca de Dios."[14]

La confianza acerca de la posibilidad de hacer teología cristiana de manera que nuestro discurso tenga contenido, pareciera corresponderse con la confianza que tengamos de que Dios realmente ha hablado y se ha dado a conocer en Jesucristo. Contamos con la posibilidad de hablar con sentido de Dios, porque Dios nos habló primero; es *objeto* de nuestro discurso porque se ha ofrecido a sí mismo como tal, por gracia (ver 1 Juan 4:19). Al mismo tiempo, Dios siempre excede nuestra capacidad de expresión o de comprensión.

6. Reflexiones finales: de la confesión hacia la explicación

Lo que hasta aquí hemos trabajado es lo que a veces se denomina los *prolegómenos* a la teología, es decir, la introducción al tema, en la que se echa un vistazo al mapa general del terreno que tenemos por delante. Es el lugar en el cual como caminantes nos calzamos y nos preparamos para emprender la marcha. No queremos detenernos más aquí, pues iremos abriendo caminos al andar: la nuestra será una teología del camino (*theologia viae*) y una teología de caminantes (*theologia viatorum*). A medida que avancemos y trabajemos nuestras preguntas, iremos profundizando nuestra comprensión de la tarea teológica y nuestro aporte a la misma. La emprenderemos como una labor *comunitaria, en conjunto, situada contextualmente*, por la que –desde horizontes cambiantes– iremos construyendo respuestas, buscando con la ayuda del Espíritu un mayor entendimiento de nuestra fe en el Dios manifestado en Jesucristo.

El primer tipo de lenguaje que surge de la fe, la esperanza y el amor, suele ser confesional y emotivo. Un ejemplo es la confesión de Tomás en Juan 20:28: "¡Mi Señor y mi Dios!" Todavía no conlleva la reflexión, el análisis y el sentido crítico

---

14 Eberhard Jüngel, *Dios como misterio del mundo*, trad. Fernando Carlos Vevia (Salamanca: Sígueme, 1984), 296.

que es la contribución específica a la Iglesia de la tarea teológica sistemática o constructiva propiamente dicha. En los capítulos siguientes afilaremos nuestro instrumental conceptual para poder pasar creativa, coherente, responsable y fielmente de la *confesión* a la *explicación* y *articulación* de las implicancias de nuestro camino de fe.

Bibliografía seleccionada

Agustín de Hipona. *Tratado sobre la Santísima Trinidad*. Madrid: BAC, 1948.

Barth, Karl. *Bosquejo de Dogmática*. Buenos Aires: La Aurora, 1954.

Gebara, Ivone. *Teología a ritmo de mujer*. Madrid: San Pablo, 1995.

McFague, Sallie. *Modelos de Dios: teología para una era ecológica y nuclear*. Santander: Sal Terrae, 1994.

Míguez Bonino, José. *Rostros del protestantismo latinoamericano*. Grand Rapids: Eerdmans, 1995.

Moltmann, Jürgen. *Teología de la esperanza*. Salamanca: Sígueme, 1968.

Pieris, Aloysius. *El rostro asiático de Cristo: notas para una teología asiática de la liberación*. Salamanca: Sígueme, 1991.

Sobrino, Jon. *El principio-misericordia. Bajar de la cruz a los pueblos crucificados*. Santander: Sal Terrae, 1992.

Tillich, Paul. *Teología Sistemática*, vols. 1, 2 y 3. Barcelona: Ariel, 1972–1984.

Nota: En el texto palabras con un asterisco (*) remiten al GLOSARIO y los nombres con dos asteriscos (**) a los DATOS BIOGRÁFICOS al final del libro.

II. ¿QUÉ CELEBRAMOS LOS CRISTIANOS?

1. Entre la fe y la razón

En el primer capítulo, al plantearse la pregunta acerca de qué es la teología, hemos podido observar que esta constituye una actividad a través de la cual *la Iglesia cristiana reflexiona sobre su fe*. La Iglesia, recordemos, no es una institución o un edificio, ni los pastores, ni un grupo de expertos. La Iglesia somos todos nosotros, sí, nosotros con nuestras esperanzas y miedos, certezas y dudas, fortalezas y debilidades. Somos nosotros que vivimos tantas cosas semejantes a las generaciones que nos precedieron y, a la vez, tantas cosas inimaginables para nuestros mismos abuelos o abuelas. En fin, somos la Iglesia que Cristo ha convocado y el Espíritu Santo ha congregado. Un movimiento de Dios hacia nosotros, y de nosotras hacia Dios, que se renueva cada año, cada hora, cada minuto, cada segundo. Somos un cuerpo que va cambiando a través de las épocas, que confronta nuevas experiencias, pero siempre interpretando y confesando en nuestros contextos la fe que trasmitieron los primeros apóstoles.

Nuestro estudio y esfuerzo por entender en forma más profunda de qué trata la fe cristiana es parte de este "movimiento" que constituye a la Iglesia. Es una parte integral de la respuesta ante un Dios que nos convoca a la vida plena. En cada generación, en cada región, en cada comunidad, la Palabra de Dios es escuchada una y otra vez, y una y otra vez es interpretada para que realmente sea una palabra que dé sentido y consuelo a nuestras vidas. Interpretar significa hacer jugar a la razón, revelar nuestras dudas, dejar que nuestra experiencia actual y las normas y valores culturales que marcan nuestra época y lugar interactúen con nuestras creencias. *Significa hacer entendible el mensaje para que este pueda ser comprendido, asimilado y comunicado*. En suma, la Palabra de Dios se conjuga con nuestras palabras sobre Dios y sobre el mundo.

Creemos, y por ello buscamos entender y aprender más. No porque ello nos haga "mejores" cristianos, sino porque es simplemente un aspecto fundamental de nuestra vida de fe: una fe que busca entendimiento, como diría Anselmo de Canterbury**. Desde antiguo la fe y la razón siempre se entendieron como mutuamente complementarias. Una fe sin razón sería un mero "fideísmo", es decir, creer simplemente por creer sin pensar en la coherencia de aquello en lo que creemos. Podemos creer en Cristo, pero también podríamos creer en el Buda, la astrología, o en la santería. Por ello, ¿cuál es la razón para creer en Cristo? Por el otro lado una razón sin fe crea un horizonte de vida limitado a las cosas fehacientemente demostrables y tangibles. Caeríamos en un racionalismo que coartaría otras dimensiones fundamentales no solo de la existencia humana, sino del universo en su totalidad.

La teología, por lo tanto, es ese emprendimiento reflexivo que diferentes miembros de la Iglesia encaran no solo en función de un crecimiento en la fe sino en respuesta a un llamado a ser partícipes en la tarea misionera y evangelizadora. Podemos decir entonces que la tarea teológica que cada época y comunidad realiza busca dar una expresión diferente –debido al contexto– pero fiel –debido a su tradición*– de la fe que la Iglesia ha recibido y ha transmitido. *Por ello es importante destacar que la teología no "inventa" las verdades en las que hay que creer, sino que es una explicación y una interpretación sobre el significado de lo que se cree.* Justamente nuestra palabra explicar (del latín *ex-plico*) refiere a esta idea de desenmarañar, desplegar, ordenar, clarificar, hacer accesible, evidente. En definitiva, "ver" las razones y las conexiones de una afirmación, idea, pensamiento, creencia. En el caso de la teología esta clarificación refiere a la larga tradición que hemos heredado en vistas a su interpretación en el marco contemporáneo y sus desafíos.

Hay dos cosas, entonces, que la teología debe tomar muy en cuenta: por un lado, la formulación y explicación de lo que la Iglesia cristiana ha recibido como núcleos de su creencia. Sin ello la tarea teológica sería simplemente una búsqueda a ciegas de algo que nos gustaría creer. Por el otro lado la teología toma en serio las dudas e inquietudes contemporáneas e interpreta las creencias dentro de un marco social, religioso, cultural y político muy distinto a los que vieron nacer tanto la Biblia como los primeros dogmas* cristianos. Sin esto la teología sería un edificio ruinoso incapaz de mantenerse de pie frente a los nuevos vientos. "Qué" creemos, "cómo" creemos y "desde dónde" creemos son preguntas fundamentales que toda teología debe formularse.

1.1. Varias puertas de entrada

(a) Existen muchos caminos para comenzar por lo que "hemos recibido", por aquello que constituye los símbolos y contenidos de nuestra fe. Una manera "tradicional" de comenzar, sobre todo en algunos círculos protestantes, sería la *Biblia*. Sin duda alguna la Biblia contiene para los cristianos la norma y el fundamento de la fe, a saber, el testimonio de Israel y de las primeras comunidades cristianas sobre los actos y la voluntad de Dios, lo que llamamos revelación. *Pero la Biblia, como tal, no es lo mismo que la Palabra de Dios*; esta Palabra no puede ser congelada en el tiempo, ni ser encerrada entre hojas tal vez un tanto amarillentas. Para que haya "Palabra" debe darse una comunicación viva entre Dios y quien la escucha; imagínense una persona que lee la Biblia simplemente como un documento arcaico e interesante sobre las concepciones religiosas de un pueblo, Israel. Está leyendo la Biblia, seguro, pero ¿está escuchando la Palabra? La Palabra, tal como lo revela la misma Biblia, es dinámica, viva, actual; es Dios mismo comunicándose. ¿Acaso muchas de nuestras iglesias no tienen sobre sus bancos una Biblia que se llama "Dios habla hoy"?

Antes de avanzar debemos dejar algo en claro. No estamos diciendo que no hay que estudiar la Biblia, o peor aún, que es posible hacer teología cristiana ignorando lo que dice la Biblia. Pero sí queremos decir que de la Biblia aprendemos las claves y los fundamentos para seguir entendiendo y descubriendo la Palabra de Dios en nuestras vidas. Ella nos enseña a comprender lo que Dios está haciendo por nosotros en su Creación. Por ello, como decía el gran teólogo protestante suizo Karl Barth**, es importante distinguir entre el testimonio y lo que es testimoniado, entre las palabras y la Palabra. Esta distinción es crucial ya que nos permite superar una visión un tanto literalista –o hasta fundamentalista– donde imaginamos a un Dios dictando palabra por palabra lo que hoy llamamos Biblia. Si esto fuera así la reflexión teológica no tendría mucha razón de ser, ya que la tarea de la teología consistiría primariamente en la catalogación y ordenamiento de pasajes bíblicos para facilitar su comprensión. Lo que llamaríamos "reflexión teológica" sería la memorización de un compendio con una cantidad prodigiosa de "verdades" extractadas de los relatos bíblicos y ordenadas de acuerdo a un esquema preestablecido. Pero ¿es realmente imaginable un Dios tan pobre, tan pasado, tan callado, tan acartonado, en definitiva, tan manipulado? Más aún, ¿es realmente imaginable que Dios quiera como seguidores suyos una banda de fanáticos autómatas totalmente descolgados del curso de la historia?

Para nosotros es vital entender que la Biblia surge del testimonio y de la práctica de fe de comunidades que conjugaron sus vidas en torno a la clave de un encuentro y una experiencia, la fe en el Cristo crucificado y resucitado. Para decirlo de algún modo, la cuna de la Biblia es la misma comunidad cristiana narrando y celebrando este encuentro, mientras que el origen de la comunidad cristiana es la experiencia de una promesa de vida nueva identificada con la persona y obra de Cristo Jesús. Nuestra tarea teológica consiste, pues, en explorar la dinámica de este encuentro, la inteligibilidad de esta promesa, y la coherencia de esta propuesta frente a distintas visiones y experiencias que marcan nuestra vida actual. *Esto nos lleva, por lo tanto, a aventurarnos más allá del material bíblico propiamente dicho, hacia otros terrenos desde los cuales debemos comunicar el mensaje de la Biblia.*

(b) Un estudio de la teología cristiana podría también comenzar por un análisis de la *"tradición"* y remitirnos a los ejemplos o pasajes bíblicos que la primitiva iglesia cristiana transmitió en forma de formulaciones cortas y sencillas, lo que más tarde conoceríamos como "credos". Es desde el prisma ofrecido por estos credos que la iglesia temprana elaboró sus núcleos doctrinales*, los dogmas sobre los cuales descansa su misma identidad. Estudiar y comprender estos dogmas (Trinidad, Cristo, salvación, pecado, escatología, etc.) será el cometido de otros capítulos de este libro; pero esto lo haremos sorteando una mera descripción histórica para avanzar hacia la inteligibilidad y relevancia contemporáneas de estas doctrinas.

Los dogmas* cristianos –guías o reglas para la interpretación tanto del testimonio bíblico como de la experiencia de fe– ciertamente no cayeron del cielo ni son simples repeticiones de pasajes bíblicos. *Los dogmas, en realidad, surgen tanto de la experiencia y de la práctica de fe de las comunidades cristianas, como de la necesidad de encuadrar los contenidos de la fe bíblica frente a un contexto en particular.* Como afirma el teólogo salvadoreño Jon Sobrino**[1], los dogmas nunca agotan la verdad cristiana, sino que sirven precisamente a su formulación y explicación. Entender cómo la Biblia, la experiencia de fe y el horizonte de una época se entrelazan, será de suma importancia al momento de estudiar estas doctrinas. Pero no creemos conveniente comenzar nuestro estudio por ellas. ¿Por qué? Porque los dogmas presuponen una realidad previa fundamental que tratan de explicar, a saber, aquello que es conocido en la experiencia revelatoria, el encuentro con lo sagrado, la comunión con lo trascendente*, el acercamiento de Dios.

(c) La *"experiencia"*, por último, se ha convertido en uno de los puntos de partida favoritos en la teología contemporánea. Para muchos la clave para discernir las verdades cristianas no se encuentra en la Biblia, ni tampoco en la tradición y en los dogmas, sino en la experiencia actual y concreta de lo trascendente. Se habla mucho del sentimiento de lo sagrado, o de la experiencia espiritual. Una época que por un lado da mucho énfasis a las opiniones, a las creencias, a las emociones, a las sensibilidades y sentimientos de los individuos, y que por el otro descree de los grandes relatos de las tradiciones, religiones y autoridades del pasado, ha hecho que el ámbito que denominamos "experiencia" se haya convertido en el reducto más confiable para la verdad religiosa. Para muchas personas no importan tanto las doctrinas, ni el razonamiento, ni la Biblia, sino los sentimientos positivos que genera la experiencia religiosa.

Una cosa es verdad: toda verdad religiosa y teológica está mediada por la experiencia; pensemos solamente en los relatos bíblicos donde Dios "habla" a los patriarcas o a los profetas, o los salmos que reflejan una profunda cercanía o lejanía del Señor, o las de los discípulos con el Cristo resucitado en el Nuevo Testamento. Pero la "experiencia", en estos casos, refiere a algo que nos sucede, con lo cual nos topamos, algo que nos es dado y nos marca profundamente. Al igual que cualquier otra experiencia positiva –como el amor, la recuperación después de una enfermedad, un viaje, la contemplación de una obra de arte– la experiencia de Dios involucra distintas dimensiones que nos marcan como personas –conciencia, emociones, sentimientos, conductas, valores, etc. *Pero a diferencia de otras experiencias, la experiencia de Dios no es algo del cual podamos disponer a gusto y controlar.* Es más, en ocasiones puede que esta experiencia de Dios no sea del todo positiva, como lo indica la idea del juicio o la ira

---

1 Jon Sobrino, *Cristología desde América Latina* (México: Ediciones CRT, 1977), 243.

de Dios en la Biblia. Por ello no es cuestión aquí de ignorar la experiencia que acompaña a la fe, sino de preguntarnos en forma crítica por aquella concepción de la experiencia religiosa que acomoda en forma bastante fácil la presencia de Dios en nuestras vidas.

Apuntamos con esto a que la experiencia, aunque a primera vista algo simple, es por cierto una realidad muy compleja. Las experiencias son diversas, y porque les suceden a seres humanos con todas sus limitaciones, pueden llegar a ser muy ambiguas. Por un lado, puede ser que tengamos muchas experiencias de la trascendencia pero que ellas pasen inadvertidas como tales. Por el otro, también es cierto que podemos "sentir" intensamente una presencia divina, pero ¿cómo sabemos que tal experiencia es realmente de Dios? ¿Cómo estar seguros de que es algo que viene de Dios, y no simplemente un producto de nuestra imaginación?

El conocido médico y psiquiatra austríaco Sigmund Freud, en uno de sus escritos sobre el tema religioso[2], decía que la experiencia religiosa –asociada con una sensación de la eternidad, de lo ilimitado, de lo "oceánico"– es en realidad una experiencia de nuestras propias psiques. En otras palabras, la religión y su experiencia serían procesos psíquicos que nacen de la ilusión y de la imaginación frente a la necesidad de crear un sentido y sentirnos protegidos frente a los vaivenes y desgracias de la vida.

No creemos que Freud tenga toda la razón, pero esta referencia nos ayuda a subrayar las dificultades que rodean a toda interpretación de la experiencia religiosa. En definitiva, podemos preguntarnos qué es exactamente la experiencia, y en forma más incisiva aún, si es posible tener y entender una experiencia si esta no está mínimamente mediada por una interpretación, una tradición, un lenguaje. En otras palabras, por algo que nos es dado "desde afuera" de nosotros mismos.

1.2. El culto: un espacio con muchos accesos

Biblia, tradición, experiencia, son tres puertas distintas, pero no por ello debemos abrirlas y cerrarlas una a la vez. A nuestro juicio estas tres puertas se abren a un espacio desde el cual podemos enriquecernos con sus múltiples perspectivas. En este libro deseamos mantener estas tres puertas abiertas, de modo que podamos apreciar la trascendencia de las verdades bíblicas, el resplandor que todavía tienen las doctrinas aparentemente cubiertas por el polvo gris del tiempo, y rescatar cómo la experiencia es formada por los símbolos de la fe, a la vez que modifica la interpretación de los mismos. Buscamos, en definitiva, un lugar donde nos veamos no sólo como los recipientes del flujo que pasa por las tres puertas, sino como parte de ellas. Qué mejor, entonces, que *comenzar por esa experiencia compartida de nuestra fe, es decir, aquello que llamamos culto, servicio*

---

2 Sigmund Freud, *El malestar de la cultura y otros ensayos*, (Madrid: Alianza, 1973), cap 1.

o adoración, que expresa y también da forma a nuestras creencias, sensaciones, nuestro particular gusto (cristiano) por la vida.

Es un hecho que la mayoría de las personas cristianas aprenden su fe a través de la experiencia cúltica; es aquí donde reciben y participan de los símbolos y relatos primarios de su creencia. En el culto como experiencia litúrgica es donde experimentamos un contacto privilegiado con lo sagrado y donde por ende nos vamos formando como cristianos. Pero ¡un momento! ¿Qué pasa con el resto de nuestras vidas? ¿Acaso no "hablamos" con Dios todos los días? ¿Acaso Dios no nos acompaña en nuestros lugares de trabajo, de estudio, en nuestras marchas en reclamo por los derechos humanos y sociales, o las muchas luchas por la integridad de la creación? ¿Acaso puede Dios ser encerrado como una reliquia en la vitrina de los cultos dominicales? Es más, ¿para qué serviría una fe que sólo puede ser vivida aparte del trajín y las luchas de mi vida diaria? Desde luego, el culto no es el lugar exclusivo de la experiencia de fe, y menos aún debemos pensar que toda experiencia auténtica de fe deba tener lugar en su ámbito. Pero también hay que destacar que el culto, ese lugar donde expresamos *comunitariamente* nuestra fe, es lo que ilumina y nutre la fe que expresamos de distintas maneras en nuestros lugares cotidianos. El culto, entonces, es el espacio que Dios crea para convocarnos y nutrirnos como comunidad, el momento en que renovamos nuestra relación con Dios, el alimento que nos impulsa para el servicio y la lucha por la justicia.

Por lo tanto, les proponemos iniciar nuestro recorrido por aquí, con la esperanza de que nos ayude a tener una visión más dinámica y envolvente de la teología. *No podemos "estudiar" a Dios, o a Cristo, o a la Iglesia como si fuesen asuntos separables de nuestras vidas y de los cuales pudiésemos disponer a nuestro antojo.* Si bien podemos ser más o menos objetivos en la presentación de los temas de la fe cristiana, queremos resaltar que estamos tratando un tema en el cual participamos y nos sentimos *profundamente comprometidos*. El Dios del cual tratamos es un Dios dinámico, que nos incluye de una manera explícita y vital. Nos involucra en un diálogo y en una relación cuyo momento más expresivo, claro y evidente es el culto. Es en este ámbito donde encontramos el nivel más básico para la tarea teológica, el ámbito de la revelación y su correlato de la fe. Es en este ámbito donde constantemente somos sorprendidos, donde nos asombramos ante un Dios que "irrumpe" en nuestras vidas. El culto es el espacio del asombro y la veneración, es donde expresamos nuestra alabanza y glorificación, nuestra confesión y acción de gracias, pero también donde damos expresión a nuestras opciones y compromisos, donde recibimos ánimo y fortaleza para vivir verdaderamente en el mundo y servirlo.

Por ello, al encarar un estudio más ordenado de aquello en lo cual creemos, debemos desde el inicio vernos como *protagonistas*. No en el sentido de que "la verdad está en nosotros", sino que ya participamos de las verdades teológicas que ahora buscamos clarificar. Nuestros himnos, confesiones y oraciones, no son fórmulas vacías, sino que están cargadas de teología. Somos nosotros y nosotras quienes le damos densidad a estas verdades que de otro modo serían solamente huesos enmohecidos. De ahí que *ya estamos, de hecho, empapados de teología*, aún sin haber encarado nunca estudios teológicos. Desentrañar de qué estamos embebidos, elaborar su sentido, y confrontarlo con la experiencia más amplia de la vida es el cometido que nos proponemos.

2. La adoración y nuestra fe: *lex orandi - lex credendi*

2.1. La adoración

¿Se han puesto a pensar alguna vez en lo que realmente hacemos en un culto? ¿Qué es la oración? ¿Qué misterio encierra entonar himnos cuyas letras a veces escapan a nuestra inmediata comprensión? ¿Por qué nos seguimos congregando, siendo que nuestras vidas están tan lejos del amor proclamado por Jesús? ¿Qué tienen que ver con nosotros y nosotras los tres personajes divinos que invocamos? ¿Adoramos a uno o a varios dioses? ¿Qué significan las palabras "este es mi cuerpo . . . esta es mi sangre" durante la Santa Cena? ¿Se hace Cristo realmente presente? ¿Qué tiene que ver el orden de la liturgia* con los altibajos y el caos de la vida cotidiana? ¿Cómo se relaciona el *Gloria Patri* o el *Sanctus*, con nuestro compromiso cristiano con los más necesitados? En lo que sigue no trataremos de dar una respuesta directa a estas preguntas; en realidad las iremos progresivamente contestando a lo largo de todo el libro. Lo que nos interesa por el momento es profundizar un poquito en el misterio del culto y la adoración. En otras palabras, *resaltar este espacio como el ámbito de un diálogo y una comunicación que ya nos involucra y compromete con aquellas realidades de las cuales queremos aprender más.*

Más allá de las opiniones que tengamos sobre distintos artículos de fe o sobre distintos conceptos bíblicos una cosa es cierta: no hay cristianismo posible sin culto y adoración. Otras visiones religiosas –sobre todo en nuestro escenario posmoderno– no necesariamente necesitan de estas dimensiones, o tal vez las incluyen en forma secundaria. Para muchos la religión se ha convertido en un elemento más del cual se puede disponer para el crecimiento personal. No se necesita adorar ni celebrar nada. *Pero en el cristianismo, en cambio, el culto o la adoración son fundamentales, no solo porque canalizan un sentido humano y religioso de lo sublime (que compartimos con otras expresiones religiosas) sino porque tiene que ver con un aspecto esencial al mismo "kerygma*" o mensaje.* En el culto y la adoración se expresa, como un paradigma, el tipo de relación que Dios quiere entablar con sus criaturas; de alguna manera es como un anticipo del futuro de reconciliación que Dios quiere para toda la creación. *Aquí Dios se abre a nuestras vidas, y nuestras vidas se abren a Dios.* Y lo que ocurre entre nosotros y nosotras no puede ser mejor expresado que con los símbolos, los cantos, las alabanzas que dan testimonio de la relación que nos une con Dios. Por ello, la adoración y la alabanza de las criaturas no son sólo una respuesta evocada entre los humanos, sino un movimiento, una respuesta que se da *en el ser mismo de Dios*.

Al ser humano se lo ha definido de muchas maneras. Depende de si se lo compara con los animales, con sus propias creaciones o con el universo, se han encontrado distintas formas de clasificarlo y distinguirlo: ser racional, autoconsciente, fabricador de herramientas, ser social, ser lúdico, etc. Pero tal vez exista un denominador que aúna todas estas dimensiones, y esta es la del ser humano como *ser religioso capaz de adorar y orientarse hacia lo trascendente*. En efecto, la adoración –y el sentido de fiesta que la acompaña– es un fenómeno religioso común a la humanidad en su historia. Nace de un sentido tal vez difuso, pero no obstante cierto, de una realidad trascendente en las experiencias "ordinarias" de lo cotidiano. Por ejemplo, los restos arqueológicos y las expresiones artísticas de antaño, incluido nuestros pueblos originarios en las Américas, ya muestran la irrupción de un sentido de lo trascendente ritualizado en torno a ciertos utensilios (armas, urnas y adornos), técnicas (fuego, y más tarde, agricultura), prácticas (tumbas y momias), y expresiones estéticas (pinturas, murales y bajorelieves).[3] Desde un punto de vista universal podemos imaginar a las épocas tempranas de la humanidad como un universo mágico-mítico donde todo se concebía animado por unas fuerzas trascendentes a las formas y las cosas. El fuego, las estrellas, los animales, el trueno, la tierra, los árboles, los ríos, el maíz, las rocas y montañas, en fin, todo poseía un espíritu que invitaba a la reverencia y a la adoración. Más allá de las formas que la experiencia religiosa adquirió, lo interesante es *el hecho mismo de que la actitud y la experiencia religiosa estuviesen tan presentes en el nacimiento del ser humano y su cultura*. Muchos autores contemporáneos hablan de la religión como el eslabón perdido entre nuestros antiguos ancestros *protohomínidos* y el *homo sapiens* actual; el lenguaje, la moral, la cultura serían impensables sin ese sentido religioso.

A medida que los siglos pasaron distintas civilizaciones con sus religiones y cosmovisiones* vieron su amanecer y ocaso en todo el globo. Podemos mencionar la adoración de Marduk y los ritos* de expiación del rey en Babilonia; Amón-Ra y la adoración del sol en Egipto; los megalitos y el culto a los muertos en las religiones indoeuropeas; Baal y el culto a la fertilidad en el mundo cananeo; los dioses védicos y sus connotaciones guerreras en la India; y más cerca nuestro, la adoración de Viracocha (el gran creador) en Sudamérica, o de la venerable madre Tonantzin en Mesoamérica. Si bien cada expresión religiosa es irreducible a otra podemos no obstante señalar que la dimensión práctica y ritual son factores constantes en la mayoría de las experiencias religiosas[4]. De esta manera el culto, la adoración, el ritual marcan un encuentro privilegiado

---

3 Ver Mircea Eliade, *Historia de las creencias y de las ideas religiosas*, vol I (Madrid: Cristiandad, 1978), 19-44.

4 Ninian Smart, *The World's Religions: Old Traditions and Modern Transformations* (London: Cambridge University Press, 1998), 12ss.

con lo sagrado, un reconocimiento de su realidad y peso para la vida en su dimensión individual, social y cósmica. Por ello se dice que *la adoración es una experiencia de descentralización de las personas: el ser religioso pone como centro y fundamento de lo existente algo separado de las experiencias ordinarias, sobre todo distinto de sí mismo.* La adoración –junto a sus ritos– remite explícitamente a una realidad trascendente como fundamento y razón del mundo.

2.2. Lo específicamente cristiano

Volvamos ahora a lo que nos interesa en forma primordial. Demás está decir que si bien la adoración es un elemento universal de las religiones, su forma y sentido difieren notablemente. Podríamos incluso decir que no toda experiencia religiosa es una experiencia de Dios (ya que puede referirse a otros dioses, diosas, espíritus, ángeles, o aún figuras maléficas), y que no todo lenguaje sobre Dios refleja necesariamente una experiencia religiosa (cuando por ejemplo se afirma la existencia de algo que podemos denominar "Dios" pero no hay una correspondencia o compromiso de fe). Nos toca ahora ver la peculiaridad del cristianismo.

El cristianismo nació y se desarrolló en torno a la adoración (proskinesis) de un personaje en particular como portador de la salvación prometida por Dios a Israel: Jesús, el Cristo*. Obviamente no habría cristianismo sin la vida, muerte y resurrección de Jesucristo, y no hubiera habido ningún Jesús de Nazaret sin la formación de Israel como entidad histórica y religiosa. Pero a lo que queremos apuntar aquí es a la identidad particular que adoptó el cristianismo al adorar, en su culto, a la figura de Jesús, manteniendo a la vez la creencia monoteísta* judía en un solo Dios. El Evangelio de Lucas (24:50ss) cierra, precisamente, con el relato de la ida de los discípulos al templo de Jerusalén después de la ascensión de Jesús. Allí alababan al Dios de los judíos, pero ahora bajo el reconocimiento del señorío de Cristo sobre sus vidas y el mundo.

Aunque formalmente todavía parte de la sinagoga, es decir, del judaísmo, la primitiva comunidad cristiana se fue distinguiendo por la forma y el objeto de su adoración más que por una clara doctrina en particular. En otras palabras, no nació como una nueva propuesta "dogmática" o "filosófica" sino que germinó del encuentro y la experiencia con el Cristo resucitado, cumplimiento de las promesas de Dios a Israel. El escritor romano *Plinio* (62-113 d. C.), en una de las primeras referencias no cristianas sobre esta nueva religión, hablaba precisamente de aquello que los cristianos **adoraban**, y no tanto de una doctrina que los caracterizara. En un informe al emperador Trajano nos describe en forma sucinta las reuniones que los cristianos celebraban cantando un himno a Cristo como Dios. Tal vez ese himno haya sido algo como el *Phos Hilaron*, un himno vespertino que decía *"Salve luz resplandeciente nacida de la pura gloria de aquel que es el Padre inmortal, celestial, bendito, el más santo de los santos, Jesucristo, nuestro Señor"*[5].

---

5   Citado en Maurice Wiles, *Working Papers in Doctrine* (London: SCM Press, 1976), 65.

La convicción de que en Jesús, el Cristo, la salvación plena ha sido realizada, se expresó en un sinnúmero de fórmulas, himnos, credos y prácticas sacramentales que son hoy fundamentales en nuestra comprensión de la fe. En el Nuevo Testamento una de las formas más antiguas de esta concepción es la cita de Pablo de una frase en arameo, *maran atha*, que significa "ven Señor" o "el Señor viene" (ver 1 Corintios 16:22b). La referencia a Jesucristo como *Kyrios* (Señor) también denotaba la condición divina asignada a Jesús, sobre todo sabiendo que este era un título reservado sólo para Dios en el Antiguo Testamento en su versión griega (la Septuaginta, o los LXX). La idea de Jesús como fuente de gracia aparece en los numerosos saludos apostólicos de las epístolas del Nuevo Testamento, así como también plasmado en una fórmula que constituiría la base de la doctrina trinitaria: "La gracia del Señor Jesucristo, el amor de Dios y la comunión del Espíritu Santo sean con todos ustedes" (2 Corintios 13:14), como saluda Pablo en algunas de sus cartas. Todas estas nociones se hallan condensadas en el famoso himno que Pablo cita en la Epístola a los Filipenses (2:5ss), reflejando una de las fórmulas utilizadas en la primitiva iglesia para referirse a Jesús: ". . . para que en el nombre de Jesús toda rodilla se doble en los cielos, en la tierra y en los abismos, y toda lengua confiese que Cristo Jesús es Señor para gloria de Dios Padre" (vv. 10-11).

El *kerygma* o mensaje, que no era simplemente transmitir el mensaje de Jesús, sino comunicar o transmitir la experiencia de Jesús como el Cristo o Mesías de Dios, junto a la respuesta o doxología* de los creyentes, constituyeron, por lo tanto, la columna vertebral de la experiencia cristiana. El culto y su asamblea prontamente ritualizaron la adoración, es decir, le dieron una forma que para ellos mejor expresaba y narraba el mensaje de la salvación. Por medio del rito se evocaba el fundamento de la fe cristiana (lectura y reflexión) y se participaba de la comida eucarística que "hacía presente" la promesa de Cristo. De ahí que el Domingo, la *heméra kyriaké* o *dies dominica*, se alzara en el cristianismo como el día propicio para celebrar el culto, el primer día de la semana en el cual se anticipa –mediante los poderes escatológicos del bautismo, la eucaristía, y el perdón de los pecados– la vida eterna en Cristo[6].

2.3. La adoración como servicio

El culto o la adoración cristiana no es, como tal vez pensemos a menudo, un servicio o sacrificio que hacemos *para* Dios. En rigor *el culto se funda en el servicio que Dios presta al mundo*. Si bien es cierto que desde temprano la Iglesia llamó servicio divino a su culto público, lo hacía como señal de la obediencia, agradecimiento y seguimiento que implicaba rendir culto a Dios (así, por ejemplo, la expresión griega *latreúo*). En otras palabras, *el servicio humano es una respuesta al servicio divino donde nos afirmamos como criaturas que viven desde y por la gracia.*

---

6 Thierry Maertens, *Fiesta en honor de Yahvé* (Madrid: Cristiandad, 1964), 196.

Por lo tanto, el servicio o culto compagina dos dimensiones en una; por un lado, el servicio significado por los actos de Dios hacia el mundo; por el otro, la respuesta de la congregación que irrumpe en cantos, confesión, oración y compromiso. No en vano los reformadores del siglo XVI (Lutero**, Calvino**, Bucero**, etc.) insistieron en estos aspectos al especificar aquellas actividades que definían a la comunidad cristiana; es Dios quien funda la existencia de la comunidad de fe. Pero a la inversa, no habría comunidad de fe sin la mediación de aquellos que reciben, alaban, predican, glorifican y sirven en sus distintas capacidades.

La acción religiosa que denominamos servicio o culto –que en principio debe distinguirse de otros aspectos de la vida de fe, como ser la ética, las instituciones, la teología– siempre crea sus formas a partir de las experiencias que hacen a la vida cotidiana de un grupo o pueblo. El culto, a través de esta relación de servicios, tiene por una de sus metas iluminar la vida cotidiana con un sentido de lo último. Si esto es una verdad para toda expresión religiosa lo es aún más para el cristianismo con su énfasis en la presencia de Dios en la creación y en el llamado y la vocación de los creyentes como colaboradores en la misión de Dios. Para los cristianos, Dios no sólo actuó y actuará, sino que actúa en el presente de nuestras vidas: en los átomos que forman la materia, en las luchas por la justicia, en las amistades que entablamos, en las canciones que cantamos, en los trabajos que emprendemos, en las instituciones que fomentan la expresión de la vida. Por ello la trascendencia de las formas cúlticas no radica en la estirpe de las liturgias empleadas, o en la confección de cada vez más novedosas y modernizadas formulaciones, sino en *la capacidad que tiene de hacer más transparente la vida a la presencia de lo eterno*[7]. La liturgia es como un gran tiempo y espacio (físico, mental, anímico, relacional) que des-cubre niveles de la realidad que de otro modo no nos serían accesibles.

a. El servicio de Dios

El servicio de Dios hacia la comunidad que se congrega es lo que llamamos la revelación o comunicación de la Palabra. El teólogo Karl Barth, mencionado anteriormente, se ha referido clásicamente a esta noción de Palabra distinguiendo tres niveles o aspectos: la palabra *predicada*, la palabra *escrita* (Biblia), la palabra *revelada* (Jesucristo). Para Barth, la Palabra es esencialmente un acontecimiento o un diálogo de Dios con sus criaturas. Por ello el servicio o culto en torno a la Palabra (y los sacramentos) debe entenderse como un ejercicio en el tiempo y con el tiempo. En el culto hacemos un gran acto de remembranza o recordación de todos los grandes actos de Dios como lo relatan las Escrituras. Esto va desde recordar la creación y preservación del mundo por la mano bondadosa de Dios, la misteriosa elección de un pequeño pueblo para transmitir su voluntad, hasta

---

7 Paul Tillich, *La era protestante* (Buenos Aires: Paidós, 1965), 316.

el acto de salvación supremo de Dios a través de la vida, muerte y resurrección de Jesucristo. Y en esta remembranza se funda la esperanza cristiana, es decir, la esperanza en la *parousía* o venida final de Cristo. Por ello nos referimos al ejercicio en el tiempo; por un lado, recordando el pasado, y sobre todo, recordando a Cristo, y por el otro, anticipando la redención futura en Cristo de todo el universo. Y todo esto lo hacemos en el poder del Espíritu Santo.

"La Palabra" es una forma abreviada para referirnos a un Dios que se comunica activamente con nosotros. La lectura de la Palabra, la predicación, la práctica bautismal y la celebración de la Santa Cena son todos canales que utilizan la mediación de la voz, las manos, los ojos, las mentes humanas, como así también del fruto de la tierra y el trabajo de los seres humanos. Por supuesto el contexto del culto no es el único lugar donde Dios se comunica; ya veremos más adelante que la creación entera debe entenderse como un gran acto de comunicación por parte de Dios, como así también la historia. Pero podemos afirmar que en el contexto del culto es donde Dios se comunica explícitamente como un Dios misericordioso y salvador. En este espacio rodeado de los símbolos, los himnos, las oraciones, los mensajes, los libros de la Biblia, los paramentos y colores litúrgicos, y especialmente, de una comunidad de hermanos y hermanas, donde volvemos a recordarnos como criaturas ante Dios, y Dios vuelve a recordarse como un Dios salvador ante las criaturas. ¿En qué otro lugar o momento se nos anuncian de una manera tan vívida estas cosas?

Lo que hemos dicho indica que cuando hablamos de comunicación, revelación, Palabra, debemos entender que no nos referimos simplemente a cierta información que Dios nos da, como si nos tirase unos cuantos datos sobre sí mismo o sobre el mundo. Como cuando conocemos a alguien en la vida cototidiana, es ciertamente importante contar con datos de esa persona y saber sobre algunos aspectos de su vida. Pero realmente podemos decir que conocemos a la otra persona luego de una larga relación donde ella nos comunica algo más que datos biográficos. Nos conocemos, en fin, cuando nos damos tiempo, espacio, cuando compartimos los sentimientos más profundos. Por lo tanto, *cuando nos referimos a la comunicación o a la revelación de Dios nos referimos a este sentido profundo, es decir, a la comunicación misma de Dios con nosotros que es una manera de darnos cabida en su intimidad.*

Este es un concepto muy importante para la teología cristiana, casi diríamos su afirmación más radical. No es un dato que se desprenda naturalmente de nuestra vida interior, ni de nuestra contemplación de la naturaleza o la historia, menos aún de postulados afirmados por la sola razón. Solamente podemos afirmar que Dios mismo se comunica a partir de la experiencia que surge de escuchar una Palabra que nos habla y de haber participado de los símbolos (sacramentos*) que nos des-cubren la presencia divina tanto en el momento cúltico como en el resto de nuestra vida. Así lo que se nos declara (por ejemplo, que Dios nos ama, que Cristo murió por nosotros, o que somos salvos por la fe), comienza a hacerse realidad en y entre nosotros.

Comunicarse, entonces, significa abrir ese espacio estrecho que uno es para incluir a otros en lo que soy. En el caso de la comunicación de Dios hablamos de ser incluidos en la comunidad divina, en esa comunión inacabable cuya expresión temporal es la comunidad que denominamos Iglesia. De esta manera decimos que en el culto hacemos explícita nuestra participación en una comunidad que promete extenderse a todo el universo. Participamos de una comunidad donde se comunica con nosotros alguien que es libre, pero que en esa libertad ha decidido amar y comprometerse con la vida de otras personas. Cuando Dios se nos comunica nos involucra en su acción redentora en el mundo, y participamos de la visión misma de Dios por el cual se nos permite atisbar el futuro que Dios tiene preparado para el universo.

Esta manera de entender la comunicación y revelación de Dios puede expresarse también como una *externalización de Dios*. ¿Cómo es que Dios se hace patente? ¿Cómo es que podemos comenzar a discernir la voz de alguien que, hasta el momento, se confundía en el murmullo de la vida misma? El cristianismo cuenta con una figura concreta para hablar de esta externalización: Jesucristo. Fíjense lo interesante que es esta noción; nos dice en realidad que Dios expande su mismo ser en la figura de Jesús de Nazaret, para manifestarse a través de él como un Dios de amor.

Esta externalización a través de su Palabra –Jesucristo– es lo que fundamenta la dimensión *sacramental* de la Iglesia como realidad que surge en este encuentro. Al hablar de lo sacramental no nos estamos refiriendo sólo a lo que comúnmente denominamos sacramentos, es decir, el bautismo y la Santa Cena. En realidad estos sacramentos subsisten en algo previo, a saber, en *el poder de sacramentalización propio de Dios que hace que estos dos momentos (el agua, el pan y el vino) tengan una definida densidad teológica y espiritual*. En otras palabras, que Dios pueda hacerse carne en medio de nosotros. En el capítulo dedicado a la Iglesia tendremos oportunidad de ahondar un poco más este concepto; por ahora basta afirmar esta noción de qué realidades pertenecientes al ámbito de lo natural –palabras, agua, pan y vino, comunidad de personas– se constituyen en vehículos de una significación trascendente, y por lo tanto, en su misma representación temporal. La gracia siempre se manifiesta a través de una realidad terrena como ha sido la humanidad de Cristo, la sustancia finita de los sacramentos, o los frágiles lazos humanos de una comunidad[8].

b. El servicio de los creyentes

Hasta aquí, lo que hemos denominado el servicio divino, esta oferta de salvación que Dios renueva constantemente con nosotros y a partir del cual contemplamos al universo entero como una grandiosa composición del Creador. Pero habíamos dicho que el momento cúltico también involucra el servicio de los creyentes,

---

8 Ibid., 307.

es decir, sus respuestas a lo que Dios ha hecho y promete. Es interesante que, si bien la idea de servicio denota en principio actividad, lo primero que debemos notar es un acto de pasividad, o mejor aún, de *pasividad activa*. El primer acto de servicio es, precisamente, dejar que el mensaje se encarne en nosotros. Participamos de lo que se nos dice dejando que se haga en nosotros lo que se dice. Recordamos una de las peticiones del Padrenuestro: "hágase tu voluntad así en la tierra como en el cielo . . .". Esta aparente pasividad por parte de la criatura recrea nuestra condición primigenia, es decir, nuestra total pasividad en el acto mismo de la creación. Se trata de dejar a Dios ser Dios reconociéndonos como criaturas frente a la realidad suprema de su santidad.

Indudablemente hay un aspecto terrorífico ante la posibilidad de que Dios sea Dios ya que, si esto es llanamente así, su majestad y magnificencia podría aniquilar a la criatura. Para tener una idea de lo que estamos hablando baste recordar las discusiones actuales de muchos astrofísicos sobre la dimensión y profundidad inmensurable del universo. ¿Qué es la criatura humana?, ¿no es la vida, y más aún, la vida inteligente, una rareza inmersa en la fragilidad? Peor todavía, si existe un ser supremo, ¿quién nos asegura que no sea como un niño que construye castillos de arena para luego divertirse destruyéndolos?

El libro de Job, en el Antiguo Testamento, ya planteaba en forma muy clara este sentido sobrecogedor que despierta a la conciencia en el momento de comprender lo que significa ser una criatura. Desde la tormenta y con un tono desafiante Dios interroga a Job desnudando el abismo que separa a la criatura del Creador:

> *¿Dónde estabas tú cuando fundaba yo la tierra?*
> *Indícalo si sabes la verdad.*
> *¿Quién fijó sus medidas? ¿Lo sabrías?*
> *¿Quién tiró el cordel sobre ella?*
> *¿Sobre qué se afirmaron sus bases?*
> *¿Quién asentó su piedra angular,*
> *entre el clamor a coro de las estrellas del alba*
> *y las aclamaciones de todos los Hijos de Dios?*
> *¿Quién encerró el mar con doble puerta,*
> *cuando del seno materno salía borbotando;*
> *cuando le puse una nube por vestido*
> *y del nubarrón hice sus pañales;*
> *cuando le tracé sus linderos*
> *y coloqué puertas y cerrojos?*
> *Llegarás hasta aquí, no más allá -le dije-*
> *Aquí se romperá el orgullo de tus olas* (Job 38:4-11)

El teólogo peruano Gustavo Gutiérrez** (1928-) comenta este pasaje caracterizándolo como una embestida contra el sentido utilitarista (poner la utilidad por encima de toda otra consideración) de Job, y los humanos en general. Es un cuestionamiento a la creencia de que todo fue hecho en función de las necesidades propias, en función de la satisfacción humana. Pero después de las preguntas de Dios, después de su velada acusación, Job vuelve a su lugar, a su condición de criatura dentro de la vasta sinfonía del universo. Y es desde este sentido de sobrecogimiento que Job confiesa, frente a la majestad divina, su pequeñez y su arrepentimiento. Lo hace –vale la pena remarcarlo– a partir de un convencimiento y admisión interior, y no desde un mero colapso y sumisión ante un poder superior e intimidante.

El ejemplo de Job sirve para ilustrar que el reconocimiento de ser criaturas, de *dejar a Dios ser Dios, no implica una mera sumisión irracional frente a la fuerza bruta e incomparable de un ser superior, sino por el contrario, discernir el lugar que tenemos como criaturas humanas en un proyecto divino que nos incluye dentro de un despliegue que trasciende la historia humana.* No es el terror sino el sobrecogimiento y la fascinación que surgen en nuestra conciencia ante su grandeza y santidad, pero también ante su misericordia y gratuidad. Por ello confesarnos como criaturas implica entrar en una relación de correspondencia con nuestro Creador, aceptando su invitación porque allí es donde se encuentra nuestra realización como criaturas y personas. Y cuando esto sucede es señal también de que comenzamos a entrar en una nueva relación con nuestro prójimo y con toda la creación.

c. El servicio y el orden litúrgico

Litúrgicamente, es decir, en el orden que sigue nuestra adoración, este aspecto del servicio humano a Dios tiene lugar por medio de varios momentos bien definidos, a pesar de que existen muchas tradiciones litúrgicas y muchas formas de ordenar sus momentos. Hablar de momentos, se entiende, es una estipulación lingüística inevitable para criaturas sometidas al paso unidireccional del tiempo. Visto desde la eternidad de Dios, un momento como tal se expande a todos los momentos, es una dimensión que atraviesa todas las dimensiones. Por ello el culto refleja a través de sus distintos momentos un solo momento, nuestro momento ante Dios, es decir, nuestra vida entera.

En lo que sigue obviaremos los momentos más densos del orden cúltico, a saber, la predicación de la Palabra y la administración de los sacramentos, entendiendo que son estas las dos instancias que enmarcan y conjugan la totalidad de nuestra práctica litúrgica, a lo que ya hemos aludido. Nos referiremos, pues, a los diversos "momentos" que van preparando y encuadrando nuestra escucha de la Palabra y participación en los sacramentos. Por supuesto, dependiendo de la tradición a la que pertenecemos estos momentos podrán ser ordenados y expresados de distintas maneras. Un culto carismático se verá muy diferente de un culto tradicional. Por ejemplo, una alabanza puede expresarse en forma estereotipada o a través de un canto; la confesión de pecados puede adquirir la forma de un testimonio o expresarse a través de una letanía. Por ello hablamos de momentos, más que de formulaciones rígidas.

(1) Todo culto, todo servicio de adoración, contiene uno de los momentos fundamentales que nos ubica dentro de un espectro más amplio: *la confesión de pecado* (también llamado orden penitencial). Como una radiografía nos cuenta como estamos: nuestras vértebras desalineadas, nuestras tibias torcidas, nuestro antebrazo fracturado, nuestras muelas cariadas. Vemos lo que normalmente no vemos; descubrimos lo que generalmente tendemos a cubrir. ¿Vieron cuando estamos en una reunión y nos presentamos? ¿Qué decimos sobre nosotros mismos? Generalmente sacamos a relucir lo mejor, quienes somos en la comunidad, nuestros logros, títulos, conocimientos. Es difícil que a aquellos que no conocemos –o aún a los que conocemos– les presentemos una radiografía que revele como estamos y quienes somos realmente. Pues bien, la confesión de pecados tiene esa particularidad de presentar nuestra verdadera identidad y nuestra verdadera situación frente a Dios.

El momento de confesión –generalmente al comienzo del servicio, pero también común antes del sacramento de la Santa Cena– no implica obviamente que nos arrepentimos sólo en ese momento, como si una vez que hayamos confesado nuestros pecados ya no habría necesidad de seguir haciéndolo. El asunto, sin embargo, pretende ser un poco más profundo: *declarar públicamente que toda nuestra vida, tensionada por el pecado, se mueve entre el arrepentimiento y la absolución.* No hay un minuto, ni un segundo en que podamos decir que hemos dejado completamente el pecado. La confesión de pecados es entonces una revelación de distancias, pone de manifiesto la separación que existe entre nosotros y el plan de Dios. Claro, podríamos decir que la confesión es simplemente un ejercicio de masoquistas, de neuróticos que no pueden cargar con sus culpas. Pero más allá de los mecanismos psicológicos que operan en la confesión hay un punto que es central: es el momento en que experimentamos la vergüenza de nuestro alejamiento de la justicia de Dios, el vacío de una vida despojada de la relación recta y vital con Dios, con la creación y con el prójimo. Más aún, confesamos que nuestro distanciamiento de Dios se expresa en cada pensamiento, acción, sentimiento y relación que tenemos fuera de su gracia, lo que también se refleja en las estructuras sociales, culturales y económicas en las cuales vivimos. Es un momento, si se quiere, trágico, pero a la vez, de profunda sinceridad que nos mancomuna en nuestra lejanía del plan divino y en nuestra desobediencia *respecto a la voluntad de Dios.*

De ahí que la confesión de pecado no es un asunto sólo nuestro, sino también de Dios. En efecto, en este momento ya se revela y se confiesa la majestad de Dios porque es ante el espejo de Dios que somos capaces de "ver" los múltiples intentos que instrumentamos para escapar a nuestro llamado y responsabilidad. *No podríamos saber lo que está mal en y con nosotros, no podríamos saber el significado de nuestra rebeldía, de nuestra falta de agradecimiento, de nuestra injusticia para con nuestro prójimo y todas las criaturas, en suma, no podríamos siquiera dar nombre a ese malestar que trae aparejado la vida misma si no supiéramos en qué consiste, donde está su raíz.* Pero lo fundamental es que no podríamos seguir con la vida a la que hemos sido llamados si no supiéramos que ese mismo Dios que nos juzga es también el Dios que nos salva. De esta manera la confesión de pecados es también una confesión de fe, un saludo a la gracia, un regocijo ante el Dios que nos llama. A pesar del pecado que nos pesa confiamos en ser diariamente renovados para seguir caminando por las sendas de Dios.

(2) El himno de gloria o alabanza, que resume la *glorificación* que nuestras vidas enteras cantan a Dios, es el corolario a la confesión. Aquí celebramos a Dios dándole gracias por sus actos y por sus promesas, sobre todo por lo que ha hecho y hace por toda su creación en Cristo. ¿Qué seríamos para Dios y para el prójimo si nuestra vida entera estuviera sumergida en el examen minucioso de nuestros pecados y de los pecados ajenos? Seríamos criaturas no sólo despojadas de un mínimo de dignidad, sino criaturas desprovistas de toda conmiseración con el otro, de toda esperanza, de todo amor, incapaces de perdonar y por ello letalmente destructivas. *En el perdón de Dios experimentamos que el misterio de la vida, su núcleo fundamental, consiste precisamente en la gracia y el perdón.* Sólo viviendo de y a partir de la gracia podemos hacer de nuestras vidas un regalo de Dios para el prójimo y la creación.

En los distintos himnos a la gloria de Dios agradecemos también a Cristo, quien nos promete un futuro de vida y justicia sin fin. Pero también agradecemos en nombre de toda la creación el hecho de que en sus planes está el renovar todo el Universo. ¡Qué triste sería que sólo se salvaran una parte de nosotros, como los sentimientos, o las ideas, o las almas! ¿Acaso nuestros cuerpos, las cosas, los árboles, los insectos y los animales no tienen también un futuro en las promesas de Dios? ¿Acaso esta promesa no alcanza también a nuestras sociedades y culturas? Cuando declaramos a Cristo Santo también estamos diciendo que su cuerpo está "a la derecha del Padre"[9], es decir, que comparte la bienaventuranza de su reino. Al glorificar a Cristo le damos gracias porque en él nada se perderá, sino que todo será renovado para la gloria eterna. Por ello es que al cantar el Gloria (u otros himnos de alabanza) despojamos a la existencia de su aparente carácter trágico y siniestro, del aparente triunfo de la maldad y la injusticia. Es un canto de triunfo y esperanza, especialmente para aquellos y aquellas que se encuentran en situaciones de humillación y opresión.

(3) La *oración*, que ocupa distintos momentos litúrgicos y de la vida devocional de los y las creyentes, es tal vez *el aspecto más íntimo y personal de todo este diálogo entre Dios y sus criaturas.* ¿Qué es la oración? ¿Qué significa orar? ¿Para qué debemos orar? Y fundamentalmente, ¿cómo sabemos que Dios atiende nuestras oraciones? Vayamos por partes.

---

9 Lo que no significa que Dios sea "varón". Usamos aquí una referencia clásica, pero ya veremos en los próximos capítulos que hay maneras más inclusivas de referirse y nombrar a Dios.

En primer lugar, la oración implica una comunicación, un contacto intenso y personal donde invocamos a Dios en todas las adversidades, como dice Lutero en su *Catecismo Menor*. La verdadera oración jamás es un monólogo, tampoco es arrojar suspiros al vacío. En la oración –como nos enseñó Jesús– confiamos en que es el Padre quien nos escucha: "Padrenuestro, que estás en los cielos . . .".

La práctica de la oración no tendría sentido si Dios no quisiese escuchar a sus criaturas. El hecho de que la oración cristiana exista es por demás significativo, no sólo en cuanto a las cosas que se deberían pedir, sino por el hecho de que se afirma que *hay alguien que sabe escuchar*. Es como si a través de la oración Dios "quiere saber de qué se trata", quiere saber qué pasa, quiere que nosotros tengamos la libertad de hablarle. En este sentido la oración no es un murmurar a ciegas, sino una conversación que Dios ha iniciado desde sí con nosotros. Por ello decimos que es en Cristo que oramos, que nuestras oraciones son recogidas en él para que el mundo esté presente ante el Padre.

La oración es, entonces, una gracia, un don, una oferta de un Dios que se comunica vitalmente con nosotros. Dios quiere escuchar porque Dios nos ha hablado, se ha comprometido con nosotras, quiere formar parte de lo que somos. De esta manera la oración tiene también una influencia sobre la existencia misma de Dios, si no, ¿por qué se molestaría en escucharnos? Su respuesta puede no ser la respuesta que nosotros buscábamos, y puede ser que nos tome totalmente de sorpresa. Que Dios escuche y responda no significa que Dios sea débil, ni que Dios ceda ante los caprichos humanos; más bien significa que la grandeza de Dios es precisamente su "bajeza", es decir, que siendo un Dios sin necesidad alguna ha querido ser un Dios que responde a las palabras, súplicas y peticiones de su creación.

(4) Desde este marco entendemos otro de los momentos centrales de la adoración: la *ofrenda y el ofertorio*. Este es el momento que generalmente precede a la comunión o Santa Cena, una suerte de preparación para recibir nuevamente a Cristo en nuestras vidas. Lo interesante de la ofrenda y el ofertorio es que apuntan a la radicalidad de este recibir a Cristo; como una postal de la fe rememoran el llamado al discipulado que Jesús lanzara a Pedro, a Santiago, a Juan, a Marta y María, y a muchos otros hombres y mujeres. Ese mismo llamado se repite ahora, en este momento, y conlleva por nuestra parte una entrega total de lo que somos y tenemos. Esta entrega, por supuesto, no es un llamado a la pobreza o al ascetismo, es decir, a la entrega de todas nuestras posesiones a la Iglesia o a algún ministerio; *sería más apropiado entenderlo como una reorientación de lo que somos y tenemos a la causa de Dios en el mundo**. Lo que Dios ha dado, y lo que tal vez nosotros hemos legítimamente multiplicado (cfr. parábola de los talentos), lo ha hecho en vistas a un llamado, a una misión, a un servicio. ¿Qué sería de nuestra vida sin este llamado a servir? ¿Acaso no hay vida más vacía que aquella que espera siempre recibir sin dar? Es falso decir que nos entregamos espiritualmente y por ello dispensamos de todo aporte material; también es erróneo pensar que nuestra contribución material nos dispensa de una entrega más radical, espiritual. Por ello en el ofertorio se nos invita a nosotros y a nosotras como sacrificio vivo y santo que agrada a Dios. Nuestro cuerpo, los espacios por los que circula y habita, los momentos que le dan subsistencia, todo participa del amor de Dios.

(5) Por último el servicio de adoración cierra con la bendición final y las palabras de envío. Estas palabras pueden ser algo como "vayan en paz sirviendo al Señor", o "salgamos con gozo al mundo, en el poder del Espíritu", o "vayan en paz y que todos conozcan, por sus frutos, que son seguidores de Jesús". Curiosamente la antigua palabra misa –con la cual se designaba al culto– proviene del latín *missio* (enviar). Fue tomada de la fórmula para despedir a la congregación después de finalizado el culto: *Ite, missa est.*

Ser enviados al mundo constituye, por consiguiente, una parte clave de nuestra adoración; aquí entra en juego nuestro discipulado, nuestro llamado, nuestra vocación como individuos y sobre todo como comunidad. Todo el ámbito de la ética y de la vida cristiana se desprende de este momento. Por supuesto que cuando decimos enviados al mundo no estamos diciendo que la Iglesia o el culto están de algún modo fuera del mundo. Al contrario, nunca estamos más dentro del mundo que cuando adoramos a Dios. Pero lo que aquí queremos significar es el envío al mundo entendido bíblicamente, es decir, a un mundo que siendo creación de Dios todavía no reconoce el señorío de Cristo. En realidad, la Iglesia se encuentra en el corazón mismo del mundo debido a que Cristo es el centro del cosmos, por quién todas las cosas fueron hechas. Cristo es cabeza de todas las criaturas y poderes (Efesios 1:22) y también cabeza de su cuerpo, la Iglesia (Efesios, 4:15; Colosenses, 1:18; Col. 2:19). Congregados por su Espíritu y su Palabra, Cristo nos envía al mundo como el sembrador que esparce sus semillas. Y es en este mundo, que es siempre de Dios, donde los cristianos y las cristianas expresan su vocación a través de distintas y múltiples actividades que sirven no solamente al sustento de la vida y bienestar de una comunidad (lo que podríamos llamar la economía de una sociedad), sino también a su transformación política, cultural y social. Nos envía con una profunda vocación por la justicia y la libertad.

Sabemos que nuestra vida en el mundo no se desarrolla de manera simple, como si este fuera un tranquilo monasterio. Aún si lo fuera, deberíamos decir, en verdad, lo siguiente: que la vida se asienta y se nutre en una compleja red de relaciones familiares, laborales, sociales, culturales. Somos padres, madres, hijas o abuelas. Somos empleados, trabajadores, pastores, administradores o ingenieros. Somos ciudadanas, jubiladas, militantes o seguidores. ¿Qué significa nuestra vocación cristiana dentro de las distintas vocaciones o relaciones en las que estamos inmersos? En muchos casos *nuestra identidad cristiana no las reemplaza, sino que les da una cualidad distinta, una intensidad distinta, un sentido y hasta una urgencia distintos*. En otros casos, el llamado cristiano se hace incompatible con otros llamados u ocupaciones. Siendo que este es un tema que abordaremos en los próximos capítulos nos conformamos aquí con estas breves observaciones.

3. La liturgia, los credos y las doctrinas cristianas

Pero después de todo lo que vimos, ¿en qué creen los cristianos? Esperamos que a esta altura hayamos comprendido mejor algunas de las afirmaciones centrales del cristianismo. Lo que hemos querido demostrar y reforzar es que la adoración y el culto cristiano, eso que hacemos habitualmente y a veces en forma un tanto automática, son realidades cargadas de teología. No obstante, podemos comprender la inquietud de quienes piensan: ¡Queremos aprender más sobre las doctrinas y la fe! A eso vamos.

Muchas veces pensamos que las buenas ideas caen del cielo, o al menos, que allí fueron pergeñadas. Lo mismo con las doctrinas. A menudo veneramos más una doctrina que lo que la doctrina pretende des-cubrir o comunicar. Por ello a algunas personas *les causará sorpresa saber que el culto, la liturgia y la adoración, es decir, la experiencia misma de fe de la comunidad cristiana, tuvieron una influencia enorme en la formulación misma de las doctrinas cristianas*. Una de las reglas que guiaron las disputas doctrinales en los primeros siglos era si una formulación presentada como doctrina (por ejemplo, si Jesucristo era verdaderamente Dios) seguía o no las líneas generales de la tradición apostólica expresada en y por la práctica litúrgica y catequética de la Iglesia[10]. Se lo expresaba con la fórmula "*lex orandi - lex credendi*" (el modo en que oramos afecta cómo y en qué creemos), ya mencionado en el capítulo anterior. Esto es muy importante, ya que indica que la práctica litúrgica y el testimonio de la Iglesia no se fundaban en una filosofía abstracta, o en una nueva cosmovisión*, sino en la acción de gracias por la salvación y liberación que Dios realizaba en Cristo. Entonces la *doxología**, es decir, la exaltación, confesión y celebración de Dios y sus actos, confería tanto la estructura como los contenidos de las afirmaciones "doctrinales". Por ejemplo, al bautizar en el nombre del Dios Padre, Hijo y el Espíritu Santo, se proclamaba la "doctrina" de la Trinidad; al confesar los pecados, se asumía una "doctrina" sobre la condición humana; al participar de la eucaristía se afirmaba la "doctrina" sobre la divinidad y la humanidad de Cristo, etc.

Es así que la manera cómo los cristianos celebraban y, más importante aún, aquello que celebraban, dio un impulso fundamental a las disputas en torno a la Trinidad y a la persona de Jesucristo. Atanasio** (296–373 d. C.), un importante teólogo de habla griega, desarmó en parte el argumento de los que se oponían a la plena divinidad de Cristo, los "Arrianos*". Sostenía que la tradición de la Iglesia, que siempre había adorado a Cristo como Señor, estaría presa de la idolatría si Cristo, como decían sus oponentes, es "menos" que Dios. El *Gloria in Excelsis*, un himno muy antiguo, atestiguaba que los cristianos siempre glorificaron a Cristo a la par que Dios Padre. Del mismo modo la doctrina del Espíritu Santo, que no fue un tema controversial al principio, estalla en el siglo IV cuando se discute si es o no es una persona divina. Nuevamente la

---

10   J.N.D. Kelly, *Early Christian Doctrines* (New York: Harper & Row, 1960), 34.

práctica litúrgica confirmará su condición divina: ¿Acaso la Iglesia no ha bautizado desde sus inicios en el nombre del Padre, del Hijo y del *Espíritu Santo*? preguntaba otro teólogo griego, Basilio el Grande[11]. Así todo el debate sobre la Trinidad y sobre Cristo, tan importantes para la identidad y la teología cristianas, no sólo tenía como criterio las pruebas de las Sagradas Escrituras sino también las fórmulas utilizadas en la liturgia (por ejemplo, a quién se oraba, en el nombre de quién se bautizaba).

Pero la adoración y el culto no eran momentos de anarquía doctrinal ni estaban vacíos de una explícita formulación teológica. La recitación del *Credo* –que era tanto una práctica requerida a los aspirantes a ser cristianos (catecumenado), como una práctica cúltica habitual– sintetizaba las creencias básicas del cristianismo; era una especie de sumario o resumen de la fe. Ante la pregunta ¿En qué creen ustedes los cristianos?, la respuesta era "Creo en Dios Padre, todopoderoso . . .". *Los credos ofrecen, si se quiere, una especie de "regla" por la cual el pensamiento cristiano es guiado, tanto en la interpretación de las Escrituras como de la vida cristiana.*

El Credo posee una estructura, comúnmente organizada en torno a tres artículos. El *primero* se refiere a Dios "Padre" como creador de todas las cosas, "visibles e invisibles" como dice uno de los credos más importantes, el de Nicea (325 d. C.).[12] Aquí se seguían las afirmaciones básicas del monoteísmo* judío, a la vez que establecía importantes puentes con el pensamiento filosófico griego. El *segundo* artículo, generalmente el más largo, tiene en Jesucristo su tema central, enfatizando la doble identidad de su persona (humana y divina) como así también su rol salvífico. En el *tercer* lugar, aparece el artículo correspondiente al Espíritu Santo, a la Iglesia y a la esperanza cristiana en la resurrección de los muertos (o de la carne) y en el reinado final de Dios.

El hecho de que haya tres artículos no significa que una exposición de las creencias cristianas deba seguir este orden. Perfectamente se podría comenzar por Jesucristo y seguir con la creación y el Espíritu Santo, o comenzar por este último y discurrir sobre los otros artículos. Sea como fuere debe quedar en claro que el orden no es lo realmente importante sino los núcleos de fe afirmados por el Credo.

La tradición patrística (que se remonta a los primeros "Padres" de la Iglesia) ha establecido tres núcleos mutuamente interconectados, resultando en lo que llamamos la doctrina de la Trinidad. Cuando el cristianismo "habla", ya sea desde el púlpito, un libro de teología, o desde el testimonio y compromiso de los cristianos, lo hace trinitariamente. Ya tendremos ocasión de explorar en detalle en qué consiste esta doctrina. Por ahora basta con afirmar lo siguiente: de las muchas connotaciones que tiene esta doctrina una de las más fundamentales es vincular la figura de Dios con una persona histórica, Jesús, el Cristo o Mesías.

---

11 Ver Wiles, 70ss.
12 Pueden consultar los textos de los credos en el capítulo IX sobre la Trinidad en este mismo texto.

Cuando el cristianismo piensa y adora a Dios involucra también a una figura humana en esa imagen. Se torna más interesante cuando, a partir del tercer artículo (sobre el Espíritu Santo), también se incluye a la comunidad de creyentes y la resurrección de la carne en esa imagen de Dios. Esos conceptos forman una especie de "paquete", en el que si bien pueden distinguirse varios elementos o niveles, dejaría de ser lo que es si "descomponemos" los elementos que lo constituyen. En ese conjunto, valga recordarlo una vez más, se incluye el vasto espectro de la creación, desde el comienzo del universo con el "big-bang*" hasta su supuesta extinción en una Gran Implosión o en una muerte térmica. Frente a este horizonte, ¿qué papel jugamos? ¿Qué significado tiene nuestra existencia y la de aquello que nos rodea? ¿A qué estamos llamados y por qué?

Bibliografía seleccionada

Alvarez, Carmelo. *Celebremos la fiesta*. San José: DEI, 1986.

Beozzo, José. "Para uma liturgia com rosto Latino-Americano", en *Revista Eclesiástica Brasileira*, v.49, n.195 (1989), p.586–605.

Brand, Eugene. *La liturgia cristiana*. Buenos Aires: I.E.L.U., 1985.

Brueggemann, Walter. *Israel's praise: Doxology against idolatry and ideology*. Philadelphia: Fortress Press, 1989.

CLAI. *Juntos: evangelización y liturgia–cuaderno de recursos*. Quito: CLAI, 1997.

Daniélou, Jean. *Historia de la salvación y liturgia*. Salamanca: Sígueme, 1965.

Gutiérrez, Gustavo. *Hablar de Dios desde el sufrimiento del inocente: una reflexión sobre el libro de Job*. Salamanca: Sígueme, 1988.

Elizondo, Virgilio. *Mestizo Worship: A Pastoral Approach to Liturgical Ministry*. Collegeville, MN: Liturgical Press, 1998.

Evdokimov, Paul. *El arte del Icono: teología de la belleza*. Madrid: Publicaciones Claretianas, 1991.

Iglesia Episcopal. *El Libro de Oración Común: Administración de los Sacramentos y otros Ritos y Ceremonias de la Iglesia*. New York: The Church Pensión Fund, 2022.

Iglesia Evangélica Luterana en América. *Libro de Liturgia y Cántico*. Minneapolis: Augsburg Fortress, 1998.

Iglesia Evangélica Metodista de América Latina. *Festejamos juntos al Señor: Libro de celebraciones de la Iglesia Evangélica Metodista en América Latina*. Buenos Aires. La Aurora, 1989.

Isasi Díaz. Ada María. *Mujerista Theology: A Theology for the Twenty-First Century*. Maryknoll, NY: Orbis, 1996.

Kirst, Nelson. *Culto cristiano: historia, teología y formas*. Quito: CLAI, 2000.

Maertens, Dom Thierry. *Fiesta en honor de Yahvé*. Madrid: Cristiandad, 1964.

Pavón, Isabel. *Hacia una liturgia feminista*. Lupa Protestante (2021). https://www.lupaprotestante.com/hacia-una-liturgia-feminista-isabel-pavon/.

Peters, Ted. *God: The World's Future. Systematic Theology for a New Era*. Tercera Edición. Minneapolis: Fortress, 2015.

Tomkin, Monica. *Celebración Interreligiosa - Dia del Inmigrante*. Red Latinoamericana de Liturgia, CLAI (2022). https://webselah.com/recurso/dia-del-inmigrante-celebracion/index.html.

Vanni, Ugo. *Apocalipsis: una asamblea litúrgica interpreta la historia*. Estella: Verbo Divino, 1982.

Varias autoras. *Ya no somos extranjeras: Material de liturgia para mujeres*. Buenos Aires: La Aurora, 1989.

III. ¿POR QUÉ Y PARA QUÉ DIOS NOS LLAMA?

1. La justificación: un resumen del mensaje cristiano

1.1. Introducción

En el capítulo anterior hablamos de la centralidad de la Palabra de Dios en nuestro culto y adoración. La Palabra de Dios puede recibirse de diferentes formas. No sólo porque nos llega en distintos estados de ánimo, marcados por diferentes experiencias, sino porque la Palabra misma parece estar signada por un doble filo, una doble vertiente. De esto da cuenta la tradición de la Reforma cuando habla de la Palabra de Dios como **ley** y como **evangelio**. Hay que tener cuidado de no confundir estos dos aspectos ya que, de lo contrario, el talante liberador de la buena noticia, el evangelio, podría diluirse en simples demandas u obligaciones "legalistas". Pero, por el otro lado, también es cierto que un celo demasiado excesivo para distinguir entre la ley y el evangelio puede atentar contra la **unidad** misma de la Palabra de Dios: como el viejo dios romano Jano, ¡acabaríamos con un dios de dos rostros!

Por ello lo más apropiado es hablar de la **función** o **modos** que tiene la Palabra de Dios como ley y como evangelio. Desde el punto de vista de Dios esto que parece una doble cara es en realidad una sola realidad: la expresión de la voluntad divina, de su amor. Pero desde el punto de vista humano la Palabra de Dios puede llegarnos como lo uno o lo otro, o en forma más apropiada, como las dos cosas a la vez: a veces como un gozo indescriptible, otras como una crítica y demanda que revela nuestra falta de amor.

A partir de nuestra comprensión de la Palabra de Dios como ley y evangelio, como evangelio y ley, nos interesa en este capítulo ahondar en el **encuentro** de los creyentes con Dios y su Palabra. En términos generales, la tradición* de la Reforma se ha referido al encuentro con el **evangelio** como **justificación por la gracia a través de la fe**. El encuentro con la **ley** de Dios, sin embargo, ha tomado distintos aspectos: puede describir la existencia humana juzgada y amenazada por las demandas divinas, puede significar la forma en que Dios quiere que se oriente su creación, o puede referirse al encuentro con la Palabra como mandamiento, es decir, una guía en el discipulado cristiano. En esta última órbita trataremos el tema de la **santificación**.

1.2. La justificación por la gracia a través de la fe

Lutero y Wesley sobre la justificación

En 1545, con ocasión de la publicación de sus escritos latinos, Lutero escribe un prefacio donde relata su "descubrimiento" de la doctrina de la justificación. Dice así:

"Entonces Dios tuvo misericordia de mí. Día y noche yo estaba meditando para comprender la conexión de las palabras, es decir: 'La justicia de Dios se revela en él, como está escrito: el justo vive por la fe'. Ahí empecé a entender la justicia de Dios como una justicia por la cual el justo vive como por un don de Dios, a saber, por la fe. Noté que esto tenía el siguiente sentido: por el Evangelio se revela la justicia de Dios, la justicia 'pasiva', mediante la cual Dios misericordioso nos justifica por la fe, como está escrito: 'El justo vive por la fe'. Ahora me sentí totalmente renacido. Las puertas se habían abierto y yo había entrado en el paraíso. De inmediato toda la Escritura tomó otro aspecto para mí. Acto seguido recorrí la Escritura tal como la conservaba en la memoria y encontré también en otras palabras un sentido análogo. Por ejemplo: la obra de Dios es la obra que Dios realiza en nosotros; la virtud de Dios significa la virtud por la cual nos hace poderosos; la sabiduría de Dios es aquella por la cual nos hace sabios. Lo mismo sucede con la fortaleza de Dios, la salud de Dios, la gloria de Dios". (Obras, t. I, 337s).

Juan Wesley, dos siglos después en Inglaterra, escribía:

> "A la noche fui de mala gana a una sociedad en la calle Aldersgate, donde alguien estaba leyendo el prefacio de Lutero a la Epístola a los Romanos. Alrededor de las nueve menos cuarto, mientras [Lutero] estaba describiendo el cambio que Dios produce en el corazón a través de la fe en Cristo, sentí mi corazón extrañamente encendido. Sentí que confiaba en Cristo, sólo Cristo para mi salvación; y la certeza vino a mí de que Él ha quitado mis pecados, aún los míos, y me salvó de la ley del pecado y de la muerte". (*John Wesley's Journal*, Philosophical Library, 51).

La doctrina* de la justificación ha sido el pivote en torno al cual se articuló la teología protestante. Aquí radicó Lutero su propuesta, la cual siguieron casi todos los reformadores del siglo XVI (Melanchton**, Calvino**, Bucero**, Zwinglio**,

Knox**, Cranmer**) y del siglo XVIII (notablemente, John Wesley**). Así la Reforma rescató este eje como el corazón del mensaje del Evangelio, oponiéndose no sólo a los abusos eclesiales de la época sino a la distorsión que se había hecho de la relación que debía existir entre Dios y los seres humanos. Esta distorsión, por supuesto, se trasladaba a todos los aspectos de la vida y sus estructuras: la cultura, la política, la economía, el trabajo, la familia, el ocio, la diversión, el arte, la amistad, entre otros. Imagínense lo que significaría la vida diaria bajo la preocupación constante de que debemos acumular **méritos** para así acceder a la gracia divina. Por ello, a partir del redescubrimiento de la doctrina de la justificación, la Reforma adquiere su identidad teológica propia, siendo la separación de la iglesia de Roma una consecuencia secundaria de esta convicción. Lo que destacaremos aquí, sin embargo, no es la historia de esta doctrina sino las diferentes aristas que encierra el tema de la justificación. Esto nos ayudará a entender por qué los reformadores entendieron este artículo como la realidad que determina la esencia del evangelio y la vida de la Iglesia.

Podemos decir que la doctrina de la justificación es sinónimo de la noción de *evangelio*, es decir, de la experiencia cristiana que nace a partir del encuentro renovador con la gracia divina. No busca definir **substancialmente** a Dios, sino que da expresión a una **relación** entre Dios y la persona centrada en el aspecto salvífico y liberador de la misma. La justificación refiere así a la "relación justa" entre Dios y la creación: es un relato sobre un Dios que proclama y hace justicia con los suyos. Precisamente este mensaje y esta experiencia constituyen –como vimos en la unidad anterior– el origen de la adoración y de las creencias cristianas. No es casualidad que Pablo, poco después de la muerte de Jesús, ya hilase de manera firme el aspecto doxológico con la doctrina de la justificación. Esta reseña un evento todavía por revelarse plenamente, es decir, **escatológico***: una vida nueva donde la muerte, la injusticia y la maldad ya no tendrán dominio. Por ello la doctrina de la justificación encierra la esencia de la esperanza del evangelio proclamada a través de la Palabra y los sacramentos*, y testimoniada en el mundo.

Justificación

El término se utiliza en referencia a la salvación gratuita en Cristo. De raíz veterotestamentaria, el concepto adquiere un perfil canónico con las cartas de Pablo a los Gálatas y Romanos. La palabra justificación deriva de la voz griega *dikaiosune* (justicia), que acarrea las connotaciones forenses de los conceptos hebreos *sedeq* y *sedaqah*. Estos refieren no tanto a una cualidad moral sino a un veredicto en la corte. Ser justificado significa, entonces, ser declarado y hecho justo. Con Pablo el concepto amplía su espectro al quedar íntimamente ligado a la muerte y resurrección de Jesucristo para la salvación de los pecadores. De ahí que la justificación en el sentido último coincide con la renovación de toda la creación o con la resurrección de los muertos para la vida eterna. Fue Lutero quien rescató esta doctrina como el artículo principal de la fe cristiana. Esto no implica que otras doctrinas fueran desplazadas por ella, sino que eran conjugadas o entendidas a partir de ella. Pero en Lutero conviven al menos dos nociones: la forense ya mencionada, como el hecho de la inhabitación de Cristo en nuestras personas por medio del Espíritu Santo.

La justificación encierra también la clave de la **espiritualidad** y de la **vida cristiana**, una espiritualidad cuya base es justamente el amor de Dios por la humanidad manifestado en Cristo. La espiritualidad –como tendremos ocasión de ver más adelante– significa caminar según el Espíritu. Es por ello que no puede haber espiritualidad cristiana sin estar embarcados en una **relación vital** con el Espíritu, participando del amor con el cual Dios se acerca a sus criaturas, sobre todo, a las más vulnerables y marginadas. En efecto, la vida cristiana, cuyo fundamento es el amor, participa del amor mismo de Dios, un amor cuyo aspecto liberador la tradición* evangélica llamó "justificación".

1.3. La justificación y nuestros instintos muy humanos

Para entender todos sus aspectos es preciso adentrarnos un poco en lo que llamaremos la "mentalidad religiosa" de los seres humanos. No debería sorprendernos que últimamente la doctrina de la justificación haya caído un tanto en desuso, o que haya sido abiertamente rechazada incluso dentro de los mismos círculos protestantes. En cierto sentido la doctrina de la justificación, es decir, la lógica que ella expresa, atenta contra los **instintos** religiosos y morales más profundos de las personas –lo que podríamos denominar la "religiosidad". La cuestión puede plantearse en términos muy simples: el mensaje de los evangelios –en el que Pablo insiste– afirma que la salvación depende sólo de Dios, que es Dios mismo quien nos rescata en Cristo de la muerte y que lo hace para nuestro beneficio. Su salvación es incondicional, es decir, no depende de las virtudes u obras humanas. Pero si Dios ha hecho –y hace– todo por nosotros, ¿qué nos resta por hacer? ¿Qué *debemos* hacer?

La idea de que tenemos que hacer algo para ser justos puede derivarse, lamentablemente, de los mismos equívocos que genera la noción de justificación. Aclaremos algunos conceptos. El término "justificación" sugiere un contexto forense o legal, declarar a alguien justo; sugiere derechos, obligaciones, responsabilidades; sugiere normas y códigos; sugiere castigos y resarcimientos. Sugiere, en otras palabras, una **lógica** jurídica tanto en la relación con el prójimo como con el mismo Dios. Aplicada al campo religioso esta concepción puede teñir la comprensión de la salvación como una especie de **camino** regido por normas y leyes: un camino hacia la perfección, hacia la santidad, hacia la redención o, peor aún, hacia la "prosperidad" que prometen muchas iglesias hoy en día (relacionadas a la teología del "evangelio de la prosperidad"). Pero para ello, hay que demostrar que uno es "justo", que cumple la ley, o que merece la bendición a cambio de las "ofrendas" que damos a un ministerio o a una iglesia. De ahí que este camino hay que encararlo por cuenta propia, y la salvación hay que ganarla o comprarla, como un premio que nos aguarda al final. Así es frecuente retratar la situación del cristiano como un pasaje gradual desde el estado de injusticia hacia la justicia. Uno nunca es declarado justo, sino que debe "hacerse justo" por sus propios medios a fin de merecer la recompensa de Dios.

Si bien es cierto que detrás de toda experiencia de lo sagrado, detrás de toda hierofanía*, flota esta preocupación primigenia por la salvación, por una comunión con el misterio que asegure un estado positivo después de las vicisitudes de la vida presente[1], esto no debe llevar a pensar que la salvación sea una suerte de retribución que sigue al cumplimiento de ciertas obligaciones, al cumplimiento de la ley, o a nuestras donaciones. Precisamente la tradición que se origina en la Reforma destrabará esta concepción, alumbrando la idea de justificación como una liberación frente a la angustia y la incertidumbre que nos ata y oprime, para lanzarnos a un compromiso con el prójimo necesitado, a la vida plena, al bienestar de la creación y a la procura de la justicia en el mundo.

Cuando a la vida religiosa se la entiende como un camino de paulatina perfección y santidad, es frecuente que el lugar central que debería ocupar la fe y la relación con Dios sea reemplazado por una atención excesiva sobre las "obras" que ameritarían la salvación o la "prosperidad". De un Dios liberador se pasa a un Dios juez, o a un Dios "comerciante" cuya ley transaccional es la vara que mide nuestro destino. Ahora bien, debemos tener presente que desde el punto de vista bíblico la "ley" siempre ha tenido una connotación muy positiva, ya que refiere a los mandamientos divinos, es decir, es la expresión de la voluntad de Dios para el beneficio de su creación. El contenido de esta ley es precisamente el **amor**; el Nuevo Testamento considera al amor como el "cumplimiento de la ley" (Rom. 13:8). La ley de Dios es por lo tanto **buena** ya que expresa el plan de Dios para con nosotras. Como bien lo señala el teólogo metodista José Míguez Bonino**, la ley demarca esferas de acción que dan a la vida su verdadera dimensión humana[2]. La ley, en este sentido, "despliega el paisaje de la vida humana y señala los puntos en que el Creador nos invita a ejercer el amor"[3].

Pero de hecho la ley divina, cuando es divorciada de la gracia y el amor de Dios, desata sobre nosotros su talante austero y legalista. En vez de ser una

---

1 J. Martín Velasco, *Introducción a la fenomenología de la religión* (Madrid: Cristiandad, 1978), 146.

2 José Míguez Bonino, *Ama y haz lo que quieras: una ética para el hombre nuevo* (Buenos Aires: Escatón, 1972), 65.

3 Ibid., 66.

buena noticia, una invitación a la práctica del amor, al compromiso y a la justicia, la ley revela las múltiples formas en que falseamos nuestras relaciones a fin de satisfacer intereses egoístas o sectoriales. Por ello la ley, frente al pecado humano, no "produce" en nosotros el regocijo ante un Dios que crea espacios de humanidad, ni tampoco nos orienta hacia el prójimo. Al contrario, revela nuestra desidia y nuestra negación de las necesidades que marcan la vida de nuestros semejantes y de la creación toda. Emulando (malamente) las tortugas, nos abstraemos del mundo exterior, negamos que Dios pueda interpelarnos a través de los rostros sufrientes, de los sedientos, hambrientos y sin trabajo (Mateo 25:31-46). Desconocemos que la naturaleza gime aguardando ella también su liberación (Romanos 8:22). Tratamos de negar estas realidades, de exculparnos, de "justificarnos" en nuestras inacciones. Pero mientras más nos neguemos, más fuerte será el impacto de la ley de Dios, más irritante será su amor. Nos cae encima como un rayo, como una **demanda** implacable o como una "vocecita" que constantemente nos exige lo que no queremos hacer. Como un grito o un susurro, la ley de Dios nos señala las injusticias que cometemos, las prisiones que nos encierran. La escuchamos cuando nos levantamos y miramos al espejo, revelando lo incompletos que somos. En el trabajo con nuestros compañeros y compañeras, preguntándonos si los hemos tratado como iguales. Frente a los niños y niñas maltratados, cuestionándonos qué hemos hecho por ellos. La ley nos indica lo que debemos hacer y ser, pero parece que no nos da ni el poder, ni la energía, ni los medios para hacerlo. He aquí el gran dilema.

Por ello la ley de Dios, amén de indicar las esferas, estructuras y relaciones que dan forma a los paisajes de nuestra humanidad, también opera en nosotros como los **rayos x** que producen una radiografía: deja al desnudo nuestra realidad profunda (ver la sección sobre la confesión de pecados en el capítulo anterior). Cuando Dios nos dice "ama a tu prójimo", nos damos cuenta de que no hemos amado lo suficiente. Cuando nos dice "no codicies a la pareja de tu prójimo", salen a la luz nuestra compleja trama del deseo. Cuando nos dice "no robes", nos revela que privar a los otros de sus medios de subsistencia parece ser una práctica más que frecuente. En medio de esto la ley de Dios nos "mide", nos sondea, nos expone dimensiones que a simple vista no percibimos. Su voz nos confronta como una exigencia señalándonos que estamos lejos de lo humano a lo cual aspiramos. De ahí el dilema planteado: ¿Cómo **aplacar** ya sea el grito, ya sea el susurro, de esta demanda? Surgen las excusas, las quimeras, las ilusiones . . . todas estrategias para ocultar la injusticia en la que estamos inmersos. No hay desaparecidos ni torturados, sólo gente que "por algo será" fueron detenidas. No hay hambrientos ni pobres, sólo gente debajo de una hipotética línea macroeconómica. No hay víctimas inocentes de guerras espurias, sino daños colaterales. No hay creación que gime por sus desbalances ecológicos, sino esporádicos cambios climáticos. No hay personas que cayeron en nuestros engaños, sino víctimas de sus propias fantasías. No hay discriminación machista en la sociedad, sino idiosincrasias culturales. No hay racismo ni odio hacia los inmigrantes, sino el derecho a defender nuestras identidades. Y buscamos refugiarnos en más de una excusa, en más de una ideología, en más de una razón, disfrazando la miseria con papelitos de colores.

Esto genera un profundo malestar en las personas, en la sociedad, en la cultura. La mayoría de las veces permanece latente, pero a menudo también sale a la superficie. Y cuando esto sucede, aprendemos mucho sobre la vida, sobre Dios, sobre nuestros semejantes y sobre nosotros mismos. Sin los gritos y susurros de la ley de Dios no habría conciencia, y sin conciencia no habría el más mínimo sesgo de lo que llamamos **moralidad**. Pero al despertar nuestro sentido de la moral, al revelarse los espacios en los que el Creador nos invita a ser humanos, al mostrarnos lo que deberíamos ser, se genera también una cierta bronca, incertidumbre, conmoción. Por un lado, nos vemos tal cual como somos a la luz de lo que deberíamos ser. Por el otro, la ley, como tal, no nos provee ni los medios ni la fuerza para cumplirla. ¿De dónde sale la voluntad, el amor, la fuerza para llevarla adelante? Una cosa es revelar lo que somos, otra cosa es decir **cómo** nos hacemos justos.

El problema, evidentemente, no radica en la ley de Dios, sino en **nosotros**. Sabemos que debemos amar, pero ese amor no está en nosotros, no es una posibilidad que surge desde la espontaneidad meramente humana. Lo que prima, en vez, es el cálculo artero de lo que nos conviene. Aunque se nos haya regalado la vida, se nos haya dado el don más maravilloso del universo, lo tomamos y acaparamos convirtiendo todo en una pieza de trueque. Te doy esto por aquello. *Quid pro quo*. Nada es gratis, todo tiene un precio. La vida no es un regalo, sino una carrera de obstáculos que debo ir negociando para alcanzar mi meta. ¡Hay premio! Pero sólo para los que triunfan, sólo para los que lo merecen, sólo para los que el éxito les sonríe, sólo para los "influencers" en los medios sociales que cuentan con más seguidores. ¿Y los que quedan en el camino? ¿Los pobres? ¿Las ancianas? ¿Los pueblos originarios? ¿Los que no "encajan"? ¿Los enfermos? Y bueno . . . así es la vida, algunos ganan, otros pierden . . . Si en la escuela y en las calles del barrio aprendimos el acosamiento, ¿por qué no hacer lo mismo con todas las personas que se nos cruzan en el camino?

Cuando buscamos encarar la vida como una carrera, con ciertas metas a las que hay que llegar, donde abundan los deseos que hay que imperiosamente satisfacer para ser consideradas "personas", entramos en el terreno que el apóstol Pablo llama vivir "bajo la Ley" (Ver Romanos 7:7ss). A modo de ejemplo en nuestro contexto actual, signado por las redes sociales, este vivir bajo la ley puede traducirse en una vida que se mide con la vara de los logros, en otras palabras, una vida "curada" para ser presentada en Facebook o Instagram, "photoshopeada" para maximizar la envidia que pueda generar en nuestro círculo de "amistades". Un mundo de caretas, de superficies brillantes, de búsqueda de reconocimiento por el número de "me gusta" en nuestros perfiles. Este vivir bajo la Ley implica estar sujeto a la manipulación de las fragilidades de nuestra psicología humana, donde somos transformados de usuarios a "productos", y donde estamos a merced de la difusión de falsas noticias que genera desconfianzas e incertidumbres que las corrientes políticas más autoritarias no tardan en aprovechar. Este es nuestro nuevo orden simbólico, el mundo de la Ley que como en el caso de Pablo y Lutero, sólo alcanza la superficie de las cosas, dejando a la persona en un peor estado de la que la encontró. La Ley, ajustarnos a ese ordenamiento exterior de la vida, nunca alcanza al núcleo de nuestra existencia; sólo genera más insatisfacción, más desconsuelo, más cargas. En suma, la Ley revela nuestro fracaso, y por ello Pablo dice que es a través de la Ley que él ha muerto a la Ley. Lo agotó. Lo exprimió, pues sólo reveló su abandono y pecado.

Frente al desconcierto y la conmoción que produce la Ley –que originalmente es la ley del amor– pueden abrirse varios **caminos**. Uno es asumir que la vida, precisamente, es un asunto de ganancias y pérdidas. El mundo es simplemente así, no cambiará. De ahí que lo más sano sea una aceptación cínica de los duros hechos de la vida. Una variante de ello es acomodarnos al mundo y justificar las injusticias que creamos o avalamos creando un dios a nuestra propia imagen: Dios mismo es quien promete prosperidad y salvación para los que cumplen con su ley. Pero ya no la ley bíblica del amor, de la entrega, la solidaridad y el compromiso, sino la ley de *mi* éxito, *mi* salvación, *mi* prestigio. ¡Un evangelio que sacraliza la prosperidad individual! Otro camino es tratar de cumplir a rajatabla y en forma absoluta todas las prescripciones bíblicas, moldeando nuestras vidas a una lectura literal de las mismas. Pero buscamos cumplir la ley divina no porque esta sea buena, o porque nos descubra nuestra humanidad al acercarnos a nuestro prójimo y la creación, sino que la "cumplimos" a *cambio de* algo: apaciguar nuestra conciencia, contar con algunas certezas, agradar a un dios preocupado por los detalles de la moralina y las buenas costumbres, recibir la aprobación de los demás.

Sin embargo, ninguno de estos caminos toca el meollo de la cuestión, no tocan la raíz del problema. El meollo es el pecado, nuestro alejamiento de Dios, de nosotros mismo y del prójimo. Por ello la opción más difícil es asumir con toda honestidad nuestra situación, que la ley del amor nos revela como faltos de todo amor, de toda gracia. En suma, sólo podemos escapar de ese remolino que nos traga si tomamos la mano que Dios nos extiende. Esto es la gracia, el evangelio, el Cristo que se hace camino entre nosotros.

1.4. La ley y el evangelio

El Nuevo Testamento es recorrido por una dura polémica con "los justos", con aquellos que justifican su existencia no desde el amor de Dios sino desde su propio prestigio, obras, posición social, género o descendencia. En los evangelios, por ejemplo, encontramos a un Jesús en constante polémica con los grupos religiosos y sociales dominantes de la época, duchos en la tarea tan humana de clasificar a la humanidad ya sea como "elegidos" o "privilegiados", ya sea como "pecadores" o "perdedores". Dios, por supuesto, tomaba partido por los primeros; "por algo será" que los pecadores casi siempre ocupaban las márgenes de la vida social y religiosa de la época. Pecador era así sinónimo de impureza, de pobreza, de marginalidad, en fin, de lo "abandonado" por Dios. Por ello estaban legítimamente a disposición de los poderes, sea este el político-imperial, el religioso-social, o el económico-patriarcal*.

En este escenario los evangelios no dejan lugar a dudas sobre la posición de Jesús: él viene a salvar a los pecadores, no a los justos (Mateo 9:13); no son los primeros sino los últimos los que entrarán al Reino (Lucas 13:30); Jesús se sienta con los "traidores" publicanos más que con los moralistas fariseos (Marcos 2:15s). El meollo mismo del evangelio, las buenas noticias del "Imperio" de Dios, despliega su dimensión liberadora en polémica con los poderes establecidos. Evangelio significa, precisamente, las buenas nuevas. ¿Pero buenas nuevas para **quiénes**? Jesús contesta a esto con su mensaje inaugural en Nazaret (Lucas 4:14–30), con sus múltiples parábolas, con sus inesperadas curaciones, con su confraternización escandalosa. La venida del Reino de Dios y el señorío divino en la creación son contrastadas con las expectativas de la religión dominante y con la práctica del Imperio y su paz basada en la desigualdad y la explotación. El menosprecio del pueblo por parte de las clases dominantes, sustentada por la ideología de pureza e impureza, discrepa de la imagen de un Jesús mezclándose con los que la "ley" abiertamente condenaba y marginaba. De la misma manera, ese pueblo era el mismo que había sido empobrecido por las políticas impositivas y las expropiaciones que el Imperio llevaba adelante con la complicidad de las autoridades religiosas locales. "Impuros" de todo tipo, gente de "poca monta", huérfanos y viudas, mujeres judías y extranjeras, enfermos y desahuciados, en fin, el "populacho" empobrecido y explotado, son declarados bienaventurados porque el Reino de Dios viene hacia ellos (Mateo 5:1ss. y Lucas 6:20ss). Un reino o imperio sin desigualdades, sin mediaciones, sin relaciones clientelares, sin machistas dominantes, sin tiranos o sacerdotes. En fin, un reino de justicia como encarnación total del amor de Dios entre sus criaturas.

Evangelio, entonces, es esta buena noticia para los que se encontraban en medio de una vida robada de su dignidad, de su propósito divino, desesperanzados y acongojados. Un mensaje para los que en cada mañana despertaban a la pesadilla de la sanción social, la marginación, la privación de los medios de subsistencia, la falta de estima. Pero los evangelios no sólo nos trasmiten la visión que Jesús tenía de este reino o imperio de Dios, sino que Jesús mismo es presentado como la encarnación de este mensaje. Marcos, por ejemplo, concibe al Evangelio como las buenas nuevas de Jesús y sobre Jesús. En otras palabras, **Jesús** es el Evangelio de Dios, el camino no sólo hacia Dios sino -más importante aún- **de Dios hacia su pueblo**. Por ello él es Emmanuel, el Dios con nosotros, la justicia de Dios que "instala" su tienda en medio nuestro.

En Pablo las implicancias de esta visión son llevadas hasta su conclusión más universal desbordando los confines de Israel. Pablo también experimentó muchas facetas de la marginalidad que dieron cabida a un renovado anuncio de las buenas noticias de Jesús. Él fue un "maldito", un desechado, y desde allí experimentó la renovación de la gracia como una promesa que traspasa las fronteras étnicas y religiosas. Según el apóstol, a la luz de la vida y el destino del Mesías de Dios, no hay **uno** que sea justo; todos están sometidos al pecado, tanto los judíos como los que no lo son (Romanos 3:9). La justicia o justificación, por lo tanto, no se "gana" siguiendo los preceptos de algún código moral, o la ley, o alguna religión, sino viviendo el hecho de que hemos sido aceptados gratuitamente por Dios. Esta aceptación implica una participación de la propia praxis* y destino de Jesús: una **muerte** a esta vida según la carne y el comienzo de una nueva vida según el Espíritu. De esto trata la famosa frase de Pablo "justificados por la fe, sin las obras de la ley" (Romanos 3:28). Ser aceptados es correspondido por una vida renovada mediada por la fe, es decir, mediada por una **nueva existencia** en Cristo de acuerdo al Evangelio, a las buenas noticias para los pobres y pecadores. Por la fe en Cristo –dice Pablo en otro pasaje– "Ya no vivo yo, sino que es Cristo quien vive en mí" (Gálatas 2:20). La fe no refiere a un mero aspecto psicológico, sino al **Cristo mismo** que se hace camino en nosotros abriendo una nueva perspectiva de vida. La fe es la obra o praxis del Espíritu Santo que nos lleva a **vivir una nueva vida** en y desde Cristo.

Para Pablo el relato en torno al Jesús crucificado y resucitado estructura el mensaje de la justificación. La justicia de Dios no se encarna en el cumplimiento externo de las leyes de la Torá, sino en la vida, muerte y resurrección de Jesús. Por lo tanto, los detalles de esta historia son importantes para comprender la estrecha relación existente entre justificación y justicia; su muerte en cruz revela los aspectos más sórdidos de la injusticia e iniquidad humanas. No debemos nunca olvidar que la crucifixión de Jesús narra un escenario de tortura seguida de muerte; es el ajusticiamiento de un judío marginal por los poderes religiosos y políticos quienes lo acusaban de "blasfemo" y "rebelde". En suma, el desenlace aparentemente final para quien había recorrido los caminos del Padre entre las víctimas, los impuros, los pobres y pecadores. Las buenas nuevas de Jesús tocaron muchos intereses, desestabilizó la cuidadosa maquinaria política y religiosa que mantenía una rígida pirámide social. La justicia de Dios, por lo tanto, se revela como la contracara de la "justicia" de los poderosos.

Pero Jesús también resucita como judío: su **cuerpo** lacerado es reivindicado por Dios. Hablar de la resurrección "corporal" de Jesús remite, en el pensamiento hebreo, a la totalidad de la vida de Jesús: su camino, su praxis, sus curaciones, su mensaje del reinado de Dios, su entrega a la voluntad del Padre. En todo ello puso su "cuerpo", se entregó de lleno. Y Dios reinvindica ese cuerpo que fue salvaje y morbosamente atormentado. No porque se place en el dolor y el sufrimiento, sino porque es un acto de justicia eterna para con Jesús y, a través de Jesús, con todas las personas humilladas de la historia. Por ello la resurrección de Jesús es una dimensión integral de la reivindicación de todos los que sufren la injusticia, de los que han sido privados de sus medios de vida, de los torturados, de los abandonados, de los sufrientes. La resurrección del crucificado -anticipo de una resurrección general- es la manifestación final de la justicia de Dios, la justificación de su creación, tal como lo prometió por medio de Israel a todas las naciones.

Pablo relaciona la participación en esa justificación con el sacramento del **bautismo**. Este evento no es un mero rito de pasaje, o la alegre ocasión para reunir a familiares y amigos en torno al recién nacido. Como vívidamente lo ilustra la práctica de la inmersión, la participación simbólica en Cristo se inicia con el hundirse y emerger del agua; señala nuestro morir y resucitar con Cristo. "¿No saben ustedes que todos los que fuimos bautizados en Cristo Jesús nos hemos sumergido en su muerte?" pregunta Pablo. Y continúa: "por el bautismo fuimos sepultados con él en la muerte, para que así como resucitó por la gloria del Padre, también nosotros llevemos una Vida nueva" (Romanos 6:3-4). Vida nueva, justificación y bautismo señalan así nuestra renuncia a los viejos poderes, a la prisión del ego, al pecado que nos aleja de Dios y el prójimo, anunciando el reinado de Dios en nuestras vidas.

1.5. La "tensión" y el compromiso de la vida cristiana

Esta ruptura radical entre una vida vieja y otra nueva, entre el viejo y el nuevo Adán (y Eva), entre la condena de la ley y la libertad del evangelio, es la **tensión** que caracteriza la propuesta cristiana. El asunto no es tanto "mejorar" nuestro cumplimiento de la "ley" -aunque eventualmente esto también tendrá su importancia- sino **reorientar totalmente** nuestra vida, nuestros compromisos, nuestras opciones. Es un **nacer** de nuevo que alcanza tanto a las personas como a las estructuras sociales, políticas, y económicas que conforman la vida humana.

Como la justificación significa esa participación en el camino que Cristo recorre hacia y con nosotros, es lógico que sintamos en carne propia la tensión entre dos **identidades**: nuestra nueva identidad cristiana y nuestra vieja identidad "biológica" y social (etnia, sexo, género, profesión, etc.). No es que estas dos dimensiones estén siempre radicalmente encontradas, sino que se condicionan mutuamente: la **nueva** vida cuestiona nuestras lealtades y relaciones, nuestras opciones y compromisos, pero a su vez esta nueva **vida** sólo se expresa en medio y a través de nuestra vida tal como acontece mediada por nuestras identidades sociales, culturales y de género, entre otras. Por ello la tensión: la vida (con todas sus riquísimas dimensiones) es el campo del encuentro entre lo nuevo y lo viejo. ¿Qué significa ser amigo desde el punto de vista de Cristo?, ¿o padre o madre?, ¿o ciudadanas?, ¿o mujer, varón o trans?, ¿o migrante en busca de un nuevo hogar?, ¿o humano entre otros seres vivientes? Nacer de nuevo, por lo tanto, no cancela lo que somos, sino que nos lleva a vivirlo de manera tal que la luz crítica de la Palabra pueda renovar, fortalecer o cambiar los lazos, vínculos y compromisos que forjan nuestra existencia. ¡Es la vida la que debe ser renovada, es ella la que debe ser inundada por la gracia! A veces esto se hará armoniosamente, en otras ocasiones será una lucha, pero siempre existirá la tensión saludable de una vida que espera el encuentro definitivo con Dios en su reinado de justicia y equidad.

1.6. Algunos modelos de praxis cristiana

Volvamos ahora a un punto que dejamos inconcluso. Decíamos que el mensaje del Evangelio centrado en la justificación no fue siempre aceptado o bien interpretado por los cristianos. En Occidente era frecuente afirmar la doctrina de la justificación en **teoría**, para negarla en la **práctica**. ¿Cómo es esto? Ya mencionamos que la iglesia –heredera de la mentalidad jurídica romana– "leyó" el mensaje de la justificación con los lentes de la jurisprudencia y de los procesos legales. Interpretando a la salvación como el resultado final y merecido después de cumplimentar las exigencias de un largo camino, algún tipo de progreso –moral, social y religioso– era señal de un acercamiento a la gracia. Dios no niega su gracia a todo aquel que hace lo que le sea posible, esta era la convicción. Pero de esta manera la justificación vuelve nuevamente a ser medida por las **obras** de acuerdo con la ley (bíblica, canónica, natural, social) y no por nuestra participación en Cristo. Es cierto que Cristo seguía cumpliendo un papel importantísimo, pero era el papel de un superhéroe que habiendo conquistado la gracia por su muerte vicaria cedió este tesoro para que la Iglesia lo administrara. La **gracia**, inevitablemente, pasó a considerarse más como una **cosa** que una relación vital entre Dios y los creyentes.

Un ejemplo de ello es la corriente teológica que se desprende de la interpretación de Tomás de Aquino** (1225-1274 d. C.), uno de los grandes doctores de la iglesia. En él vemos una de las síntesis más acabadas de lo que después pasó a conocerse como teología escolástica o *escolasticismo**. Tomás describe la justificación como un **proceso** o **movimiento** en la vida del creyente que consiste en un punto de partida y otro de llegada. El proceso arranca con la infusión de la gracia, generalmente mediada por los distintos sacramentos (comenzando con el bautismo). A esto le sigue un segundo momento que es la respuesta o movimiento de la voluntad libre hacia Dios. Esto supone que los seres humanos son, por naturaleza, agentes libres capaces de corresponder por cuenta propia al llamado divino. Inmediatamente sigue un tercer momento que es la decisión de alejarse del pecado. Por último, bajo la premisa de que Dios recompensa a aquellos que cumplen su voluntad, llegamos a la meta, el perdón de los pecados. Así la salvación es merecida por aquellos que se han esforzado en procura de ella.

No debería sorprendernos si de repente este esquema es lo que en la práctica hemos vivido. Indudablemente Tomás describe un proceso que es fácilmente entendible y que corresponde, en términos generales, a la aparente tendencia de la vida de embarcarse en "procesos" que buscan resultados. Sin embargo, la protesta de la Reforma consistió en descartar de plano este tipo de explicación. Es más, no satisfechos con la mera denuncia, los reformadores se abocaron a desglosar este esquema para confrontarlo con sus contradicciones básicas. Hagamos la pregunta lógica: en todo este proceso descrito por Tomás y sostenido por la iglesia de entonces, ¿quién salva?, o más precisamente, ¿cuándo acontece la justificación? El dilema es el siguiente: si la justificación coincide con la infusión de la gracia al principio del camino, entonces el "proceso" de justificación es superfluo. Por el contrario, si la justificación coincide con la declaración final del perdón de los pecados es entonces esto último lo superfluo ya que el proceso mismo logró realizar los actos que merecen, de por sí, la justificación. La justificación, así presentada, no puede ser más que una obra *conjunta* entre Dios (que realmente parece bastante pasivo) y el ser humano (quien realiza todo lo que está en su poder, es decir, ir a misa, peregrinaciones, dar limosnas, tratar de portarse bien con su prójimo, no robar, no mentir, etc.).

Alguien podría preguntarse, "¿pero qué hay de malo con todo esto?, ¿acaso no es la experiencia que hemos tenido?, ¿acaso Dios no nos llama a ser buenos, a comportarnos en forma justa?, ¿no es justo que Dios recompense a los que se **esfuerzan** por llevar una vida digna, honesta, trabajadora?" ¡Por supuesto que Dios nos llama a vivir de esta forma! ¡Por supuesto que vivimos un cambio y una transformación de nuestras vidas cuando seguimos a Cristo! ¡Por supuesto que encontramos en la fe cristiana el camino más perfecto que nos guía en esta vida! Sin embargo, esta forma de plantear las cosas es lo que cuestionaron tanto el apóstol Pablo como los reformadores. No se trata de encontrar una "fórmula" que guíe nuestras vidas, sino que Cristo mismo sea quien "forme" nuestras vidas. No se trata de medirnos ante una lista de "debes y no debes", sino de **con-formar** toda nuestra vida a Cristo. No se trata de portarse bien ante un Dios "preceptor", que amonesta a los malos y promociona a los buenos, sino dejarnos **con-figurar** por Cristo, es decir, que su figura tome forma en y entre nosotros. En definitiva, es dejar que sea Cristo quien viva en nosotros. A esto la Reforma llamó **fe**.

Dietrich Bonhoeffer** (1906-1945), pastor y gran teólogo luterano alemán, hablaba precisamente en estos términos. Para él la meta de la vida cristiana no gira en torno a la preguntas "¿cómo me voy a hacer bueno? o ¿cómo hago lo bueno?", sino pidiendo que Dios se muestre en nuestras vidas –y en todas partes– como la realidad última*. Esto significa ser partícipes de Dios mismo[4]. Para ilustrar esta idea Bonhoeffer recurre al retrato literario que hacen los evangelios de la figura del **fariseo**, arquetipo del "creyente" que toma como eje de vida a su propio ego y salvación[5]. El fariseo es aquel personaje obsesionado por conocer el bien y el mal, convirtiendo la vida en una constante lucha de opciones. Día y noche la religiosidad del fariseo está orientada a meditar y anticipar los posibles conflictos que tiene que prever, para llegar a una elección que precisamente confirme su carácter de elegido, de salvo, de ser alguien más especial que los demás.

---

4 Dietrich Bonhoeffer, *Ética* (Barcelona: Estella, 1968), 131, 133.
5 Ibid., 16-23.

Según Bonhoeffer, el problema que ejemplifica el fariseo no es la pregunta moral sobre el bien, sino **desde dónde** se hace la pregunta: ¿Desde nuestro encuentro con Dios, desde su gracia que nos alcanza, o aparte de Dios, es decir, desde una situación de desencuentro, rechazo o separación de Dios? El modo de vida fariseo intenta salvar la distancia que nos separa de Dios creando nuestros propios puentes. Pero al hacerlo transformamos la vida de todos aquellos que nos rodean en un verdadero infierno, ya que el encuentro con otras personas no puede ser más que una ocasión para probarlas, para compararlas, para reprocharlas, para acusarlas, en definitiva, para rebajarlas. El fariseo debe juzgar constantemente a los otros para hacerse bueno, para sentirse que es mejor, que es salvo. Para llegar a Dios se hace juez, ocupando el lugar de Dios mismo. En Jesús, en cambio, la vida significa un movimiento contrario: decidir, sí; elegir, sí; amar al prójimo, sí; pero todo esto a partir de la **comunión vital** con Dios, del configurarse a su voluntad que siempre pasa por la misericordia con los marginados, los pobres, los enfermos, los "pecadores", los que migran, los que viven el amor y su identidad de género de una manera diferente. En suma, es entregarnos a Cristo a fin de que nuestros actos sean incorporados a la acción de Dios en el mundo*. "Sin mí no podéis hacer nada" dice Jesús en el Evangelio de Juan (Juan 15:5). De eso trata la justificación por la fe.

Que no somos nosotros ni nuestras obras las que nos pueden justificar ante Dios también ha sido afirmado por la teología de la liberación latinoamericana*. El sacerdote y teólogo Gustavo Gutiérrez** (1928–) comparte el énfasis de la Reforma cuando sostiene que las obras humanas, como tales, no pueden justificar ni salvar; nada puede atar de manos la voluntad y la acción de Dios. Si la salvación es la entrada al Reino de Dios, entonces es ese Dios quien establece las condiciones. Esta entrada no es un derecho que se adquiere, ni siquiera practicando la justicia. Más bien es un regalo de Dios que, precisamente, nos permite practicar la justicia y ser partícipes de su compromiso con todas las criaturas, especialmente las sufrientes[6]. Esto es la justificación, el **regalo** de Dios, que nos libera de nuestra preocupación obsesiva con nosotros mismos, liberándonos para servir al prójimo.

1.7. A modo de síntesis: llamados para lo realmente bueno, Dios y su Reino

Estas referencias nos traen de regreso al tema de la supuesta **cooperación** con Dios, de la importancia de nuestras obras para la salvación, en definitiva, de la justificación como premio a nuestros méritos. El problema que habíamos notado es que si bien hay un elemento legítimo en este tipo de cuestiones (por ejemplo, nuestra preocupación por llevar una vida moral, digna, justa), la forma

---

6 Gustavo Gutiérrez, *Hablar de Dios desde el sufrimiento del inocente: una reflexión sobre el libro de Job* (Salamanca: Sígueme, 1988), 160.

de plantearlo es errónea, ya que sugiere una relación entre Dios y la criatura abierta a la negociación. La presuposición básica es que somos una especie de socios **independientes** de Dios donde nos une una relación contractual que conlleva ciertos derechos y ciertas obligaciones. Quién es el socio mayoritario, a esta altura, es de poca monta: la prudencia indica, por supuesto, que sea Dios, aunque la tendencia moderna es que la humanidad asuma de a poco el papel de socio mayoritario. El Evangelio, sin embargo, parece hacer añicos esta forma de plantear la cuestión, ¡como si existiese la posibilidad de poder ser no solamente salvos, sino aún humanos, aparte de Dios!

Resumiendo, hay dos cosas que debemos tener en claro para comprender la buena nueva del Evangelio y su mensaje de la justificación. En primer lugar, la justificación no es una cosa que se recibe, como una medalla, un premio, o una declaración meramente verbal. Se trata más bien de algo mucho más profundo, de recibir a Dios en la persona de Jesucristo, el muerto y resucitado. Es Cristo y su obra la que es recibida por los creyentes por medio de la fe, y no simplemente algunas verdades o convicciones acerca de Cristo y de lo que es la salvación. Por ello la fe no señala la **intensidad** o el convencimiento con el cual creemos o afirmamos ciertas cosas, sino que apunta a una vida totalmente fundada y orientada por Dios y su justicia. No trata sobre un aspecto de la vida humana sino sobre su **totalidad**, emergiendo de una nueva **orientación**, de un nuevo nacimiento. Por ello la **fe** (entendida como un conjunto de creencias), nunca salva, como tal vez creemos muchos protestantes. Lo que salva es aquello en lo que se cree y por lo cual se cree, **Cristo**.

En segundo lugar, la fe que nos justifica y nos con-forma a Cristo desecha toda idea de logro o derecho adquirido por nuestra parte. Lo que somos, nuestra identidad en el mundo recibe una especie de muerte para ser recompuesta nuevamente a partir de Cristo. Ser cristiano, por lo tanto, no es un pasaje dulce a través de distintas etapas evolutivas, sino que es dejar que Cristo mismo vaya tomando forma en nosotros. Y recordemos, se trata del Cristo encarnado en Jesús de Nazaret, aquel que predicó las buenas nuevas a los pobres y restituyó la dignidad de los marginados. Seguir a este Jesús, formarnos en sus caminos, puede llegar a ser una experiencia dolorosa, con muchas tensiones. "Y no vivo yo, sino que es Cristo quien vive en mí" nos recuerda Pablo (Gálatas 2:20). En otras palabras, las obras que hago ya no son mías, ya no son parte de mi propiedad, sino que pertenecen a Dios, son parte de lo que Dios hace en el mundo para el beneficio de su pueblo y su creación. Ya no existe la propiedad privada de mis obras . . . ni siquiera de mi propio yo.

Con este tema de la justificación hemos tocado el corazón de la visión cristiana. Aquí se conjuga la noción de un Dios **trino** (que trataremos en otros capítulos) con el hecho de que nuestra justificación describe nuestra participación de la actividad redentora de Dios en el mundo. Sabemos que ser justificados es algo radical, algo inusitado, algo que tiene que ver con el despliegue mismo de Dios como Dios. Es una especie de "arrebato", sólo que este arrebato nos lleva a una nueva existencia en *este* mundo, no fuera de él. Si bien es cierto que sólo gozaremos plenamente de esta realidad en el futuro de Dios, es decir, con la llegada plena de su Reino, también es cierto que ese reinado ya toma forma entre nosotros. No es un Reino aún glorioso, sino un Reino que se manifiesta desde las márgenes de nuestra humanidad. Esta es la verdad de la promesa, y por ello anticipamos esa plenitud en nuestra adoración y en nuestros cantos, alabando el ser de Dios como un Dios que siendo trino ha hecho un lugar para nosotros desde la eternidad. Por ello, vivimos con confianza en este tiempo que nos tocó vivir, confiados en que Dios traerá justicia, es decir, vida plena, para todas las personas.

Declaración conjunta sobre la doctrina de la justificación (1999)

La doctrina de la justificación cuenta hoy en día con un amplio consenso ecuménico entre muchas iglesias cristianas. En 1999, después de varias décadas de diálogos bilaterales, la Federación Luterana Mundial y el Pontificio Consejo para la Promoción de la Unidad de los Cristianos de la Iglesia Católica Romana, firmaron en la ciudad alemana de Augsburgo un documento que ponía fin a la disputa de casi 500 años entre ambas iglesias en torno a la doctrina de la justificación por la gracia a través de la fe. El documento se denomina *Declaración Conjunta Sobre la Doctrina de la Justificación* (DJ)[7], y allí se afirma que "Juntos confesamos: Sólo por gracia mediante la fe en Cristo y su obra salvífica y no por algún mérito nuestro, somos aceptados por Dios y recibimos el Espíritu Santo que renueva nuestros corazones, capacitándonos y llamándonos a buenas obras" (DJ 15). Por lo tanto, "las condenas mutuas de los tiempos pasados no se aplican a las doctrinas católica y luterana sobre la justificación tal como estas son presentadas en la Declaración conjunta" (Anexo 1). A esta declaración luego suscribieron otras confesiones cristianas: el Consejo Metodista Mundial, que lo adopta en el año 2006, y la Comunión Mundial de Iglesias Reformadas, que lo hace en el año 2017.

---

7 Federación Luterana Mundial, Declaración Conjunta Sobre la Doctrina de la Justificación, https://www.lutheranworld.org/sites/default/files/2019/documents/jddj_spanish.pdf.

2. La santificación: la otra cara de la justificación

2.1. Preguntas, preguntas...

Cuando muchos cristianos escuchan por primera vez el mensaje de la justificación se preguntan: "Si nuestras **obras** no nos salvan, ¿para qué hacerlas? ¿Para qué molestarse en ser cristianos si no hay que 'hacer' nada? ¿Para qué preguntarse, inclusive, sobre lo que debo hacer?" Ese instinto tan humano, ese sentido común "religioso" que se pregunta por las cosas que hay que hacer para alcanzar la salvación, no se disipa tan fácilmente. Es lógico que queramos saber qué significa la fe cristiana "para mí", qué me exige, en qué me cambia, cómo, inclusive, puedo "mejorar" mi vida. En definitiva, queremos saber dónde "encajamos" en todo esto, más allá del sentido que tengan las "obras".

Pero ¿estamos tan seguros de que al hablar de la justificación no hemos dicho cosas prácticas, no hemos hablado de lo real, no hemos dicho ya bastante sobre su impacto concreto en nuestras vidas? ¡Esperemos que sí! Pero, sobre todo, ojalá hayamos visualizado que el tema no gira en torno a si debemos hacer o no hacer obras, sino al sentido y finalidad que ellas tienen.

2.2. ¿Justificación o santificación?

Este tipo de planteos era muy corriente durante la Reforma. El mensaje de la justificación fue un evento explosivo, liberador, pero para muchos también muy confuso. Explosivo porque liberó al evangelio de la domesticación en la cual había caído, enfatizando la imagen y experiencia de un Dios que se nos acerca con misericordia y justicia en la persona de Jesús. Pero este mensaje también sembró una cierta perplejidad y confusión al momento de tratar de ubicar el rol que tienen los cristianos en la **dinámica** de la sola gracia. Es así que en 1520 Lutero tuvo que publicar un escrito ante las acusaciones hechas por sus adversarios. Estos argumentaban –sobre la base de la supuesta indolencia en la que habían caído los evangélicos– que si se afirma que sólo Dios salva, entonces las personas ya no tendrían motivación alguna para comportarse justa y rectamente. Lutero respondió con el tratado *Sobre las buenas obras* (1520), y allí argumenta en forma novedosa que la primera gran buena obra del cristiano es la **fe** en Jesucristo. Es en esta obra que todas las demás se realizan, porque en la confianza y en el seguimiento de Jesús es donde realizamos las obras indicadas por Dios. En otras palabras, la primera gran obra es **entregarnos** a la gracia de Dios, porque es en esa entrega que Dios, a su vez, obra con y por medio de nosotros y nosotras para el bienestar y la justicia en el mundo. Cuando servimos en amor a nuestro prójimo, el nombre mismo de Dios es honrado y glorificado. Esto significa, claro, que el cristiano no es libre para ponderar si debe amar o no, sino **cómo**.

Pero las incertidumbres siempre vuelven: la historia posterior a la Reforma fue testigo de una lucha por discernir la correcta relación entre la novedad explosiva de la justificación y las repercusiones concretas en la nueva vida del cristiano. Esto último se expresó de distintas maneras: buenas obras, mandamientos, obediencia, cumplimiento de la ley, santificación. Encontrar el punto medio de esta unidad dinámica fue objeto de duras polémicas y profundas disensiones; algunas de ellas perduran hasta el día de hoy. Por ejemplo, no fue ajeno al protestantismo entender a la santificación como una especie de proceso de crecimiento en la **santidad**, es decir, una continua transformación que nos distinguiría paulatinamente de otros cristianos y, más aún, de los réprobos. El intento que por caso Calvino realizara de identificar los frutos de la regeneración y santificación como **pruebas** de la presencia del Espíritu Santo, llevó a muchos de sus seguidores a interpretar las obras de santidad de manera semejante a la vieja interpretación escolástica, es decir, como un viaje ascendente de perfección cristiana. Pronto surgió en el seno del protestantismo una nueva forma de intolerancia, de soberbia, de exclusión. Pero Calvino no tenía esta intención, como bien lo indica su afirmación de que las obras no son mérito del creyente, sino dones de Dios por los cuales se hace presente su Espíritu y nos permite reconocer su bondad[8].

2.3. Al final ¿qué quiere Dios?

Volvamos a la pregunta que dejamos: ante un Dios que nos ama y nos justifica, ¿qué nos resta hacer?, ¿qué quiere Dios de nosotros y nosotras? Estas preguntas tienen un lugar legítimo, un lugar esencial, siempre y cuando entendamos que ya no refieren a nuestra contabilidad de la salvación, sino a la forma de vivir nuestras vidas en Dios, comprometidas vitalmente con su justicia. Ya no nos interesa calcular lo que yo debo hacer para **mi** salvación, o mi prestigio u honor, sino hacer lo que Dios piensa que es bueno y justo para su creación. Del egocentrismo pasamos a una existencia centrada en las necesidades de los demás. Sí, nuestras vidas se centran ahora en un Dios que se hace presente desde las márgenes, en procura de la vida plena.

Por ello la respuesta cristiana a estas preguntas es muy concreta y muy radical: lo que me resta hacer es nada más y nada menos que **vivir una vida nueva en la confianza de que Dios establecerá su justicia en toda la creación**. Decimos en la **creación** porque incluye no sólo a los seres humanos, sino el marco esencial donde se da la vida humana, ¡el cosmos entero! Su plan, puesto de manera muy sencilla, es lo que el libro del Apocalipsis relata en forma tan emotiva en sus últimos capítulos respecto a la visión de la ciudad celestial, la Nueva Jerusalén: "Y oí una fuerte voz que decía desde el trono: 'Esta es la morada de Dios con los hombres. Pondrá su morada entre ellos y ellos serán su pueblo y él, Dios-con-ellos, será su Dios. Y enjugará toda lágrima de sus ojos, y no habrá ya muerte ni

---

8   Juan Calvino, *Institución de la Religión Cristiana* (Buenos Aires: La Aurora, 1952) libro III, cap. 14.

habrá llanto, ni gritos ni fatigas, porque el mundo viejo ha pasado'" (Apocalipsis 21:3-4).

Todos los seres humanos estamos invitados a ser habitantes de la morada de Dios. De ahí que los cristianos no seamos una especie de raza especial, una suerte de santurrones elegidos para regodearnos ante el espectáculo de los condenados y excluidos. ¿Acaso no es eso lo que pregona la ideología del éxito, el "evangelio de la prosperidad", la obsesión por distinguir santos de pecadores? Al contrario: estamos llamados a **dar testimonio** de este Dios que se viene, de ese Dios que nos invita, de ese Dios que busca un lugar entre nosotras y nosotros. Por ello hablamos de **santificación**, una expresión bíblica que refiere no tanto a la espectacularidad moral de los creyentes, sino a la forma que toman nuestras vidas cuando damos testimonio de lo verdaderamente santo, Dios. La santificación, en otras palabras, es Dios manifestando en nuestro mundo su amor y justicia a través de nuestras vidas y obras transparentes a la gracia.

2.4. Justificación y santificación

En este capítulo hemos hecho tanto hincapié en la doctrina y experiencia de la **justificación** que parecería que todo lo fundamental ya fuera dicho. Sin embargo, en lo que hace a las relaciones entre Dios y los seres humanos, tanto la Biblia como la Reforma hablan de las dos caras o aspectos de un evento fundamental (la promesa de nuestra salvación en Cristo). Por ello no terminan la historia recorriendo sólo una cara de la moneda, es decir, lo que Dios ha hecho en Jesucristo (justificación). No, van más allá porque entienden que este acto eterno de Dios tiene una dimensión temporal, es decir, **irrumpe** en nuestras vidas de la misma manera que lo hizo con los primeros creyentes.

La justificación y la santificación son entonces las dos caras de una misma moneda, es decir, componen una **unidad dinámica**. Una no puede concebirse sin la otra. Pero ¡cuidado! No debemos pensar que la justificación es algo que le atañe a Dios exclusivamente, y que a nosotros nos correspondería llenar el papel de lo que llamamos "santificación". De ser así volveríamos a dejar jugar nuestros instintos, volveríamos a la lógica del "toma y daca". Lo correcto es entender que tanto Dios como nosotras estamos profundamente involucradas en estos dos momentos, aunque lo estamos de **maneras diferentes**. Pero entonces –alguien podría decir– "Si en realidad son dos caras de la misma moneda, ¿cuál es la diferencia?, ¿para qué seguir manteniendo una distinción que no hace más que confundir las cosas?". En verdad hay un fino borde que distingue lo uno de lo otro. Recordemos que la tradición* cristiana, y más aún la Reforma, mantuvieron una clara distinción entre estos dos momentos ya que expresa una importante afirmación teológica con hondas repercusiones para la vida cristiana. Lo fundamental tiene que ver con el hecho de que si **no fuésemos justificados gratuitamente por Dios, no tendríamos la libertad para servir y amar a nuestro prójimo y a la creación**. Precisamente la santificación no es un crecimiento interior que nos hace mejores ante Dios, sino la apertura de nuestras vidas al otro y a lo otro –al prójimo y sus circunstancias, es decir, a las personas y las estructuras sociales, políticas, económicas, ecológicas y culturales que las sustentan.

En síntesis, mientras la justificación denota una relación que nos pone cara a cara con Dios en Cristo, la santificación es esa otra relación que nos pone cara a cara con la sociedad y la creación. En la primera, nuestra faz se halla marcada por los rasgos del pecado; en la segunda, nuestra faz refleja el rostro mismo de Dios. Veamos algunos conceptos bíblicos.

2.5. Las raíces bíblicas

Ya mencionamos que la palabra **santificación** se relaciona con la palabra **santo**. Generalmente relacionamos la santidad con personajes que consideramos ejemplares en la historia de la Iglesia o con creyentes que encarnan ciertas cualidades morales, sobre todo, un cierto ascetismo y rechazo de lo corporal, de lo mundano, de lo cotidiano. Como prueba de esto, y sin demorar mucho, pensemos en los personajes que vienen a la mente al mencionar la palabra "santo", sobre todo en nuestros contextos e historias signadas por el catolicismo romano. Las miles de imágenes que hemos visto seguramente traerán a la memoria a santos y santas consagradas por la tradición eclesiástica. Pero lo que está en juego no es solamente un asunto sobre **quiénes** son los santos. También es un asunto sobre **qué** es lo santo y la santificación. A menudo tenemos en mente esa idea de que uno se va haciendo santo por medio de sus obras después de lo cual, claro está, habría un premio. Sin embargo, ¿es eso lo que encontramos en la Biblia?

Cuando en las Escrituras se habla de lo **santo** (*hágios* en griego, *qados* en hebreo) se hace alusión a algo que tiene que ver exclusivamente con **Dios**, lo totalmente distinto a nosotras y nosotros y a todo lo conocido. Dios y su ámbito divino, es decir, lo sagrado, es lo verdaderamente santo, lo apartado, lo distinto. Aparece como algo majestuoso, inclusive amenazador, desbordante de energía y presencia. Por ser lo "totalmente otro" produce en nosotros tanto temor como fascinación, rechazo como atracción, ganas de cubrirnos como también de ver. Cuenta el libro del Éxodo que Moisés, al acercarse a la zarza ardiente, escuchó la voz de Dios y rápidamente se cubrió el rostro, porque tenía temor de ver la gloria divina (Éxodo 3:6). Igualmente, cuando lo santo viene hacia nosotros, nuestro lenguaje se altera y transforma al querer expresar una visión que está más allá de todo lo conocido: el profeta Ezequiel contempla lo santo por excelencia, la gloria de Dios, recurriendo a imágenes y símbolos más allá de toda comprensión humana (Ezequiel 1). De la misma manera Isaías describe su visión poniendo en boca de los serafines (seres angélicos) el triple santo que proclama desde el cielo la gloria de Dios: "Santo, santo, santo, Yahveh Sebaot: llena está toda la tierra de su gloria" (Isaías 6:3). Lo santo, entonces, no es lo moralmente perfecto, sino Dios que en su misterio se acerca como un fuego sagrado que todo lo consume y purifica (Hebreos 12:29).

Pero de igual manera la presencia de lo santo, de Dios mismo, invita a la reverencia, a la adoración, y más aún, al seguimiento. Por ello en la Biblia también se habla de lo santo en referencia a los **espacios-tiempos** y los **cuerpos** que Dios convoca para sí. Refiere al ámbito de Dios que no se limita al cielo, sino que se hace presente también en la tierra. El culto, por ejemplo, conserva en la historia de Israel esta cualidad relacionada a lo santo; marca un espacio distinto, separado. Pero también son santos los mandamientos que Dios proclama y la conducta que en estos se demanda. Lo santo pertenece al Señor y por medio de ello expresa su voluntad. De ahí que la respuesta ética de los creyentes se la considera santa no por su pretendida pureza moral, sino porque refleja y expresa lo que Dios quiere para las criaturas y su mundo. Es la justicia o lo justo que Dios tiene en mente para su creación.

Estas diversas líneas que rastreamos en el Antiguo Testamento convergen en la noción neotestamentaria de la comunidad de los santos, la **Iglesia**, tema que nos ocupará en otro capítulo. La presencia del Espíritu Santo es lo que hace a los creyentes santos y santas, y no porque ya sean santos y santas (o buenos, o morales) se les regala el Espíritu Santo (cfr. Hechos 4:31). Fundándose en el sacrificio de Cristo, quien entregó su vida y cuerpo por amor a la humanidad, los cristianos santifican sus vidas **entregando** sus propios cuerpos y vidas al Señor para que él haga su obra en el mundo (Efesios 1:13; 1 Corintios 12). Dios llama, convoca, se "hace un espacio" no sólo en medio de, sino **con y a través de nuestras vidas**.

Por ello somos santificados, sin mérito alguno nuestro, porque tanto el Espíritu como los mandamientos son del Señor. Lo santo, entonces, es la forma en que el Espíritu de Dios se manifiesta para el beneficio y servicio de su pueblo: ¡la morada que Dios construye en medio de su creación (1 Corintios 3:9).

2.6. Resumiendo

El concepto cristiano de lo santo guarda así dos dimensiones que no pueden ser nunca separadas. El primero es la dimensión de lo **cúltico y doxológico**, donde celebramos lo santo por excelencia, Dios y sus obras. No necesitamos ahondar en esto ya que ha sido el tema tratado en el capítulo anterior. El segundo es la dimensión de lo **ético**, donde como comunidad convocada por lo santo vivimos según lo que Dios ha declarado "santo". Un resumen de lo que Dios declara santo lo encontramos en los diez mandamientos (en los libros de Éxodo, cap. 20 y Deuteronomio, cap. 5). Pero como cristianos lo santo por excelencia lo identificamos con **Jesús**, cuya vida encarnó el mandamiento nuevo de que nos amemos los unos a los otros como él mismo nos amó (Juan 13:34). Por ello es tan importante entender lo que significa encarnar estas zonas santas en nuestras relaciones, en nuestro trabajo, en nuestros compromisos sociales y políticos, en nuestro intercambio cotidiano con el medio ambiente. Somos, para ponerlo de forma sencilla, el amor con que Dios ama al mundo. Así volvemos a la célebre pregunta, ¿qué quiere Dios de nosotros? Pues que aceptemos su amor y que seamos testigos de Dios en el mundo, en **este** mundo.

Bibliografía seleccionada

Altmann, Walter. *Confrontación y liberación: una perspectiva latinoamericana sobre Martín Lutero*. Buenos Aires: AIDET, 1987.

Bonhoeffer, Dietrich. *Ética*. Madrid: Editorial Trotta, 2000.

Calvino, Juan. *Institución de la Religión Cristiana*; Buenos Aires: La Aurora, 1952.

Coenen, Lothar et al. *Diccionario Teológico del Nuevo Testamento* (4 vols). Salamanca: Sígueme, 1984.

Crossan, John Dominic. "The Resurrection of Jesus in its Jewish Context". *Neotestamentica* 37/1 (2003), 29-57.

——. *El Nacimiento del Cristianismo: Qué Pasó en los Años Posteriores a la Crucifixión de Jesús*. Buenos Aires: Emecé Editores, 2003.

Dillenberger, John & Claude Welch. *El Cristianismo Protestante*. Buenos Aires: La Aurora, s/f.

Federación Luterana Mundial y Pontificio Consejo para la Promoción de la Unidad de los Cristianos. *Declaración Conjunta Sobre la Doctrina de la Justificación*. Ginebra: FLM, 1999. https://www.lutheranworld.org/sites/default/files/2019/documents/jddj_spanish.pdf

Forde, Gerhard. *Justification by Faith: A Matter of Death and Life*. Philadelphia: Fortress Press, 1982.

Gutiérrez, Gustavo. *Beber en su propio pozo: en el itinerario espiritual de un pueblo*. Lima: CEP, 1983.

Hansen, Guillermo. "Justificación, cruces y sanación". *Cuadernos de Teología* XXI (2002), 123-142.

Iwand, Hans Joachim. *Justicia de la Fe: Estudios sobre la Teología de Martín Lutero y de la Reforma Evangélica del Siglo XVI*. Buenos Aires: La Aurora, 2015.

Lutero, Martín. *Obras*. Carlos Witthaus, ed. Buenos Aires: Paidós, 1967-.

Miguez Bonino, José. *Ama y haz lo que quieras: una ética para el hombre nuevo*. Buenos Aires: Escatón, 1972.

Mildenberger, Friedrich. *Theology of the Lutheran Confessions*. Philadelphia: Fortress Press, 1986.

Ozment, Steven. *The Age of Reform (1250-1550): An Intellectual and Religious History of Late Medieval and Reformation Europe*. New Haven and London: Yale University Press, 1980.

Támez, Elsa. *Contra toda condena: la justificación por la fe desde los excluidos*. San José: DEI, 1991.

Tillich, Paul. *Moralidad y algo más: fundamentos para una teoría de la moral*. Buenos Aires: La Aurora, 1974.

Vena, Osvaldo y Leticia Guardiola-Sáenz, eds. *Latinx Perspectives on the New Testament*. Lanham, Maryland: Lexington Books/Fortress Academics, 2022.

IV. ¿QUÉ ES ESA COMUNIDAD LLAMADA IGLESIA?

1. La Iglesia y sus distintos enfoques

En los capítulos anteriores hablamos de un Dios que nos convoca y al cual celebramos y seguimos. Mencionamos también las dos maneras en que la Palabra de Dios nos habla y cómo esto tiene que ver con la forma en que nos situamos en y frente al mundo. Hablamos de comunicación pero también de acción; hablamos de escuchar y recibir como también de actuar y dar. Hablamos de justificación y de santificación, y hemos explorado su relación con la justicia. Pero también se habrán dado cuenta que al hablar de estos temas hemos asumido algo que ahora nos toca desarrollar: **la comunidad que habla y da testimonio de Dios.** En efecto, presuponemos que Dios actúa entre nosotros creando una **comunidad** de fe, una comunidad de iguales, no meramente un agolpamiento de creyentes individuales. Por ello queremos subrayar ahora lo que se desprende de nuestros temas teológicos anteriores, a saber, que **la forma comunitaria e igualitaria que adopta nuestra experiencia religiosa es una dimensión intrínseca y fundamental del mensaje del Evangelio.** Buscaremos comprender un poco más en qué consiste esa comunidad que llamamos Iglesia, una comunidad que habla, actúa y da testimonio de Dios. De un Dios, claro está, que no sólo proclama la comunión, sino que *es* una comunidad-comunión viviente.

1.1. Perspectivas y modelos

Cualquiera que estudie una organización religiosa en particular –como la Iglesia– puede hacerlo desde varios ángulos. Además del enfoque religioso-teológico, que será nuestro cometido final en este capítulo, existen distintas maneras de entender a la Iglesia gracias a las teorías históricas, antropológicas, psicológicas y sociológicas. Estas perspectivas han iluminado nuestra comprensión de qué es la Iglesia, y nos ayudan a entender mejor tanto el rol de la iglesia en la sociedad como la relación de la iglesia con el mundo, incluyendo sus aspectos negativos. Por ejemplo, pensemos en la historia de la Iglesia en nuestras Américas y sus complicidades con los poderes coloniales, tanto hispano como portugués, tanto inglés como francés. Estas aproximaciones no-teológicas nos permiten ver facetas de la Iglesia que de otra manera permanecerían escondidas; en otros casos aportan datos que hacen más compleja la comprensión de nuestras comunidades. ¿Cuán entrelazadas están nuestras iglesias con las historias de nuestros pueblos, barrios, ciudades y países? ¿Qué tiene que ver la forma de estructurar la vida eclesial con las concepciones sobre el poder, la democracia y lo sagrado?

Nuestra configuración psicológica, ¿predispone hacia ciertas formas de vivir la fe? Nuestra identidad étnica, de clase, o de género, ¿nos ata o libera en nuestra opción de fe? Estas preguntas son sólo un muestrario de los distintos ángulos posibles para acercarnos a nuestro tema y así entender mejor como la iglesia (en sus distintas interpretaciones) se relaciona con el mundo.

En lo que sigue ilustraremos algunos de estos caminos de aproximación. Nuestros objetivos son varios. En primer lugar, mostrar que existen distintas metodologías para estudiar a la Iglesia. Cada metodología enfatizará aspectos particulares que muchas veces son ignorados por otras perspectivas. En segundo lugar, comprenderemos que no existe sólo **una** manera de entender la Iglesia (aunque confesemos, efectivamente, que la Iglesia sea **una**). Lejos de la uniformidad, la historia de la Iglesia ha demostrado una **pluralidad** de manifestaciones sustentadas por distintos enfoques bíblicos y por distintas experiencias históricas. Una cosa era pertenecer a una iglesia o confesión que gozaba del favor estatal y otra muy distinta pertenecer a una comunidad minoritaria y perseguida. Lo que la Biblia y las doctrinas dicen a los creyentes seguramente será muy distinto en cada caso. Por último, apreciaremos cómo los motivos e imágenes bíblicas que fundamentaron distintos modelos de iglesias pueden llegar a complementarse. Esto nos puede ayudar a valorar el encuentro ecuménico entre distintas tradiciones e iglesias como oportunidades únicas de crecimiento y enriquecimiento mutuo.

1.1.1. Iglesia y secta

Comenzaremos nuestro recorrido con la contribución de la perspectiva **sociológica**. Si bien existen muchas escuelas y tendencias sociológicas, podemos sintetizar diciendo que esta perspectiva nos ayuda a entender una serie de cuestiones que generalmente no son formuladas directamente por la teología.

Por ejemplo, la estrecha relación que existe entre la Iglesia y su entorno social, político y cultural. En otras palabras, no existe ninguna iglesia pura y que no haya sido profundamente marcada por su entorno. Pensemos en el surgimiento del protestantismo y su relación con las nuevas aspiraciones de clases y sectores que emergían al poder en las sociedades europeas y norteamericanas en los siglos XVI, XVII y XVIII. O en el catolicismo romano y su estrecha relación con la conquista y dominación de los pueblos originarios en las Américas y Asia. O más recientemente, la proliferación de comunidades carismáticas o pentecostales entre los sectores más marginales de las sociedades latinoamericanas y entre personas de color en la sociedad norteamericana. O pensemos en las concepciones de la mujer en sociedades patriarcales que determinaron por casi dos milenios el lugar que las mujeres ocuparían en la Iglesia, alejadas de la "administración" de los ritos* y los sacramentos*.

La sociología también nos ayuda a entender los "intereses" que cada organización religiosa promueve. El hecho de que estos intereses sean muchas veces implícitos y aún inconscientes hace que esta perspectiva sea muy útil para desentrañar y evaluar estas tendencias. Además, la perspectiva sociológica nos ayuda a comprender cómo se interpreta una comunidad religiosa frente al mundo con sus estructuras y poderes. En suma, el fenómeno "religioso" y por ende la Iglesia no pueden entenderse del todo si no lo relacionamos con el hecho social o histórico, y el contexto político-económico y cultural más amplio en el cual toda comunidad esta inserta. En ningún caso estas perspectivas remplazan la visión bíblica y teológica de la Iglesia, sino que la complementan e inclusive enriquecen.

El sociólogo alemán Max Weber** fue uno de los pensadores más importantes a la hora de estudiar los distintos tipos de organización religiosa en el cristianismo[1]. Este autor trató de entender y explicar la relación existente entre las creencias religiosas o espirituales, el medio donde se insertaban, y la forma en que se estructuraban las comunidades eclesiales. De esta manera Weber popularizó dos formas básicas de entender la comunidad religiosa, a las que denominó "Iglesia" y "secta". Esto no refería a una denominación o confesión en particular, sino a tipos organizativos que estructuraban de manera distinta la vida religiosa y sus relaciones con el entorno social. Weber definía a la **Iglesia** como aquel tipo de comunidad que conforma una "especie de asociación para el logro de unos fines sobrenaturales, una institución en la que necesariamente caben los justos y los pecadores . . .". Caracteriza a este tipo de asociación una actitud más positiva o acomodaticia hacia el mundo, entablando una relación de colaboración con las autoridades estatales. También cabe destacarse que el tipo de asociación "Iglesia" no establece parámetros rígidos de pertenencia a la comunidad, ni tampoco se limita a un grupo étnico o clase social en particular; justamente en ella caben "justos y pecadores". Una iglesia, por lo tanto, tiende a ser más pragmática y "realista", moderando sus expectativas morales e impulsando relaciones más armoniosas con las distintas esferas de la sociedad.

Por el otro lado una **secta**, en la definición de Weber, refiere a aquella asociación que fomenta una comunidad formada únicamente por los verdaderos fieles, los renacidos, y sólo para ellos. En esta perspectiva las sectas tienden a formar grupos más compactos y homogéneos, generalmente marcados por una cierta indiferencia o hasta hostilidad hacia el entorno social. Es más, los miembros de las sectas generalmente provienen de sectores marginados o desplazados de la sociedad por razones económicas, políticas, étnicas o culturales. No es extraño que los poderes establecidos –sobre todo el Estado– sean identificados por ellas con Satanás o las fuerzas demoníacas. Ritos, experiencias o conductas específicas diferenciarían a sus miembros de la masa perdida de los pecadores, además de proveer un fuerte marco de contención frente a las distintas crisis sociales.

Aportes como los de Weber no hacen hincapié en las ideas religiosas como tales, sino en la relación entre estas ideas y los factores sociológicos que llevan

---

1 Para consultar la tipología weberiana, ver Michael Hill, *Sociología de la Religión* (Madrid: Cristiandad, 1976), 71ss. Max Weber desarrolla estas ideas en sus obras *La ética protestante y el espíritu del capitalismo* y en *Sociología de la Religión*.

a adoptarlas y a promoverlas. El estudio de una comunidad humana en particular (su historia, posición social, etc.) ayuda a entender por qué determinadas comunidades religiosas son más proclives a adoptar ciertas ideas y creencias y no otras. Pero, por el otro lado, la perspectiva sociológica centra demasiado la atención en los factores sociales como la instancia que mayormente *determina* la constitución de una comunidad, dejando de lado la relativa autonomía que tienen las creencias religiosas y su poder de conformar comunidades. En esta encrucijada se halla la riqueza y las limitaciones de esta perspectiva.

Pero hay algo más que podemos decir sobre Weber, esta vez aplicando las mismas categorías sociológicas a su propia manera de entender la distinción entre "Iglesia" y "secta". Si bien Weber aporta valiosas herramientas de análisis, también su teoría nos habla del contexto desde donde escribió. En efecto, este autor tenía en mente las realidades religiosas de la historia de su propio país, Alemania, y su continente, Europa. Identificaba a las comunidades católica romana, luterana, reformadas y anglicana como del tipo "Iglesia", y las menonitas, cuáqueras y bautistas con el tipo "secta". Sin embargo, si echamos un vistazo tanto a los contextos latinoamericano como norteamericano, nos damos cuenta de que esta manera de clasificar la realidad religiosa no es suficiente. Muchas de nuestras comunidades en verdad derivan sus principios teológicos e identidades de las instituciones tipo "Iglesia", si es que no son abiertamente una expresión local de las mismas (reformados, luteranos, anglicanos, presbiterianos, valdenses, metodistas, etc.). Pero ya sea por sus orígenes étnicos, o por ser resultado de la tarea misionera en países donde prima la separación de la iglesia y el estado, nuestras comunidades poseen muchas de las características que Weber identificaba con el concepto de secta. Esto no significa que sean sectarias en el sentido negativo del término, sino que reúnen muchas de las características *sociológicas* que en Europa designaban a una secta: membresía voluntaria, separación iglesia-estado, actitud crítica hacia la iglesia dominante del país y autosostén, por ejemplo.

De todo esto se desprende no sólo los límites de esta categorización, sino también que las ideas de "Iglesia" o "secta" poseen muchos matices. De ahí que se hayan propuesto nuevas categorías teniendo en cuenta otras variables sociológicas. Por ejemplo, en América Latina, al considerarse el origen o raíz de las comunidades eclesiales protestantes y evangélicas, aparecen las nociones de "iglesias de trasplante" (iglesias trasplantadas por inmigrantes europeos), "iglesias de misión" (resultado de las campañas misioneras lanzadas sobre todo desde Norteamérica), e "iglesias mixtas"[2]. Otros, atendiendo a las formas institucionales, han ideado categorías más complejas para dar cuenta de la vasta realidad eclesial, distinguiendo entre "Iglesia universal" (iglesias que tienen una institucionalidad global, como ser la Iglesia católica romana, la Comunión anglicana,

---

2 Ver Waldo Villalpando (ed), *Las Iglesias de Trasplante: Protestantismo de Inmigración en la Argentina* (Buenos Aires: CEC, 1970).

Comunión luterana, etc.), *"ecclesia"* (iglesias que se consideran expresión de la iglesia universal, pero no forman parte de instituciones eclesiásticas transnacionales como ser muchas comunidades reformadas, metodistas, bautistas, etc.), "sectas" (nuevos movimientos escindidos de los anteriores) y "sectas establecidas" (que después de un tiempo comienzan a adoptar el perfil de *ecclesia*, como por ejemplo, los bautistas)[3]. Por último, también están aquellos quienes prefieren no utilizar la categoría "Iglesia" o "sectas", sino lisa y llanamente la de **denominación**. Con esta expresión se quiere subrayar que ninguna iglesia o secta tiene el monopolio de la verdad ni de la salvación, sino que constituyen distintas expresiones de la fe y de la experiencia cristiana. Tal vez la expresión "denominación" sea la más adecuada para dar cuenta de la diversidad ecuménica que hoy en día caracteriza al Cristianismo, tanto en nuestro hemisferio como en el mundo entero.

1.1.2. Identificando rostros

Otra manera de aproximarnos al tema de las iglesias o denominaciones es describiendo los distintos **rostros** que encarnan nuestras tradiciones. Este acercamiento se nutre de la perspectiva sociológica e histórica, pero da lugar a otros criterios igualmente importantes. Se trata de establecer, sobre la base de un análisis minucioso, las señas particulares que presentan los rostros que muestran nuestras iglesias. Estas señas estarían dadas por el origen histórico, las teologías e inclusive las ideologías presentes en las comunidades cristianas.

Analizando particularmente al protestantismo latinoamericano –aunque puede extenderse también a las comunidades hispanas en Estados Unidos– José Míguez Bonino** habla de la presencia de varias fisonomías eclesiales: el liberal, el evangélico, el pentecostal y el étnico[4]. Es importante destacar que estos rostros pueden convivir dentro de una misma denominación o iglesia; pero también es cierto que en nuestras comunidades un rostro en particular sirve como marco o paradigma dentro del cual se dan múltiples matices.

El rostro **liberal** identifica un protestantismo que surgió tanto en Europa como en Norteamérica, y que llegaron a América Latina con los distintos emprendimientos misioneros desde fines del siglo XIX echando sus bases entre los estratos medios de nuestras sociedades. Generalmente patrocinaban una actitud de apertura hacia muchos aspectos de la modernidad (progreso, democracia, libertades civiles, educación, por ejemplo), lo que significaba una convergencia con los intereses de aquellos sectores sociales y políticos que luchaban contra el autoritarismo, el analfabetismo y el estancamiento económico. A la vez encarnaban elementos de piedad evangélica del segundo despertar o avivamiento de la

---

3 Ver Hill, 101ss.

4 José Míguez Bonino, *Rostros del protestantismo latinoamericano* (Buenos Aires: Nueva Creación, 1995).

fe norteamericano, con su énfasis en la salvación individual y la responsabilidad social. El rostro liberal ha ido mutando con el tiempo, y algunas de sus facciones perduran en la mayoría de las iglesias protestantes históricas y ecuménicas –aunque se ha incorporado en ellas una lectura más social y estructural tanto de la salvación como de la responsabilidad ética del cristiano.

Por el otro lado el rostro **evangélico** del protestantismo, también de raíz norteamericana y llevado a América Latina por campañas misioneras, se caracterizó por una sospecha hacia la modernidad, o al menos, hacia ciertos aspectos de ella. Más volcada al talante subjetivo de la fe (los efectos de la gracia), este protestantismo puso mucho énfasis en la liberación del poder del pecado y en una vida de santidad generalmente desconectada de la historia y la sociedad. La polémica anticatólica, el uso de la Biblia como un "arma" en la lucha contra el pecado y el oscurantismo, la intransigencia en la moral y las creencias (legalismo), una interpretación literal de la Biblia, y una lectura apocalíptico-premilenarista* de la historia, fueron y son algunos de sus rasgos centrales.

A pesar de las muchas resemblanzas con estos rasgos, el rostro **pentecostal** de las iglesias evangélicas latinoamericanas y de muchas comunidades latinas en Estados Unidos, muestran características propias. Nacieron no sólo del influjo misionero de los Estados Unidos, sino que muchas de sus manifestaciones son locales, producto de escisiones dentro de iglesias liberales o evangélicas. A menudo representan el rostro popular, tanto en el aspecto cuantitativo (en la actualidad es el movimiento no católico más numeroso de América Latina y muy presente en la comunidad latina de Norteamérica) como también respecto a su extracción social. La experiencia de la conversión, el bautismo por el Espíritu Santo (nacer de nuevo, don de lenguas), la sanidad divina, una cierta demonización del mundo (la cultura y sociedad vistas como fuentes del pecado), y una tendencia a la lectura literal de la Biblia, son algunos rasgos prominentes de este rostro.

El caso del protestantismo **étnico** refiere a las distintas iglesias que fueron establecidas por los diferentes grupos de inmigrantes europeos (como vimos más arriba, también se las denomina "iglesias de trasplante", ya que *trasplantan* el idioma y las costumbres de sus países de origen a las nuevas tierras). Presentan un rostro que combina una gran diversidad étnica y teológica, a la vez que son homogéneas en su comprensión de los alcances de la misión. En efecto, estas iglesias tendían a acotar su misión y su accionar casi exclusivamente a la comunidad étnica, por lo que el idioma y el cultivo de las costumbres ancestrales devinieron en sus marcas distintivas (si bien esto ha cambiado dramáticamente en las últimas décadas en la medida que estas iglesias se han asimilado a sus contextos).

Por más que estos distintos rostros nos puedan llegar a parecer foráneos o extraños, una cosa es cierta: todas representan distintas facetas de un tronco común evangélico-protestante. Cuando comprendamos que detrás de esos rostros se esconden verdades sobre nuestra propia iglesia o comunidad es que comenzaremos a transitar el camino de unidad de la única iglesia de Cristo.

1.1.3. Imágenes y modelos

Pasemos ahora a una manera distinta de acercarnos al fenómeno de la Iglesia, una manera tal vez más bíblica que identifica distintos modelos de Iglesia sobre la base de diversas imágenes que aparecen en las Escrituras y en la tradición*. Sabemos que toda definición o concepto teórico utiliza como base una imagen familiar, accesible. La Biblia, cuando habla sobre la naturaleza de la Iglesia, lo hace a través de imágenes (hay al menos 96 de ellas) que luego la tradición cristiana y las distintas denominaciones y confesiones articularon de una manera particular. Los modelos se construyen sobre la base de imágenes, aunque pueden existir modelos basados en razonamientos más abstractos que pierden de vista lineamientos bíblicos fundamentales. El teólogo católico Avery Dulles ha identificado cinco modelos básicos que caracterizan distintas maneras de ver a la Iglesia hasta el día de hoy[5]:

(a) La Iglesia como institución: Aquí se concibe a la Iglesia como una **sociedad perfecta**, cuyo modelo es la organización política-estatal heredada del Imperio Romano. En este modelo los elementos institucionales (derechos, poderes, esquemas de subordinación y obediencia) son considerados primarios. Este es el modelo que predominó en la Iglesia católica romana, sobre todo a partir de la Contrarreforma del siglo XVI (respuesta a la Reforma protestante). La Iglesia es comprendida como "una maquinaria de mediación jerárquica, de los poderes y del primado de la sede romana . . ." El Espíritu Santo y los creyentes, por ejemplo, ocupan un rol secundario. Este esquema reforzó los elementos atacados por la Reforma, y alcanza su apogeo en el Concilio Vaticano I (1870) ante la supuesta amenaza que significaba la modernidad y la secularidad. Los poderes y funciones de la iglesia se dividen en tres: enseñar, santificar, gobernar. Esto coincide con las prerrogativas del clero, convirtiéndolo prácticamente en un estado superior al laical. **La Iglesia es, por lo tanto, la mediadora de la salvación.** Administra la gracia, gobierna las almas, alimenta el espíritu, conduce hacia la redención. **Fuera de la Iglesia no hay salvación.** Aunque se reconoce que este modelo da un sentido de continuidad histórica, organicidad y estabilidad ante las crisis, también se destaca su poca fundamentación bíblica, su acentuación de rasgos autoritarios y de dominación, su fomento de la pasividad del pueblo, y su legalismo. En términos muy generales, este es el modelo que impuso la conquista ibérica en América. Así la tarea de evangelización no consistió tanto en la proclamación de las buenas nuevas de Jesús, sino en la eclesialización de la sociedad: imponer a todos la participación en esta "sociedad perfecta"[6].

(b) La Iglesia como comunión mística: Este modelo se funda en la realidad de los **grupos primarios**, es decir, aquellas instancias determinadas por relaciones

---

5 Avery Dulles, *Modelos de la Iglesia: estudio crítico de la iglesia en todos sus aspectos* (Santander: Sal Terrae, 1975).

6 Ver Vítor Westhelle, *Voces de protesta en América Latina* (Chicago: LSTC, 2000), 15.

cara a cara propias de las agrupaciones pequeñas. Aquí la identidad está fuertemente relacionada a los fines e interacción del grupo. También se da mucho énfasis en las relaciones entre sus miembros, sobre todo la asistencia y el apoyo mutuos. La idea de cuerpo es similar ya que apunta a una interdependencia orgánica. De ahí que la Iglesia no sea vista como una sociedad visible (como en el modelo anterior), sino como una comunidad invisible que trasciende el tiempo (iglesia desde Abel) y el espacio (los ángeles y los difuntos también son miembros). Lo que crea la comunidad es una comunidad interior, que se expresa por los lazos externos de la fe, adoración, amistad y comunidad. El Espíritu Santo es el agente de comunión, el sujeto que une a los miembros. La finalidad de la iglesia es anticipar ahora una participación de la comunión salvífica que nos aguarda en la eternidad.

Es indudable que este modelo se construye sobre una sólida base bíblica (sobre todo, las cartas de Pablo) haciendo hincapié en la experiencia de la gracia y la presencia del Espíritu Santo. También hay un énfasis en las relaciones horizontales como expresión de lo trascendente*, respondiendo en gran medida a las necesidades contemporáneas que buscan espacios más íntimos. Pero este modelo también puede llegar a idealizar demasiado la factibilidad de comunión o fraternidad/sororidad entre los seres humanos. Además, puede perder de vista el contexto social más amplio dentro del cual se desarrollan estas comunidades y frente al cual también cabe el testimonio cristiano.

(c) La Iglesia como sacramento: Este modelo trata de conciliar elementos de los modelos anteriores: las dimensiones espirituales e institucionales. Si a Cristo se lo considera como sacramento* de Dios, a la Iglesia se la entiende como **sacramento de Cristo**, es decir, una realidad visible que comunica una realidad espiritual-trascendente. La Iglesia es como un signo visible, que debe ser eficaz apuntando a un significado y una realidad que la trasciende. Una de las ventajas de este modelo es el énfasis en la respuesta a la gracia. No descalifica lo institucional, mientras que enfatiza lo espiritual. También se insiste en que ser signo eficaz conlleva el testimonio y el compromiso en la sociedad. Pero una de sus desventajas ha sido que no es un modelo fácilmente comunicable dadas sus complejas presuposiciones filosóficas y teológicas (como, por ejemplo, sus concepciones sobre la naturaleza, la trascendencia, la finitud y el ser).

(d) La Iglesia como heraldo: Se basa en la noción antigua del heraldo: alguien que tiene un **mensaje** que debe **comunicar** en nombre de una autoridad superior. La Iglesia, por lo tanto, es concebida con una misión en particular: ser el heraldo de Dios, la proclamadora de la Palabra (este modelo ha sido muy común en el protestantismo). Se entiende que la Palabra de Dios no es inmanente* a la Iglesia, sino que es un acontecimiento que *crea* a la Iglesia, hasta el punto de hacerla su criatura. En otras palabras, ella debe comunicar algo que recibe desde afuera, y por lo tanto la Iglesia también se encuentra bajo el juicio de esa misma Palabra. Este modelo presenta así una clara tendencia profética tanto con respecto a la sociedad como respecto a sí misma. Pero uno de los problemas con este

modelo es que tiene una concepción de la encarnación bastante deficitaria: pareciera que el Hijo, en vez de haberse hecho carne, se hubiera hecho palabra (en el sentido de pura oralidad). Dicho de otra manera, las formas visibles y concretas de la presencia de Cristo parecieran evaporarse. También se ha notado que en este modelo la Iglesia tiende más a proclamarle **al** mundo que a dialogar **con** él. Esto la ubica a veces en una posición un tanto arrogante, como alguien que ya tiene todas las repuestas y no puede aprender nada más.

(e) La Iglesia como servidora: En todos los modelos vistos hasta ahora la Iglesia ocupa un rol activo por sobre y, a veces, contra el mundo. En este modelo, en cambio, la Iglesia aparece en una suerte de paridad con el mundo. A ejemplo de Cristo, se insiste en que la Iglesia existe para **servir**. La casa de Dios es el mundo, del cual la Iglesia es su *diakonos*-servidora. Por ello pertenecen a la Iglesia no tanto los que han pasado por sus ritos o los que confiesan un credo en particular, sino aquellos que se unen en lazos de solidaridad para servir al prójimo y a la creación. Los beneficiarios de la Iglesia no son los miembros directos, sino aquellos que necesitan del consuelo, la aceptación y el empoderamiento en sus vidas. Este ha sido un modelo muy en boga desde los años 60 y 70, una época de grandes cambios y cuestionamientos sobre la responsabilidad social de la Iglesia. En su momento esta manera de entender a la Iglesia la ayudó mucho a reubicarse socialmente, destacando su relevancia para el mundo. Pero también muchos han criticado este modelo argumentando que en los evangelios Jesús aparece como un servidor de la voluntad del Padre, no del mundo. También se ha notado que en esta concepción la idea del Reino de Dios tiende a confundirse con el logro de una sociedad justa, soslayando su realidad futura que irrumpe por la sola obra de Dios.

Cuando hablamos de modelos es importante recordar que estos no existen en forma pura, son sólo esquemas que describen ciertas concepciones, énfasis y prácticas. Lo más probable es que nuestras comunidades contengan en la práctica elementos de distintos modelos (por ejemplo, heraldo, comunidad mística y servidora), aunque en sus definiciones oficiales se inclinen más hacia un modelo que otro.

1.1.4. Iglesia constituida desde arriba o desde abajo

A fines del siglo pasado el teólogo brasileño Leonardo Boff** captó la atención del Vaticano con la publicación de varios libros sobre la Iglesia[7]. Analizando la situación del catolicismo romano planteaba la existencia de básicamente dos paradigmas (también aplicable a muchas iglesias protestantes): por un lado, existe una iglesia estructurada desde arriba, desde la jerarquía, con un fuerte sentido jerárquico y autoritario. Por el otro lado, existe la iglesia que se constituye

---

7 Los escritos que suscitaron la censura vaticana fueron *Eclesiogénesis* e *Iglesia, carisma y poder: ensayo de eclesiología militante*.

Dios
↓
Cristo
↓
Apóstoles
↓
Obispos
↓
Sacerdotes
↓
Fieles

desde abajo, desde el pueblo-comunidad, con un sentido más solidario y participativo. Según Boff resulta curioso que ambos paradigmas utilicen la imagen de pueblo de Dios, pero con sentidos diametralmente opuestos.

En el primer caso –**la iglesia jerárquica**– la organización del poder se concentra en el eje Papa-obispo-sacerdote; los seglares o personas laicas sólo son recipientes de los carismas monopolizados por el clero. Así el pueblo de Dios se convierte en una realidad pasiva que consume los bienes generados por la casta sacerdotal. Más aún, Cristo y el Espíritu aparecen mediatizados por la jerarquía, estableciéndose una distancia entre los creyentes y el poder de Dios. Lo que prima es la exterioridad jurídica e institucional (similar al modelo Iglesia-Institución visto más arriba).

Otra es la dinámica del modelo **pueblo-comunidad**. Prima aquí la bendición del pueblo de Dios con una multiplicidad de dones y carismas. La misma comunidad es una manifestación del Espíritu Santo que obra entre los fieles, creando un espacio de fraternidad donde las diferencias de sexo, nación, inteligencia y de posición social ya no cuentan como divisorias. Es una señal del Reino de Dios y sus dimensiones de justicia e igualdad. Por ello los ministerios están al servicio de esa comunidad, descartándose de hecho una

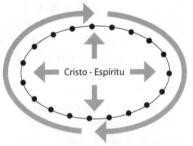

Cristo - Espíritu

estructuración jerárquica de los mismos. Vemos aquí elementos de los modelos de comunidad mística y servidora mencionados anteriormente.

2. Una visión teológica de la Iglesia

Este breve repaso por algunos modos de acercarnos a la realidad de la Iglesia cristiana nos suministran de valiosas herramientas para entender mejor a las iglesias a las que pertenecemos. Prosigamos ahora con nuestra meta de ofrecer una mirada bíblica y teológica más explícita enfocando en la relación que existe entre la naturaleza de la Iglesia y la naturaleza de Dios. Veremos que cuando hablamos de Iglesia desde la perspectiva bíblico-teológica nos estamos refiriendo no sólo a una comunidad humana, sino a una comunidad que es **fruto del accionar mismo de Dios**. Y esto nos llevará a un tema central: si el hablar de Dios siempre se da en el marco de una comunidad, entonces hablar de Dios no es sólo un asunto de palabras, sino también de símbolos que se encarnan y de acciones que dan testimonio del Dios en quien creemos y confiamos. Nuestra forma de ser Iglesia, entonces, no es ajena a la propia naturaleza trinitaria de Dios. Por ello nuestra reflexión sobre la Iglesia debe insertarse en este marco teológico mayor.

2.1. El testimonio del Nuevo Testamento

Cuando el Nuevo Testamento habla de la Iglesia lo hace en el marco de la acción y presencia del Espíritu Santo. Así lo entiende el libro que cuenta los primeros pasos de la Iglesia -Hechos de los Apóstoles- como la mayoría de las cartas del apóstol Pablo. En su primera carta a los Corintios Pablo utiliza la imagen del cuerpo de Cristo que es formado por los miembros llamados por el Espíritu: "Porque en un solo Espíritu hemos sido todos bautizados, para no formar más que un cuerpo, judíos y griegos, esclavos y libres. Y todos hemos bebido de un solo Espíritu" (1 Corintios 12:13). La existencia de la Iglesia se da en el ámbito de acción de la tercera persona de la Trinidad, el Espíritu (*ruaj* en hebreo, *pneuma* en griego) de Dios.

Justamente porque la Iglesia se sitúa en el ámbito del Espíritu, los credos tratan sobre ella en su tercer artículo como una de las realidades que el Espíritu manifiesta entre los seres humanos. Así, el Credo Apostólico dice: "Creo en el Espíritu Santo, la santa Iglesia católica, la comunión de los santos, el perdón de los pecados, la resurrección de la carne y la vida perdurable". De la misma manera, aunque en forma más extensa, el Credo Niceno-Constantinopolitano afirma: "Creemos en el Espíritu Santo, Señor y dador de vida ... y en la Iglesia, que es Una, Santa, Católica y Apostólica; reconocemos un solo bautismo para el perdón de los pecados; esperamos la resurrección de los muertos y la vida del mundo futuro". Lo interesante en estos credos es que **cuando se nombra la persona del Espíritu, inmediatamente aparecemos *nosotros*, ya sea como comunidad de discípulos (Iglesia), ya sea como cuerpos o identidades a los cuales se le promete vida plena.** En otras palabras, con el Espíritu entramos plenamente en la escena misma de Dios.

Ahora bien, cuando citamos a Pablo en su mensaje a los Corintios mencionamos que los miembros de la Iglesia habían sido convocados por el Espíritu para formar un cuerpo. ¿Cuerpo de quién? **El cuerpo de Cristo.** Acá asoma, entonces, otro dato fundamental para entender a la Iglesia. Esta comunidad no sólo se reúne merced al soplo del Espíritu, sino que se congrega de acuerdo con una forma específica de ser y estar en el mundo. Somos Iglesia en tanto conformamos, juntos, un cuerpo cuya identidad está dada por su cabeza, Cristo. Nosotros somos su cuerpo, y a través de su cuerpo Cristo se hace presente en nuestra historia actual creando una comunidad de iguales inspirada por la visión del Reino que Cristo proclamó.

El Espíritu Santo es quien nos congrega como una comunidad de iguales, sin que por ello perdamos nuestras identidades particulares. Pero más importante aún es entender que esa igualdad es fruto de la acción de Dios entre nosotros. La Iglesia, podríamos decir, es aquella porción de la creación que ha asumido explícitamente esa voluntad que Dios expresa para su pueblo: que todos sean uno, que todos (y todas las cosas) vivan en Dios, por Dios, con Dios según su gracia y justicia. La Iglesia, por eso, no es un simple conglomerado de voluntarios -como lo pueden ser muchas asociaciones que hacen cosas provechosas- sino el camino de justificación que Dios emprende entre los seres humanos. Es un misterio que nos trasciende y a la vez que nos convoca a nuestro verdadero y último destino: la comunión con Dios y toda su creación.

2.2. La Trinidad y la Iglesia

Hablar de Iglesia, entonces, es también hablar de Dios. Y viceversa: **hablar de Dios es siempre, también, hablar de la Iglesia.** Por supuesto, nos estamos refiriendo a un Dios vitalmente relacionado con su creación, cuyo eco es la comunidad de iguales que confiesa su fe en Cristo. Hablamos de un Dios trino que en su despliegue por el mundo se manifiesta, entre otras cosas, como una comunidad que adora, sigue y confiesa. Somos parte del proyecto de amor y justicia que Dios tiene con el mundo.

Siguiendo al teólogo Dietrich Bonhoeffer decimos que en la decisión de Dios de ser Padre ante su Hijo, Jesús de Nazaret, se revela el sentido último de la creación[8]. La creación es un espacio y tiempo ya determinado y orientado hacia Cristo, aunque esta realidad todavía no sea del todo evidente. El Hijo, entonces, es una manera de calificar esa intencionalidad de Dios de no querer ser Dios sin una realidad -distinta- que lo acompañe, sin el mundo (que es representado por el Hijo). Por ello la manifestación plena de este "Hijo" (lo último) se *explicita* en este tiempo o *eon** en la conformación de las criaturas a la *figura* de Cristo. **De ahí que la Iglesia, convocada en torno a la Palabra y los sacramentos, sea el espacio visible donde Cristo, lo último, ha tomado figura entre los seres humanos.**

"La Iglesia", escribe Bonhoeffer, "no es más que el fragmento de humanidad en el que Cristo ha tomado forma realmente"[9]. La Iglesia, podríamos agregar, es la conformación a Cristo de aquella parcela de mundo y temporalidad sobre la cual ejercemos una responsabilidad directa: los cuerpos -y relaciones- que somos. Aquí es donde se da lo plenamente humano: en la comunión con el Hijo que es la figura o imagen de la relación deseada por Dios con todas sus criaturas. Ese deseo tiene un nombre que crea los espacios y da perspectiva al tiempo: Jesucristo.

Esta unidad de Dios y mundo en Cristo calificada como el plan último de Dios no elimina la distinción *temporaria* de ámbitos, espacios o esferas, entre la comunidad cristiana y el mundo. La Iglesia, como ámbito específico distinto al mundo, se alza como "objetivo y centro de toda la acción de Dios en el mundo". En tanto instrumento del anuncio de la Palabra se transforma a su vez en el lugar del cumplimiento del mandato divino. Pero esta distinción temporaria es hecha en función de la unidad final entre mundo y Dios expresado por la encarnación en Jesucristo. En efecto, la Iglesia como *Cristo* presente en el mundo en

---

8 Ver Dietrich Bonhoeffer, *Ética* (Barcelona: Estela, 1968), cap 5: "Cristo, la realidad y el bien".
9 Ibid., 57.

comunidad asume una doble dimensión: por un lado, la comunidad ocupa el lugar que debería ocupar todo el mundo, es decir, en comunión con el Hijo cumpliendo la voluntad del Padre. Por el otro lado, la comunidad es el lugar donde el mundo mismo llega a su propia plenitud como nueva criatura en relación con Dios. La Iglesia, como cuerpo de Cristo, es tanto *Cristo* en el mundo como el *mundo* en Cristo.

2.3. Las notas de la Iglesia

Desde esta perspectiva trinitaria de la Iglesia podemos aclarar ahora lo que tradicionalmente se ha denominado las "notas" o "marcas" de la Iglesia. A lo largo de la historia siempre ha surgido la necesidad de definir las características de la Iglesia, aquellos elementos considerados esenciales que permitían identificar una cierta continuidad con el mensaje y la vida de Jesús. Generalmente debido a disputas internas, o aún bajo la sombra de propuestas religiosas alternativas, la Iglesia cristiana estableció algunos criterios mínimos que la identificaran en medio de la pluralidad, en fidelidad con el mensaje y la obra de Jesús. Estas características las encontramos mencionadas en los credos citados anteriormente: "creo en la Iglesia Una, Santa, Católica y Apostólica".

Que la Iglesia sea **una** se deriva de la misma unidad de Dios, es decir, que sólo hay un principio que fundamenta la creación y su salvación. Si la relación estrecha que establecimos anteriormente entre Dios y su Iglesia es cierta, entonces existe una estrechísima relación entre la unidad de Dios y la unidad de su Iglesia. **Que la Iglesia sea una no significa, por supuesto, que sea uniforme o deba aspirar a esta uniformidad.** La característica de catolicidad –como veremos más abajo– excluye todo tipo de propuesta totalitaria y hegemonizante. Más bien la característica de unidad conlleva la noción de que compartimos un origen común y un destino común en medio de nuestras diferencias, estilos, culturas, tradiciones e historias diferentes.

Por ello que la Iglesia es una, significa que su unidad no está dada por las formas externas que adopte –como la organización institucional, la liturgia, aún sus ministerios, ni tampoco por su servicio a un grupo étnico en particular, una nación, o una región. En la pluriformidad la Iglesia es sostenida por el accionar de Dios mismo. La riqueza de la unidad divina se manifiesta en la variedad de matices con que la Iglesia toma forma y lleva adelante su ministerio. Pero todo esto no quita el *escándalo* que significa la existencia de muchas iglesias o denominaciones que no tienen –ni buscan– la comunión entre sí. Debemos llegar a un concepto de unidad que abrace la pluralidad como expresión misma de la unidad que tenemos en Cristo.

Algo similar podemos decir de la segunda característica, la **santidad**. Muchas veces decir que la Iglesia es santa trae a la mente de las personas la imagen de una comunidad de "superatletas espirituales", de gente dedicada día y noche a las cosas "sagradas". Otros asocian la idea de la santidad de la Iglesia con lo antiguo, con los ritos extraños que se nutren de un pasado donde lo santo parecía expresarse espontáneamente sobre la tierra. Pero ya hemos visto en el capítulo anterior que lo santo no es una esfera especial ni una cualidad en particular sino la presencia misma de Dios que engloba nuestras personas y actividades. Somos santos porque somos congregados por lo verdaderamente santo, por Dios.

Es así que la santidad siempre deriva de Dios, indicando por ello que nuestras vidas han sido reconfiguradas por el Evangelio, por esa buena noticia que restituye la dignidad a las personas desesperanzadas y acongojadas, convocándolas a ser una comunidad de iguales. Nuestra comunión con lo santo es lo que nos transforma en aquellas criaturas configuradas por Cristo, el santo por excelencia. Nuestro compromiso con las necesidades del prójimo y la búsqueda de la justicia son algunos de los tantos frutos que brotan de esta configuración a lo santo.

La afirmación de que la iglesia es **católica** tal vez sea una de las notas más malentendidas. En parte ello se debe a que en nuestro contexto latinoamericano e hispano la palabra "católica" o "católico" automáticamente refiere a una denominación en particular, la Iglesia católica romana. Tal es así que en algunas de nuestras iglesias hemos borrado la palabra "católica" del Credo en la liturgia, reemplazándola por la palabra "cristiana". En realidad, este fue un cambio introducido por la Reforma del siglo XVI que tenía una intención catequética: enseñar a la gente que lo católico no refiere a la iglesia romana sino a la iglesia cristiana, universal. Sin embargo, una vez asimilada esta enseñanza de la Reforma, ya no existen motivos para prescindir del concepto "católico" dado los ricos matices que este guarda.

La idea de católico o catolicidad tiene claros antecedentes bíblicos; pensemos en Jesús, por ejemplo, con su misión traspasando las fronteras que en su época separaban a judíos de samaritanos, citadinos de campesinos, hombres de mujeres, sanos de enfermos, ricos de pobres, dominadores de dominados. Es interesante constatar que Jesús no viajó por el mundo (como lo haría Pablo), sino que traspasó las fronteras de *su* mundo. De este ministerio deriva la iglesia su mensaje y su convicción de que ella puede y debe manifestar su identidad en todas las dimensiones de la vida, atravesando todas las fronteras culturales y sociales.

Si utilizamos la palabra "católico" o "católica" como sinónimo de universal podremos distinguir al menos tres dimensiones. Todas expresan el rasgo esencial de la *inclusividad igualitaria* que es propia de la Iglesia. Así es que tenemos, en primer lugar, una catolicidad **espacial** que refiere a lo que comúnmente llamamos misión y evangelización, donde la actividad de la Iglesia desborda un grupo, nación, o etnia en particular. El explosivo crecimiento de la "secta" cristiana en los primeros siglos de nuestra era es un buen ejemplo de cómo las muchas naciones y lenguas del Mediterráneo fueron alcanzadas por el mensaje de Jesús. En segundo lugar, tenemos una catolicidad **temporal**, es decir, que nuestra época actual se halla en continuidad y en comunión con tiempos anteriores, y expectante de los tiempos que vendrán. Si bien la iglesia se adapta y responde a los distintos tiempos, mantiene su identidad en ellas y a través de ellas. Nunca empezamos de cero, sino que continuamos con una tradición que es constantemente releída y enriquecida. Por último, hay una catolicidad **cultural y social**, donde la iglesia declara que su existencia es relevante a todos los ámbitos y aspectos de la cultura y la sociedad. No se dice con eso que la iglesia deba estar en todos lados. **Lo que se quiere subrayar es que el mensaje de la revelación cristiana es** *relevante* **a todos los ámbitos de la vida.** La filosofía, los medios, las ciencias, los deportes, el arte, el gobierno, las empresas, la condición de los trabajadores, la familia, las cuestiones de género, las ocupaciones, el ocio, la fiesta, la salud, en fin, las distintas esferas que hacen a nuestra existencia son también esferas donde se conjuga el mensaje que la iglesia proclama y vive. Ser parte de esta iglesia católica significa vivir en todos estos ámbitos a la luz del crucificado y resucitado.

Existe otro aspecto de la catolicidad y universalidad de la iglesia que debemos mencionar. Tiene que ver con su talante **profético**, es decir, la capacidad de hacer suya los reclamos genuinamente humanos de aquellos que ven sus derechos y sus vidas avasalladas por fuerzas de distinto origen, al igual que hace suya los sufrimientos de una naturaleza que es irresponsablemente explotada. Es interesante que Lutero**, en uno de sus escritos sobre la Iglesia, incluyese la cruz y el sufrimiento como una de las notas de la Iglesia. Nosotros queremos seguir este camino, pero entendiendo esta cruz en el marco del compromiso que toma la Iglesia con los desposeídos y desplazados, y con la defensa de nuestros ecosistemas en procura de la justicia y la integridad de toda la creación. No hay universalidad-catolicidad verdadera si estas causas permanecen indiferentes a una Iglesia cuyo corazón es el mensaje de la justicia que Dios promete y realiza en Cristo.

Por último, que la iglesia es **apostólica** significa en primer lugar que la Iglesia se mide a sí misma con el patrón del mensaje de los primeros apóstoles –¡y de las apóstolas!, que luego fueron olvidadas. Así la nota de la apostolicidad de la Iglesia refiere tanto a una tradición heredada, como a su reinterpretación para cada nueva generación. Es cierto que la Iglesia de los primeros siglos, en su puja con otra alternativa religiosa llamada **gnosticismo***, vio en los obispos una garantía de apostolicidad (en un mundo con pocos medios e instancias de comunicación se delegaba en algunos la responsabilidad de recibir y transmitir la tradición). Pero no hay que confundir la apostolicidad de la iglesia con un ministerio específico, el de los obispos. En definitiva, la *comunidad* es la que recibe el mensaje apostólico, y también es la responsable por transmitirlo de generación en generación –aunque para ello pueda distinguir distintos ministerios específicos.

Pero cuando hablamos de la apostolicidad de la Iglesia no nos quedamos únicamente con el mensaje apostólico que se hereda, se reinterpreta y se transmite, sino también con el hecho de que **somos una** *iglesia de apóstoles***, es decir, de personas enviadas.** Ser enviadas no es un privilegio que se deriva de nuestras cualidades intrínsecas, sino que fluye de la *epiklesis**, es decir, del pedido que hacemos de que el Señor envíe su Espíritu. Ese Espíritu que es el mismo que inspiró y sostuvo a Jesús y su anuncio del Reino es quien nos reúne y envía para ser sal y luz en el mundo. Una Iglesia apostólica, entonces, es una Iglesia "soplada" y renovada por el Espíritu, abierta al mundo entero en su compromiso con la visión del Reino de Dios.

3. La Iglesia y el mundo

3.1. Distintas relaciones entre la Iglesia y el mundo

Con lo dicho nos hemos acercado a un tema crucial: la relación de la Iglesia con el mundo* (sociedad, cultura, política, economía, por ejemplo). La Iglesia se vincula estrechamente con el mundo no sólo por el hecho de ser una realidad sociológica (un grupo de seres humanos que se congrega desde distintos ámbitos en función de determinadas actividades) sino porque esa **relación** es fundamental a su mensaje. Pero, por supuesto, hay muchas maneras de entender cómo debe relacionarse la Iglesia con el mundo. Veamos algunas de ellas.

Richard Niebuhr** (1894-1962), un conocido teólogo protestante norteamericano, propuso una serie de modelos que explicarían las distintas formas que tomó el cristianismo a partir de una cierta concepción de la relación de Cristo con el mundo[10]. De hecho, la misma tipología se puede extender a la Iglesia, lo que daría como resultado distintas maneras de comprender la relación que tiene –o debería tener– la Iglesia con su entorno. Adaptando su propuesta tendríamos las siguientes posturas:

a. La Iglesia *contra* la cultura y la sociedad

La base de este modelo lo constituye un conflicto entre **autoridades**: para la Iglesia la única autoridad sería Cristo, por lo tanto, sólo debe acatarse el señorío de Jesús. El mundo está caído, es corrupto, pecaminoso. En él se da una puja de señoríos que reclaman la vida de los creyentes: una lucha entre el bien y el mal. Pero la comunidad cristiana resiste por medio de una rígida disciplina, rechazando toda participación activa en los ámbitos considerados pecaminosos. El **monasticismo*** de los primeros siglos, sobre todo el de los monjes anacoretas que se retiraban al desierto para meditar y orar, siguió esta lógica: lo suyo era la purificación interior y exterior con la esperanza puesta en el inminente retorno de Cristo. De la misma manera muchas sectas mesiánicas y apocalípticas confrontan al mundo ya sea retirándose de él (lo que es virtualmente imposible), o tratando de convertir la sociedad a su imagen y semejanza (negando al mundo toda autonomía, forzándola a su propia cosmovisión* y prácticas).

---

10 Richard Niebuhr, *Cristo y la cultura* (Barcelona: Ediciones Península, s/f.).

Es indudable que esta visión presenta un cierto atractivo: entre otras cosas, trata de mantener en toda su pureza la radicalidad del seguimiento de Jesús. Se nutre de aquellas personas que han experimentado traumas de diversa índole y realmente quieren cambiar sus vidas y comenzar un nuevo recorrido a partir de un corte dramático con su cultura, familia y sociedad -fuentes de sus malas experiencias. Pero cuando este enfoque no es matizado con otras perspectivas bíblicas se torna en un esquema rígido que, paradójicamente, niega un principio fundamental del judeocristianismo: el mundo fue creado bueno, y sigue siendo bueno a pesar del pecado humano. Por ello los cristianos están llamados a vivir no sólo dentro del mundo, sino para el mundo. Sin estos importantes matices, la postura que hemos descrito deriva en un fanatismo que destruye expresiones valiosas de solidaridad, justicia y amor en la sociedad, fuera del ámbito específico de la comunidad eclesial. Muchas iglesias conservadoras, evangélicas, y premilenaristas tienden a subscribir esta visión negativa de la relación Iglesia-mundo.

b. La Iglesia *como expresión* de la cultura y la sociedad

Un planteo diametralmente opuesto es la de una Iglesia que está en perfecta armonía con los valores culturales considerados como los más sublimes en una época. Cristo es visto como el **perfeccionador** de las esperanzas y aspiraciones sociales y culturales. Es más, Cristo aparece como un educador de la humanidad, ya que él instruye, guía y enseña. En el caso del filósofo Emmanuel Kant (1724-1804), Cristo constituye una suerte de inspiración encauzando valores que permiten a la humanidad construir una hermandad moral, un reino de fines morales. No es que Cristo -y la Iglesia- encarnen valores diferentes a los del mundo, sino que expresan lo mejor de él. Lejos de una actitud confrontacional, la Iglesia cultiva una faceta armónica respecto a la cultura y la sociedad.

El valor de esta perspectiva es que la identidad de la Iglesia no es definida a partir de su confrontación con el mundo; su naturaleza es captar lo mejor y lo bueno y llevarlo a su plenitud. De esta manera se insiste en una Iglesia realmente inmersa en el mundo, atenta a sus valores y sus problemas. Pero justamente en este compromiso aparecen las falencias de este modelo, presente en las tradiciones e iglesias más liberales: ¿dónde termina el mundo y comienza la Iglesia?; ¿no se convierte la Iglesia en un club de humanistas y filántropos?; ¿cuál es la peculiaridad de la Iglesia? Después de todo recordemos lo que dice el Evangelio: "mi Reino no es de este mundo . . ." (Juan 18:36).

c. La Iglesia *sobre* la cultura y la sociedad

Pero existe otra posibilidad que no se resigna a concebir la relación de Cristo y el mundo en forma antagónica, ni tampoco en una armonía perfecta. Es posible una **síntesis** y el lugar donde ella se produce es precisamente la Iglesia. La síntesis consiste en poder establecer que la naturaleza está surcada por tendencias y fines que alcanzan su expresión más sublime al amparo de la Iglesia. Tomás de Aquino, el gran teólogo católico romano del siglo XIII, mantenía que la naturaleza, la cultura y la sociedad nos dan pistas sobre las metas que tenemos como seres humanos. Por ejemplo, somos inteligentes, y una de las metas es llegar al conocimiento verdadero y total, conocimiento que sólo logramos si a la razón se le añade la fe. Lo que encontramos fuera de la Iglesia son indicadores que apuntan a su plena realización en el ámbito de la Iglesia. Aquí se da la posibilidad de una existencia *sobre-natural*, es decir, que va más allá de lo posible en la vida natural. La Iglesia, por lo tanto, no es sólo la mediadora de la gracia que apunta a una vida sobrenatural, sino que es también una especie de maestra del mundo, señalando esas dinámicas, valores y direcciones que puntean el preámbulo de las verdades eternas.

El atractivo de este modelo se ha hecho sentir por muchos siglos. Este es el modelo de Iglesia más característico en esa sociedad que llamamos de "cristiandad". La cristiandad era vista por muchos como la perfecta síntesis y armonía entre la Iglesia y la sociedad, donde todo era percibido y experimentado a través del prisma eclesial. La Iglesia era el centro de la sociedad. Hoy en día, sin embargo, vivimos en sociedades que ya no responden al modelo de cristiandad. En la mayoría de los casos vivimos en sociedades pluralistas, democráticas, (pos)modernas y secularizadas donde las Iglesias son un actor más en la sociedad junto a un sinnúmero de otras agrupaciones e instituciones. De todos modos, muchos aún sueñan con retornar a ese pasado glorioso, un sueño que se vio reflejado en la "doctrina de la seguridad nacional" que encarnaron las dictaduras militares del Cono Sur durante la década del setenta. O añoran que la Iglesia vuelva a ser una guardiana de la cultura, una promotora de la educación (cristiana), una jueza en las naciones, la protectora de la familia y la garantía de la estabilidad social. Sin duda hay buenas intenciones y valores expresados en estos sueños; el problema es que la Iglesia no está llamada a ser la tutora de la sociedad. Su misión es otra.

d. La Iglesia en *tensión paradojal* con la cultura y la sociedad

Con este modelo nos acercamos un poco más a lo que fue la visión de la Reforma. La Iglesia da testimonio de una tensión que no es entre Dios y el mundo, sino entre Dios y el pecado que desfigura al mundo. A pesar de que el mundo es bueno por ser creación de Dios, este mundo vive en una situación de distorción, de rebeldía, de desafío que se expresa en todos los niveles: en la cultura, en la economía, en la familia, en la amistad, en el estado, etc. La Iglesia se entiende como una comunidad de pecadores justificados y perdonados, es decir, como una comunidad de iguales que proclama en sus palabras y obras que Dios ama a su creación. Sus miembros son, como decía Lutero, al mismo tiempo **santos y pecadores**, por lo que no pueden arrogarse un estatus especial frente al resto del mundo. Viven constantemente renovados por el perdón que reciben desde afuera de sí mismos, desde Cristo.

Por ello la Iglesia vive, en primer lugar, en una **tensión consigo misma**: es una realidad humana y divina, histórica y trascendente*, de este mundo y del mundo venidero. Los cristianos viven en su propia carne esa tensión entre la promesa de plenitud y las fuerzas desintegradoras del pecado. Pero a la vez la Iglesia, en cuanto encarnación de un mensaje (evangelio) y de una presencia (Cristo), también se encuentra en **tensión con el mundo**. Se encuentra en tensión no porque el mundo sea malo, o pecaminoso en sí, sino porque desobedece a aquel que lo creó con toda su bondad. La Iglesia denuncia esta situación, pero no es la única instancia que establece un marco mínimo para vivir según las intenciones de Dios: el estado, la economía y la educación son distintas esferas donde instituciones cooperan en la preservación y la promoción de la justicia y de la vida.

Este modo de encarar la relación de la Iglesia con la sociedad permite una visión más positiva e integral de la responsabilidad conjunta que tiene la Iglesia con otros organismos e instituciones de la sociedad. La Iglesia no es una tutora, sino una colaboradora. El peligro, por supuesto, es que esta colaboración pierda su horizonte crítico y se convierta en una simple anuencia, conformismo y sumisión a los poderes e instituciones dominantes. Este es un problema que ha aquejado a muchas iglesias luteranas (y protestantes) en la historia.

e. La Iglesia *transformadora* de la cultura y la sociedad

Nos resta ver ahora otro modelo típico del protestantismo, esta vez relacionado con las tradiciones de origen calvinista (reformadas). Este modelo comparte mucho de las premisas del anterior, pero se nota en ella una actitud más optimista y militante con respecto a la cultura y la sociedad. Siendo que Cristo no es sólo el Señor de la Iglesia sino también del mundo, la Iglesia posee un rol **profético** recordando a la sociedad que todos los ámbitos de la vida son reclamados por el **señorío** de Cristo. También la idea del Reino y el llamado a ser testigos de ese Reino hace que la actitud de estas iglesias sea mucho más militante, en el sentido de mostrar ante el mundo una vida centrada en la obediencia a las leyes del Señor.

Demás está recalcar el atractivo de esto modelo: una Iglesia militante, miembros comprometidos, testimonio frente al mundo. También es muy importante la conexión que hace este modelo entre mundo y Reino de Dios, recordándole al mundo que el reino es el horizonte último de toda actividad o emprendimiento que se tenga en la sociedad: **todo debe hacerse y ser para la gloria de Dios.** Pero uno de los problemas en esta perspectiva es que a veces esta militancia se convierte rápidamente en intolerancia o impaciencia. Queremos que el mundo reconozca *ya* el señorío de Cristo, y si no lo reconoce es mejor que los cristianos probos tomen las riendas del asunto. Muchas iglesias evangélicas actuales parecen seguir la versión más conservadora de este modelo, tanto en América Latina como en Norteamérica. De la misma manera, otras iglesias más liberales tienden a encarnar una versión más "progresista" del mismo modelo.

3.2. Las dinámicas entre la Iglesia y el mundo

Hasta aquí hemos repasado los modelos que se reflejan en la obra de Niebuhr desde la clave de la relación de la Iglesia con el mundo. No hace falta recordar que cada vez que hablamos de modelos nos referimos a aproximaciones generales, tendencias o lineamientos que de ningún modo agotan las complejas configuraciones que se dan en la realidad. No obstante, lo importante es detectar las líneas principales y los énfasis de cada modelo, aunque la práctica no sea siempre un fiel reflejo de ellos.

Quisiéramos ahora presentar brevemente un modelo en la relación Iglesia-mundo elaborado por un conocido teólogo suizo, Hans-Ruedi Weber**, quien combina elementos característicos de los modelos protestantes (originados de la Reforma) vistos más arriba (**d** y **e**)[11].

Según H.-R. Weber pareciera que la Iglesia siempre se ve en problemas a la hora de relacionarse creativamente con el mundo. Uno de los motivos yace en los mismos cristianos que no reconocen que Cristo, a quien confiesan como Señor de la Iglesia, es también el Señor del mundo. Puede que entre muchos se encuentre difundida la imagen de que la Iglesia se ocupa de un aspecto compartimentalizado específico de la vida, el de la "espiritualidad" o el de la "religión", dejando los otros aspectos o compartimientos al cuidado de otras instituciones o instancias. Así la Iglesia en vez de ser una servidora en el mundo, se aliena y aleja del mundo.

Pero según Weber los creyentes están llamados a compartir la preocupación de Cristo por el mundo en su totalidad, no solamente por uno de sus compartimientos. Y esto es así por dos razones principales: es Dios quien creó a este mundo, y por medio de Cristo, Dios rescata al mundo de su pecado y alienación.

Por ello Weber afirma que el mundo es el primer amor de Dios. La Biblia transmite este sentido de pertenencia con las historias de los distintos pactos, sobre todo el pacto que Dios hace con Noé y con todas las criaturas vivientes (Génesis 9). De la misma manera, el último gran pacto del que nos habla la Biblia es la promesa de Dios de renovar toda la creación, "el nuevo cielo y la nueva tierra" mencionado en el libro del Apocalipsis (Apocalipsis 21:1). El Evangelio de Juan resume esta idea del pacto con el mundo en la figura de Jesucristo: "porque de tal manera amó Dios al mundo que dio a su Hijo unigénito para que todo aquel que en él cree no se pierda, sino que tenga vida eterna. Porque Dios envió a su Hijo al mundo no para condenar al mundo, sino para que el mundo sea salvo por medio de él" (Juan 3:16-17).

Siguiendo estas perspectivas bíblicas, Weber critica algunas visiones de la relación de la Iglesia y el mundo tan común entre muchos cristianos. Por

---

11 Hans-Ruedi Weber, *Salty Christians* (New York: The Seabury Press, 1967). No confundir con el sociólogo alemán Max Weber, citado anteriormente.

ejemplo (ver esquema más abajo), muchos visualizan a la Iglesia (1) centrada en Cristo (2), mientras que el mundo (3) tendría su centro en lo maligno (4), o aún en el diablo. De esta forma un gran abismo separa a la Iglesia del mundo (5), un abismo que en realidad divide a Dios mismo.

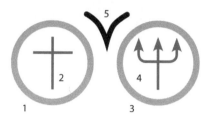

Es interesante observar cómo opera este enfoque cuando nos acercamos a una actividad tan cara a la Iglesia como es la evangelización y la misión. A causa de este abismo (5, ver esquema siguiente) emerge una visión distorsionada de la evangelización y la misión, como si esta fuera una especie de incursión o cruzada (6) en el mundo pecaminoso o caído (3). De esta manera la Iglesia cristiana encara la evangelización desde una cierta hipótesis de guerra (espiritual) donde el objetivo es salir al mundo y apoderarse del máximo botín posible, para luego replegarse a territorio seguro, la Iglesia (1). Atinadamente Weber observa que, dadas las condiciones, a menudo los bravos guerreros o cruzados espirituales retornan a la Iglesia sólo con un magro pedazo arrancado al mundo (2). Pero el ser humano completo, es decir, con su cultura, trabajo, familia, etc., queda atrás (4), no interesa. Esta separación o abismo genera la impresión de que el buen cristiano es aquel que le dedica mucho tiempo a la Iglesia, a asuntos puramente espirituales. El resto del tiempo, sin embargo, trata de aguantar en el mundo hasta que llegue la carga final de la caballería apocalíptica de Cristo.

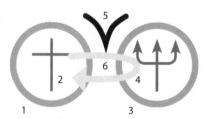

Otro enfoque bastante frecuente es lo que Weber llama la visión sectorial de la Iglesia y el mundo (ver esquema siguiente). Según esta versión la vida en la sociedad estaría dividida en sectores, como ser el político (1), cultural (2), económico (3), familiar (4), religioso (7), y muchos otros que conforman la vida ordinaria de las personas y sociedades (5, 6, 8, etc.). Siendo que Cristo es solo el Señor del "sector religioso", se piensa que la Iglesia debería ocuparse

únicamente de los asuntos "espirituales" que atañen a ese aspecto. En otras palabras, la Iglesia es un programa estructurado principalmente en torno a las actividades devocionales y cúlticas.

Por lo tanto, las relaciones de las personas cristianas con el resto de estos
sectores son indirectas y hasta superficiales: se busca ya sea darle un barniz
cristiano a la actividad de los cristianos en el mundo, ya sea construir pequeños
enclaves religiosos en esos distintos sectores (colegios, universidades, sindica-
tos, partidos políticos, etc.).

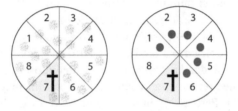

Pero Weber sostiene que si Cristo (ver siguiente esquema, 3) es Señor tanto
de la Iglesia como del mundo, entonces la Iglesia (1) debería estar en el corazón
del mundo (2). En efecto, como Señor del mundo, Cristo es "cabeza de todas las
cosas" (Efesios 1:22), de la misma manera que es cabeza de su cuerpo, la Iglesia
(Efesios 4:15; Colosenses 1:18; Colosenses 2:19). Así los y las cristianas están realmente en el medio del mundo, aunque su relación especial con Cristo los distinga
del mundo sin separarlos de él. Esto es lo que significa ser la sal y la luz del mundo
(Mateo 5:13-16).

Finalmente, la propuesta de Weber entiende a la relación Iglesia-mundo de
una manera dinámica (ver siguiente esquema). Así Cristo (1), quien está en el
centro del mundo (A), convoca a sus seguidores formando la asamblea de los

creyentes, la Iglesia (2). Cristo llama a sus discípulos y discípulas tanto para la adoración y la vida en comunidad, pero también las llama para el testimonio y el servicio conjunto. Las envía al mundo (B) para ser sus testigos en todos los ámbitos de la vida humana. No queda rincón en el mundo donde los cristianos no estén llamados a dar testimonio.

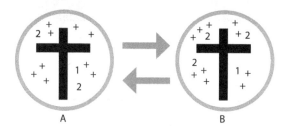

En este mundo, que es de Dios, los cristianos y cristianas se dispersan de la misma manera que el sembrador dispersa semillas por el campo. Es en ese campo, con su propia topografía, donde las semillas caen. En otras palabras, damos testimonio a través y en medio de las agrupaciones ya existentes en la sociedad, sin necesidad de crear agrupaciones especialmente cristianas, como si fueran enclaves separados del resto. Allí es donde llevamos adelante el ministerio, allí es donde servimos en nuestra vocación cristiana, allí es donde damos testimonio de nuestra fe.

Por ello Weber insiste en captar este ritmo que caracteriza la relación de la Iglesia con el mundo: hay un tiempo de congregarse, de adorar, de reunirse en torno a la Palabra y los sacramentos*, como así también tiempo para servir, para vivir en todos los estamentos de la vida a partir de esa luz y de esa esperanza que da Jesucristo. Sin embargo, esa realidad que llamamos Iglesia está tan genuinamente presente en el momento de la adoración y el culto, como en los momentos de servicio y testimonio en el mundo. Como hemos afirmado más arriba, la Iglesia se manifiesta en ese flujo y reflujo que es la presencia y acción del Espíritu Santo en el mundo.

Bibliografía seleccionada

Boff, Clodovis. *Comunidade eclesial – Comunidade política: Ensayos de eclesiología política.* Petrópolis: Vozes, 1978.

Boff, Leonardo. *Eclesiogénesis: las comunidades de base reinventan la iglesia.* Santander: Sal Térrae, 1980.

——. *Iglesia, carisma y poder: ensayo de eclesiología militante.* Santander: Sal Terrae, 1982.

Bonhoeffer, Dietrich. *Ética.* Barcelona: Editorial Estela, 1968.

Chaves, Mark. *American Religion: Contemporary Trends.* Second Edition. Princeton, NJ: Princeton University Press, 2017.

——. *Congregations in America.* Cambridge, Mass.: Harvard University Press, 2004.

Dulles, Avery. *Modelos de la Iglesia: estudio crítico de la iglesia en todos sus aspectos.* Santander: Sal Térrea, 1975.

Elizondo, Virgilio y Gastón Espinoza, eds. *Latino Religions and Civic Activism in the United States.* New York: Oxford University Press, 2005.

Galindo, Florencio. *El 'fenómeno de las sectas' fundamentalistas: la conquista evangélica de América latina.* Estella, Navarra: Verbo Divino, 1994.

Hansen, Guillermo. "La comunidad cristiana: el encanto de una práctica". *Cuadernos de Teología* XVIII (1999), 21–39.

Hefner, Phil. "The Church", en Carl Braaten y Robert Jenson, eds. *Christian Dogmatics*, vol. II. Philadelphia: Fortress Press, 1984.

Hill, Michael. *Sociología de la Religión.* Madrid: Cristiandad, 1976.

Küng, Hans. *La iglesia.* Barcelona: Herder, 1968.

Mallimaci, Fortunato. "El catolicismo latinoamericano a fines del milenio: incertidumbres desde el Cono Sur". *Nueva Sociedad* 136 (1995).

Mallimaci, Fortunato et al. *Cristianismos en América latina: Tiempo presente, historias y memorias.* Buenos Aires: CLACSO, 2000.

Miguez Bonino. José. *Rostros del protestantismo latinoamericano.* Buenos Aires: Nueva Creación, 1995.

Niebuhr, Richard. *Cristo y la cultura.* Barcelona: Ediciones Península, s/f.

Russell, Letty. *La Iglesia como comunidad inclusiva: Una interpretación feminista de la iglesia.* Buenos Aires: Instituto Universitario ISEDET, 2004.

Villalpando, Waldo (ed). *Las Iglesias de Transplante: Protestantismo de Inmigración en la Argentina.* Buenos Aires: CEC, 1970.

Weber, Max. *La ética protestante y el espíritu del capitalismo.* México: Premiá Editora, 1979.

——. *Sociología de la Religión.* Madrid: ISTMO, 1997.

Weber, Hans-Ruedi. *Salty Christians.* Nueva York: The Seabury Press, 1967. Existe una traducción parcial del Dr. Néstor Míguez en formato mimeografiado.

Westhelle, Vítor. *Voces de protesta en América Latina.* Chicago. Lutheran School of Theology at Chicago/Centro de Estudios Teológicos y Pastorales José David Rodriguez, 2000.

——. *O Evento Igreja: Chamado e Desafio a Uma Igreja Protestante.* Sao Leopoldo, RS: Editora Sinodal, 2017.

V. ¿CUÁLES SON EL DESTINO Y LA VOCACIÓN DE LA BUENA CREACIÓN?

Ha pasado a constituir un lugar común el constatar que nos encontramos ante una crisis ecológica* cada vez más aguda. Las imágenes y los rumores de contaminación ambiental, tormentas y huracanes, temperaturas extremas, sequías e inundaciones, bosques moribundos, cultivos transgénicos y pérdidas de biodiversidad, costas ennegrecidas por derrames de petróleo, pulmones y cuerpos destrozados por respirar aire pestilente, depósitos de residuos radioactivos, especies de animales en vías de extinción, niños hurgando en basuras tóxicas . . . nos oprimen y nos deprimen. Sabemos que hasta el viejo dicho acerca de la gratuidad del aire que se respira corre peligro de tornarse falso. No es extraño que surja en nosotros el deseo de pensar en otra cosa, de escaparnos de semejante realidad deprimente, en la que las cifras acerca del deterioro de las condiciones para la vida en nuestro planeta nos apabullan, mientras un bombardeo de imágenes reales y virtuales van conformando el paisaje de una pesadilla de la que quisiéramos despertar, y no podemos. Junto con ese deterioro, va surgiendo sobre todo en la población de los países ricos, cuyos hábitos de producción y explotación son los principales agentes del deterioro ecológico a escala planetaria, una búsqueda de paraísos perdidos, que se manifiesta en actividades tales como el ecoturismo o la búsqueda de saberes ancestrales en torno a la botánica.

Nuestros países reúnen en sí mismos un muestrario tanto de gravísimos deterioros ambientales como de una gran biodiversidad y de ecosistemas paradisíacos. Nuestro contexto vital nos desafía con cierta urgencia a pensar y repensar las implicancias de nuestra fe desde una perspectiva ecológica. Sin embargo, como señala Vítor Westhelle, la teología latinoamericana en un principio mostró una cierta ambivalencia frente a la doctrina de la creación, sospechando tal vez que otros temas eran más urgentes o que un discurso acerca de los orígenes de la crisis ecológica podía encubrir la sacralización de un orden social injusto[1]. Tal reticencia fue quedando atrás a medida que se volvió más clara la vinculación entre los diversos tipos de injusticias: étnica, económica, de género y también *ecológica*.

En medio de un panorama ecológico mundial desalentador y contradictorio, los cristianos no hablamos simplemente de la *naturaleza*, sino que desde la fe nos sentimos impelidos a hablar de la *creación*. Así indicamos de manera

---

[1] Vítor Westhelle, "Creation Motifs in the Search for a Vital Space. A Latin American Perspective," en: Susan Thistlethwaite y Mary Potter Engel (eds.), *Lift Every Voice. Constructing Christian Theologies from the Underside* (Maryknoll: Orbis, 1998), 146–158.

sucinta que confesamos en fe que este planeta y todo el universo existen y subsisten gracias a la obra creativa de Dios. Pero ¿qué sentido puede tener hablar de un Dios Creador y de su creación desde una perspectiva cristiana ante una crisis ecológica provocada por los seres humanos? Precisamente ante este panorama de ecoinjusticia o de pecado ecológico, la doctrina de la creación se ha vuelto más que nunca un eje necesario para la reflexión. Sirve de lupa para echar la mirada sobre aquellos callejones sin salida que han resultado de nuestras presuposiciones antropocéntricas* y de aquellas lecturas de la Biblia que justifican los abusos ecológicos. La doctrina de la creación nos lleva a la reflexión sobre nuestra complicidad como cristianos y cristianas en el deterioro climático y ambiental. También toma en cuenta nuestros sufrimientos surgidos a raíz de la ecoinjusticia. A su vez apunta en esperanza hacia señales vitales de la gracia amorosa de Dios. Reflexionar sobre la realidad a la luz de la promesa de la nueva creación nos moviliza a colaborar con la obra salvadora del Dios trino en un momento histórico en el que los gemidos de su creación hacen eco en todo el planeta.

1. La creación como obra del Dios trino

Tanto el Credo Niceno-Constantinopolitano como el Credo Apostólico comienzan con una afirmación que nos lleva de lleno a la doctrina de la creación: "Creo en un solo Dios Padre todopoderoso, Creador del cielo y de la tierra, de todo lo visible y lo invisible"; "Creo en Dios Padre todopoderoso, Creador de cielo y tierra". A primera vista, esta concatenación pareciera decirnos que los vocablos "Dios", "Padre", "Todopoderoso" y "Creador" funcionan como simples sinónimos. Sin embargo, una reflexión teológica cuidadosa enraizada en el testimonio bíblico nos indicará que la cuestión no es tan sencilla. Tal como lo refleja la estructura tripartita del Credo, para la fe cristiana, Dios es Padre, pero es igualmente Hijo y Espíritu.[2] Las múltiples historias que relata la Biblia van pintando el cuadro de un Dios trino que es fuerte y soberano, pero cuyo poder no se manifiesta como la fuerza bruta de los déspotas, ni siquiera la de los déspotas ilustrados. El poderío del "Dios Padre todopoderoso" confesado en el Credo se da a conocer paradójicamente en la aparente debilidad del amor manifestado en Jesucristo y en la potenciación de los más débiles, que es la marca del obrar del Espíritu Santo. La *creatividad* de este "Dios Padre Creador Todopoderoso" nunca se manifiesta sin el Hijo y el Espíritu, pues es precisamente en la historia del Hijo y del Espíritu involucrados con su creación que Dios ha querido que descubramos qué significa que sea nuestro Creador. Por eso el Credo Niceno-Constantinopolitano no olvida afirmar que todas las cosas fueron hechas a través del Hijo y que el Espíritu es el "Señor y Dador de vida".

---

2 Ver el capítulo 9.

La elegancia y sencillez de la afirmación inicial del Credo Apostólico no deberían llevarnos, pues, a apresurarnos de modo tal que apelmazáramos sin más la metáfora de la paternidad o la maternidad con la del oficio del creador o de la creadora. Una madre que ha dado a luz a un hijo sabe que, si bien su papel en el embarazo y el parto son indispensables, no ha creado a su bebé. De hecho, en términos humanos y biológicos, *engendrar o concebir* se refieren a un proceso diferente al de *crear*. Si recordamos la historia de la cristología, descubriremos que precisamente la confusión conceptual entre las metáforas de *engendrar* y de *crear*, aplicadas a Dios, estuvo en el corazón de las disputas surgidas en el cuarto siglo en torno a la relación entre el Padre y el Hijo.

El panorama se tornó complicado en parte por motivos lingüísticos, puesto que en griego las palabras *génetos* (creado) y *génnetos* (engendrado) se pronunciaban de manera idéntica, dificultando el diálogo. Los arrianos* sostenían que el Hijo había sido engendrado (*génnetos*) y por ende creado (*génetos*) por el Padre antes de todos los tiempos; de allí que para ellos había un sentido en el que el Hijo no era estrictamente Dios, sino que se ubicaba del lado de las criaturas, si bien lo exaltaban por sobre todas las demás criaturas como primogénito y mediador de toda la creación. Citaban en este sentido pasajes tales como Proverbios 8:22ss y Colosenses 1:15. Atanasio** y luego los Capadocios* se dieron cuenta, sin embargo, que era fundamental distinguir entre "engendrado" y "creado", pues si el Hijo no fuera en última instancia más que una criatura, la salvación misma estaría en juego, ya que solamente Dios podía salvar a su creación[3]. De manera lúcida constataron que el Padre desde siempre había sido Padre del Hijo: nunca hubo un tiempo en que no lo fuera, pues desde siempre existió en relación con el Hijo.

El Credo Niceno de 325, cuyas precisiones surgen en parte como respuesta al desafío del arrianismo*, insiste en que el Hijo fue "engendrado" y no "creado". La metáfora de "ser engendrado" es simplemente una forma dinámica de describir la relación entre la Primera y la Segunda Persona de la Trinidad y no quiere dar a entender que hubiera una época anterior a un hipotético engendramiento inicial del Hijo. Debemos tener en cuenta que la paternidad (o la maternidad) y la filiación como figuras para hablar de la vida de Dios constituyen una analogía tenue y distante, al igual que todo lenguaje humano sobre Dios. Como lo expresa el Cuarto Concilio Laterano, por cada semejanza que notemos entre Dios y la criatura debemos darnos cuenta de que hay una desemejanza aún mayor. Nuestras metáforas para describir a Dios reflejan dimensiones de su carácter, pero no lo definen ni delimitan, pues Dios supera nuestra capacidad de expresión.

Con todas sus limitaciones, la analogía entre la paternidad divina y humana nos sirve para subrayar un punto importante: así como un padre humano engendra pero no crea a su hijo, Dios Padre no es el Creador del Hijo, pues la función

---

3 Véanse por ejemplo la introducción y primera parte de la obra de Atanasio *La Encarnación del Verbo* (Madrid: Editorial Ciudad Nueva, 1989), 33ss.

de Padre y la de Creador son diferentes. Dios Padre ("ingénito")[4] es Padre en cuanto es Padre del Hijo (eternamente "engendrado"); no es Padre del Espíritu (quien según Juan 15:26 "procede")[5]. Por otra parte, la creación es obra del Padre, del Hijo y del Espíritu en dinámica trinitaria, y no le corresponde en exclusividad al Padre. Tomás de Aquino lo explica del siguiente modo: debido al hecho de que el Padre es *ingénito* y *no procede*, en función de la doctrina de las *apropiaciones*, se suele vincular la creación principalmente con el papel del Padre, pero quien crea es Dios en cuanto Dios trino[6].

La doctrina de las apropiaciones es aquella por la cual se le asigna a una Persona trinitaria un atributo o un nombre que le pertenece a la Trinidad como un todo. Así, la santificación suele ser atribuida al Espíritu Santo o la redención al Hijo, pero ambas son obras del Dios trino. Esta doctrina fue sistematizada sobre todo a partir de la Edad Media, por teólogos tales como Buenaventura** y Tomás de Aquino**. Sin embargo, tiene sus raíces en las Escrituras, como podemos ver si las investigamos con el tema de la creación en mente. Por ejemplo, en el Evangelio de Mateo, Jesús habla del cuidado meticuloso que le dedica continuamente el Padre celestial a cada detalle de la creación (6:25-34), tarea que la teología ha dado en llamar *creatio continua*: Dios no solamente trabajó en su creación en los inicios (*creatio originans*), sino que lo sigue haciendo ahora y promete seguir haciéndolo en el futuro, de un modo en que la creación no lo puede hacer por sí misma.

Esta tarea de trabajo creativo, si bien se le suele atribuir al Padre, no es suya en exclusividad; por eso, en el Evangelio de Juan, Jesús iguala su propio trabajo al del Padre: "Mi Padre hasta ahora trabaja, y yo trabajo" (5:17), afirmación que escandaliza a sus interlocutores, quienes interpretan semejante pretensión como una forma de blasfemia (5:18). Así como el Jesús juanino trabaja continuamente para dar vida, para Pablo también lo hace el Espíritu Santo (la *Ruaj*), "vivificando nuestros cuerpos mortales" e intercediendo por la creación para ayudarla a lograr su liberación (Romanos 8:11-27). En Romanos 8:22ss trabaja como Partera de la nueva creación e Intérprete de los débiles balbuceos de los seres humanos, cuya capacidad de hablar se diluye en "gemidos indecibles" ante su debilidad.

Así, el Dios trino –Padre, Hijo y Espíritu– está abocado tiernamente a darle vida a su creación. Teológicamente, esto puede expresarse de muchas maneras. Basilio de Cesarea sugiere que pensemos en el Padre como la causa principal de la creación, el Hijo como la causa creadora y el Espíritu como la causa

---

4 Ya Justino Mártir sostenía que el Padre era *agénnetos* o "ingénito" (véase su *Primera Apología* 4,1 y *Segunda Apología* 6,1), pero los Padres Apostólicos en general solían hablar de "Padre" como sinónimo de Dios sin mayor precisión conceptual. Al respecto, véase J. N. D. Nelly, *Early Christian Doctrines* (San Francisco: Harper & Row, 1978), 100ss.

5 Véase Gregorio Nacianceno, *Los cinco discursos teológicos*, 222ss (Discurso sobre el Espíritu Santo, 4-9).

6 Véase la *Summa Theologica* I, 45.6.

perfectiva, de manera que la creación subsiste por voluntad del Padre, existe por la acción del Hijo y se perfecciona por la presencia del Espíritu[7]. Moltmann enuncia una fórmula similar, si bien con un lenguaje más moderno: "La creación existe *en* el Espíritu, sellada *por* el Hijo y formada *desde el* Padre. Por lo tanto, existe *desde* Dios, *a través de* Dios y *en* Dios."[8]

2. De la hipótesis-Dios a la historia amorosa de Dios en su creación

Se cuenta del matemático Pierre Simon Laplace (1749-1872) que luego de la publicación del tercer tomo de su libro *Mecánica celeste* tuvo un encuentro con Napoleón, quien –para provocarlo– le preguntó por qué no había referencia alguna al Creador en su obra sobre el universo. Laplace respondió con sencillez: "No me hizo falta esa hipótesis." De hecho, como lo demuestra la historia de la ciencia moderna, la hipótesis-Dios no es un ingrediente indispensable para elaborar una explicación de los orígenes o del funcionamiento del universo. A menudo, este hecho le ha resultado desconcertante a la teología, la que a veces ha respondido a su propio desplazamiento postulando a Dios como la explicación de aquellos misterios todavía indescifrables para la ciencia. Esta maniobra defensiva tal vez sea entendible, pero a la larga se torna inviable, pues relega la relevancia del Creador a islotes cada vez más pequeños, carcomidos por los avances inexorables de la investigación científica. De todas maneras, aunque no se trate de una respuesta fructífera a los cambios de paradigma introducidos por la ciencia a partir de la modernidad, el deseo de buscar alguna manera de hablar significativamente de Dios en el contexto de una cosmovisión que dice no precisar la hipótesis-Dios, contiene una intuición importante, expresada desde otra perspectiva por el filólogo y filósofo George Steiner: "la hipótesis-Dios no puede ser burlada sin costo."[9]

Steiner no se refiere a la necesidad de incorporar a Dios en los recovecos de alguna explicación científica de los orígenes del universo, ni de proponer una explicación científica alternativa a la manera del creacionismo*. Se refiere al hecho de que sin una historia del comienzo, no puede haber un comienzo ni de esa historia ni de la historia en general; sin una historia de los comienzos, tampoco hay un espacio para la esperanza. Por eso, Steiner reconoce que el eclipse de los comienzos señala también el eclipse de la esperanza. Sospecha, no sin cierta melancolía, que el relato que comienza en el Génesis ha concluido. Ante ese panorama, imagina la posibilidad de un ateísmo* auténtico y responsable,

---

7 Basilio de Cesarea, *El Espíritu Santo* XVI: 38 (Madrid, Editorial Ciudad Nueva, 1996), 168.

8 Jürgen Moltmann, *Dios en la creación: doctrina ecológica de la creación* (Salamanca: Sígueme, 1987), 109.

9 George Steiner, *Grammars of Creation* (New Haven: Yale University Press, 2001), 336.

capaz de evocar una nueva generatividad y reemplazar al agnosticismo "ni frío ni caliente" de la postmodernidad.

La doctrina de la creación que surge de la fe cristiana, en cambio, apuesta a la convicción de que la historia amorosa de Dios en su creación que comienza en el Génesis todavía tiene mucho que dar de sí, confiando en la promesa de una nueva creación. Cuando confesamos al Dios trino como *Creador de cielo y tierra*, no es poco lo que hacemos: entonamos un canto de esperanza en tiempos de desesperanza; afirmamos que nos sabemos partícipes de la gran historia amorosa entre el Creador y su creación, historia que tuvo un comienzo, que tiene un presente y que tendrá un futuro. Dios no es un elemento necesario para nuestras hipótesis, sino la realidad previa a todas las hipótesis posibles: la presencia amorosa y generadora de vida sin la cual no existiríamos.

En el prólogo del Evangelio de Juan descubrimos una apretada síntesis de la historia amorosa de los inicios, esbozada desde una perspectiva cristológica: "En el principio era el Logos (o Palabra) . . . Por medio de él, Dios hizo todas las cosas . . . En él estaba la vida, y la vida era la luz de la humanidad". Esta referencia a la historia amorosa de Dios con los seres humanos en el marco del principio y de la creación no es casual: cabe recordar, que tal como lo señala Tomás de Aquino, cuando decimos que Dios es el Creador, estamos diciendo en realidad algo acerca de nosotros y nosotras mismos con relación a Dios:[10] necesitamos a Dios porque es la luz que nos orienta, el soplo de vida que nos permite respirar, la razón de nuestra esperanza.

Confesar a Dios como Creador no nos permite resolver ni el misterio de Dios ni el de la creación. Por lo contrario, como dice Gregorio Nacianceno, "sufrimos de vértigo al hablar de estas cosas y no sabemos hasta dónde debemos llegar."[11] Más que dilucidar el misterio de Dios, entonces, lo que pretende la doctrina de la creación es subrayar que Dios se regocija en su creación, se preocupa por ella y está dispuesto a brindarle un futuro. La historia amorosa de Dios en su creación continúa.

3. Del sojuzgamiento de la tierra a la ecojusticia

Ireneo**, uno de los primeros teólogos en reflexionar extensamente sobre la doctrina de la creación, formuló un axioma a los efectos de que "la gloria de Dios es que viva el ser humano."[12] Dicho de otro modo, la gloria de Dios es que los seres humanos tengamos vida, y la tengamos en abundancia; a su vez, cuando florece la vida humana, Dios es glorificado. Muchos siglos más tarde en El Salvador, Monseñor Romero, frente a la injusticia estructural de la pobreza

---

10 *De Potentia Dei* 3.3

11 Discurso "Sobre la teología" 31 en *Los cinco discursos teológicos*, 140.

12 *Gloria Dei vivens homo*; véase su *Adversus Haereses* IV.20.7.

latinoamericana y desde la perspectiva del amor de Dios por los más pequeños y las más pequeñas, manifestado con tanta claridad por los profetas de Israel y por Jesús de Nazaret, precisó que la gloria de Dios es que viva el *pobre*[13]. De manera similar y teniendo en cuenta la doble opresión de las mujeres pobres, o su triple opresión si pertenecen a una etnia marginada, Elizabeth Johnson expresa que la gloria de Dios es que todas las mujeres, cada mujer, en todos lados, viva plenamente.[14] Ireneo, Romero y Johnson toman un derrotero antropocéntrico* en dirección a la particularidad y especificidad humanas, frente a la confesión de Dios como Creador amoroso. También se puede tomar el sendero opuesto, en dirección hacia lo universal. Así, cabría hablar de la vida de *toda la creación* como aquello que da gloria a Dios: *Gloria Dei vivens creatio*, la gloria de Dios es que florezca y viva abundantemente toda la creación. Dios se regocija en el florecimiento de toda su hermosa creación, también más allá de la vida humana.

Si la historia amorosa de Dios en su creación no se limita a los seres humanos, ¿qué significa para la teología que los seres humanos nos hayamos acostumbrado a abusar de la creación, no solamente quitándole vida a otros seres humanos, sino también poniendo en peligro el florecimiento de la creación no humana en el planeta tierra? ¿Cómo es posible que muchas de las mismas personas que reconocen y celebran a Dios como Creador reaccionen con indiferencia ante el sufrimiento de la creación amada por Dios? El hecho doloroso es que muchas veces la teología ha sido utilizada como justificación ideológica para disimular o hasta alentar los abusos ecológicos humanos.

Ya hemos hecho una breve referencia al primer pasaje que suele venir a la mente cuando se habla de la creación: el relato sacerdotal de los orígenes de la creación, que encontramos en Génesis 1:1–2:3. En este texto, Dios es presentado como el Creador de todo el cosmos, comenzando con los cielos y la tierra, pasando por la variedad de la flora y de la fauna de la tierra, y finalizando con el ser humano, hecho varón y hembra a imagen de Dios. Toda esta creación, de la cual el ser humano es parte constitutiva, es declarada *buena en gran manera* por Dios. Luego de crear a la pareja primordial y representativa de los seres humanos, Dios la bendice y le encomienda que fructifique, se multiplique, y que "señoree" por sobre la creación vegetal y animal. Le señala que su dieta debe ser vegetal y frutal. Sin embargo, la obra de Dios no culmina con la creación de la pareja humana. Dios acaba su obra al crear el día de reposo o día séptimo, que bendice y santifica porque en él descansa de su labor creativa.

---

13 *Gloria Dei vivens pauper;* véase Jon Sobrino, *Monseñor Oscar Romero. Un Obispo con su pueblo* (Santander: Sal Terrae, 1990).

14 *Gloria Dei vivens mulier;* véase Elizabeth Johnson, *Quest for the Living God: Mapping Frontiers in the Theology of God* (New York: Continuum, 2008), 110. En otra de sus publicaciones, Johnson escribe que para ella "el objetivo del discurso religioso feminista se centra en en el florecimiento de las mujeres pobres de color en situaciones violentas." Véase *She Who Is: The Mystery of God in Feminist Theological Discourse* (New York: Crossroad, 1992), 11.

El relato sacerdotal de la creación es muy rico teológicamente. La pareja humana es parte de una creación de la cual no es necesariamente el "broche de oro", si bien es la única criatura de la que se dice que es creada en "imagen y semejanza" de Dios. Tanto la pareja humana como todo el resto de la creación constituyen algo sumamente bueno. Desde un principio, la *materialidad* de la creación no es vista como un elemento neutro ni mucho menos negativo, sino positivamente. No hay lugar en este relato para un dualismo* entre materia y espíritu o cuerpo y alma. Dios celebra haber creado un cosmos tan bueno con un agradable descanso, iniciando un ritmo sabático que será retomado en otros estratos del Antiguo Testamento para fundamentar el merecido descanso de la tierra y el Jubileo, que tanto desde la perspectiva ecológica como desde la perspectiva de la justicia social, son sumamente saludables y necesarios. De hecho, así como la teología habla de la *oikonomia tou Theou* o la "economía divina" en referencia al accionar salvífico de Dios con su creación, ya a partir de este texto y a través de todos los estratos bíblicos también podemos descubrir una *oikologia tou Theou*, –una "ecología* divina"–, por la cual todo el cosmos encuentra su justa dinámica de acuerdo con la voluntad de su Creador amoroso.

El relato sacerdotal de la creación manifiesta, pues, ricas posibilidades para una teología de la "ecología divina." No obstante, uno de los versículos del pasaje en cuestión ha dado lugar a muchos abusos:

> *"Y los bendijo Dios, y les dijo:*
> *Sed fecundos y multiplicaos,*
> *y llenad la tierra y sojuzgadla;*
> *ejerced dominio sobre los peces del mar,*
> *sobre las aves del cielo*
> *y sobre todo ser viviente que se mueve sobre la tierra."* (1:28)

Este versículo contiene el núcleo de la justificación teológica de lo que la tradición* dio en llamar el *dominium terrae* o "dominio de la tierra", según el cual los seres humanos tienen el derecho y hasta la obligación de "sojuzgar" y "dominar" a la creación. La crítica a este texto tiene dos polos principales en la actualidad: En primer lugar, se critica el imperativo de ser fecundos y multiplicarse, en un mundo en el que el gran crecimiento de la población humana se perfila como un verdadero dilema, pues los recursos no solamente están mal distribuidos, sino que se teme que en algún momento del futuro no alcancen los recursos básicos para alimentar a toda la población humana. Hay personas que apelan a este texto para criticar o tratar de prohibir el ejercicio de los derechos reproductivos, con todo lo que eso implica de carga, sobre todo para las mujeres. Es necesario entender el texto sobre la procreación en el contexto en el que fue escrito, como gozosa afirmación del género humano y de la vida que promete la descendencia, en un mundo en que la mortalidad infantil era alta y la expectativa de vida de las personas era escasa. Aun hoy, aquellas sociedades en las que las tasas de mortalidad son superiores a las tasas de la natalidad son sociedades en las que, sin un flujo inmigratorio de trabajadores provenientes de otros países, las personas mayores no tendrán un sostén en su vejez. El nacimiento y la vida de las nuevas generaciones es un indicio precioso del florecimiento de la creación de Dios; no obstante, sería un despropósito querer imponerles a las familias la carga física y económica de concebir y criar "cuantos hijos vengan" sobre la base de este pasaje.

En segundo lugar –y esta es la crítica quizá más aguda– se señala el carácter destructivo que ha tenido la *razón instrumental** en la cultura occidental antropocéntrica* de la modernidad, que precisamente ha querido sojuzgar, dominar y castigar a una naturaleza cuyo valor intrínseco desconoce. El versículo en cuestión se ha utilizado como lema para justificar cualquier abuso en nombre de un supuesto progreso industrial o tecnológico. Cabe aclarar, sin embargo, que esta utilización del texto no surge inevitablemente del mismo, sino que es fruto de una hermenéutica* específica nacida en la modernidad. René Descartes (1596-1650) es un representante clave de la cosmovisión moderna que llevó al desarrollo de la racionalidad instrumental. Traza una distinción entre el sujeto reconocedor (*res cogitans*: del latín, "sustancia pensante") y el objeto a ser conocido (*res extensa*: del latín, "sustancia extensa")[15]. Su conocida frase "pienso, luego existo" refleja que para él lo único que puede afirmar con seguridad es que es un ser pensante; la existencia de todo lo demás está en duda. Esto implica que la persona "pensante" es la que le otorga el carácter de "realidad" a la naturaleza. La naturaleza se torna un objeto a disposición de ese ser humano pensante. Fue precisamente catalogar a la naturaleza como simple objeto a disposición de la razón humana que abrió las compuertas al uso y abuso de la misma como material destinado al aprovechamiento económico. Se comenzó a entender al mundo como una gran máquina inerte y no como un organismo viviente, y las secuelas de semejante cosmovisión están a la vista en nuestro continente de manera dolorosa. Como señala García Rubio:

"En América Latina, la visión tecnócrata y mecanicista de la realidad, aliada a la mercantilización de la tierra y a la instrumentalización del ser humano, ha provocado una violencia que lacera y mata a niños, mujeres y hombres del mundo rural, indígena y de las periferias de las grandes ciudades. El clamor de estos seres humanos oprimidos constituye un gran desafío a la conciencia cristiana."[16]

---

15 Véanse sus *Meditaciones metafísicas* de 1641, especialmente la segunda y la sexta meditación. Este párrafo y la cita de Heisenberg se apoyan en Gerhard Friedrich, *Ökologie und Bibel. Neuer Mensch und alter Kosmos* (Stuttgart: Kohlhammer, 1982), 25-28.
16 Alonso García Rubio, *¿Dominad la tierra? Aportaciones teológicas al problema ecológico* (Barcelona: Cristianisme i justicia, 1993), 31.

La cosificación y mercantilización de las personas (sobre todo de las personas que no sean varones heterosexuales de origen europeo), de los animales, de las plantas y de la tierra continúan a pasos agigantados en la dinámica de los procesos de la globalización capitalista. Inclusive la conciencia ecologista puede caer en la trampa de verse a sí misma como el pensamiento más desarrollado y progresista, acoplándose al imaginario de la masculinidad racional (vinculada a la cultura) concebida como superior a la naturaleza, (asociada a lo femenino), repitiendo por lo tanto viejos hábitos de dominación y abuso[17].

La visión mecanicista del mundo al modo cartesiano* ya no predomina como modelo de pensamiento en el mundo científico. Como indica Heisenberg, "Las ciencias naturales ya no se posicionan como observadoras de la naturaleza, sino que se reconocen a sí mismas como parte del permanente intercambio entre el ser humano y la naturaleza". Desde la ciencia actual se propone una visión unitaria del universo en el sentido de que existe una continuidad e interrelación desde las partículas atómicas hasta los seres más complejos, de manera que el ser humano no puede abstraerse de su entorno[18]. Si bien los seres humanos no podemos evitar un cierto "antropocentrismo*" en cuanto actuamos, pensamos y hablamos situadamente desde nuestra condición humana, los relatos bíblicos no nos enseñan a ubicar al ser humano en el centro del cosmos. La Biblia es, más bien, *teocéntrica*: Dios está en su centro, y Dios se revela a sí mismo como amoroso y digno de alabanza.

En el Salmo 148, por ejemplo, el salmista aparentemente hace un uso hímnico de una "lista de nombres" u *Onomastikon* al estilo egipcio: una lista jerárquica que nombra las diversas categorías de seres vivientes, elaborando una incipiente clasificación. El salmista toma el listado y lo transforma litúrgicamente en una confesión de fe que expresa la certeza de la salvación de Dios. En los versículos 1-6, el centro de atención es el Creador y la alabanza que recibe en y desde el cielo. En los versículos 7-13, Dios aparece como el Señor de la tierra y de la historia, que ha de ser alabado por los seres humanos[19]. Desde una perspectiva que prioriza honestamente la centralidad del Dios manifestado y celebrado en la Escritura, sería muy difícil justificar el abuso de la creación, pues como señala Lutero**, "Quien reconoce a Dios, reconoce también a la criatura, la entiende y la ama. Pues en la criatura están las pisadas de la divinidad"[20]. La fe cristiana permite vislumbrar a la creación desde la perspectiva de la *sacramentalidad**: reconociendo su valor intrínseco y reconociendo que a la vez apunta más allá de sí misma.

---

17 Véase Freya Schiwy, "Ecoturismo, indígenas y globalización. Rearticulaciones de la naturaleza en este fin de siglo," en: Gabriela Nouzeilles (comp.), *La naturaleza en disputa. Retóricas del cuerpo y el paisaje en América Latina* (Buenos Aires: Paidós, 2002), 233s.

18 García Rubio, *¿Dominad la tierra?*, 28.

19 Ver Margot Kässmann, "Covenant, Praise and Justice in Creation" en: D. Hallman (ed.), *Eco-theology. Voices from South and North* (Maryknoll: Orbis, 1994), 28-51.

20 Martín Lutero, Clase magistral sobre Génesis de 1535-1545, en WA 43, 276, 27-28.

En su misericordia, Dios nos crea y nos recrea. Su graciosa labor creativa y recreativa (entendida también en su sentido lúdico) nunca cesa. A través de la Encarnación del Hijo, Dios toma sobre sí de manera concreta nuestra materialidad y finitud, integrando lo humano en su dinámica vida trinitaria. Cuando el Crucificado es resucitado y exaltado a la diestra de Dios, es exaltado también como el Encarnado y por ende lo humano y material, recreado en el cuerpo *glorificado* del Resucitado, es incorporado a través de nuestro Representante definitivamente a la vida de Dios. El teocentrismo, el poder, el señorío, el dominio y la soberanía de Dios no se manifiestan, pues, en que Dios trate como un "objeto", una *res extensa*, a su creación, sino en su trato amoroso hacia la creación vista como aquello sin lo cual no desea estar y con cuyo destino ha elegido integrar el suyo.

Leer Génesis 1:28 desde un cartesianismo* raso, por el cual la mente, el espíritu o la razón dominan sobre el cuerpo, la materia o la naturaleza, significa imponer a la interpretación del texto un dualismo que falsea su sentido y se presta a los abusos. Este dualismo es especialmente nocivo para las mujeres, los niños y las niñas, y –en general– para las personas más vulnerables dentro de la sociedad, pues iguala a la razón, la mente o el espíritu con lo masculino por un lado, y por el otro, al cuerpo, la naturaleza o la materia con lo femenino, lo infantil o lo inferior. Esto a la vez justifica el uso de verbos como "violentar", "forzar", "someter" a la naturaleza o a la mujer. Recordemos, por ejemplo, que la célebre metáfora de Francis Bacon, "torturar a la naturaleza para que revele sus secretos" se inspiró en los procesos contra mujeres acusadas de ejercer la brujería, es decir, en la violencia contra las mujeres[21].

Una reflexión potenciada por la cristología puede ayudarnos a encontrar una hermenéutica adecuada para Génesis 1:28. Si bien los verbos "sojuzgar" y "dominar" no resultan agradables, si los miramos desde la perspectiva de los más débiles, recordaremos que para la fe cristiana, cualquier tipo de "dominio" o "señorío" que tenga el ser humano en la tierra deberá medirse con la vara del Siervo Sufriente, del Cordero Inmolado, del Crucificado y Resucitado, cuyo Reino no tendrá fin. Esa vara es el criterio del *servicio amoroso*, no del sometimiento forzado. Desde una perspectiva cristológica, entonces, el señorío o "dominio" sobre la tierra debería entenderse desde la historia de Jesús confesado como Señor (*Dominus*) y de su señorío expresado como servicio: "El hijo del ser humano no vino para ser servido, sino para servir" (Marcos 10:45).

Los seres humanos no podemos evadir la responsabilidad de hacernos cargo de los desastres que nosotros mismos causamos. Como cristianos y cristianas, nuestro compromiso con la búsqueda del Reino de Dios y de la justicia de Dios debe conllevar un fuerte compromiso con la ecojusticia. Tal como resume lapidariamente García Rubio, la justicia también es un problema ecológico y el

---

21 Alicia Puleo, "Ecofeminismo: hacia una redefinición filosófico-política de 'naturaleza' y 'ser humano'" en: Celia Amorós (ed.), *Feminismo y filosofía* (Madrid, Síntesis, 2000), 184.

problema ecológico es igualmente un problema de justicia[22]. Evidentemente, así como no podemos "construir el Reino de Dios" por nuestras propias fuerzas, los seres humanos tampoco podemos "construir el nuevo cielo y la nueva tierra" por nuestra cuenta. Sin embargo, sí podemos responder fielmente al llamado de Dios a ser sus colaboradores y colaboradoras en la realización de la ecojusticia divina en la dinámica de su *ecología divina*. Esto requiere un justo equilibrio: Por un lado, debemos asumir las *responsabilidades* que nos caben de acuerdo con los saberes y las capacidades que nos caracterizan como seres humanos y que la tradición teológica suele resumir en la idea de que fuimos creados "en imagen y semejanza de Dios". Por el otro, debemos asumirnos como *criaturas* –ni más ni menos– que para sobrevivir como especie necesitamos encontrar modos armónicos de convivencia con las demás criaturas, que a su vez también aportan al conjunto de la creación habilidades y características propias e irremplazables, tan buenas y valiosas como las humanas. Vale la pena recordar que en el relato sacerdotal de la creación se expresa seis veces que lo creado era bueno *antes* de la aparición de los seres humanos (Génesis 1:4, 10, 12, 18, 21, 25).

Los nuevos ojos que vamos adquiriendo para leer los textos bíblicos, fruto del desafío del desarrollo de la cosmología* científica y también de nuestra percepción del desastre ecológico, nos alientan a una búsqueda de pautas para la ecojusticia que puedan alimentarse de nuestra tradición de fe. Diane Jacobson desarrolla seis ejes bíblicos que proveen diferentes perspectivas y puntos de partida para desarrollar la ecojusticia, que vale la pena enumerar:

- Toda la creación es buena (Génesis 1:12, 18, 21, 25, 31; Génesis 2:7; Salmo 104; Job 38-41).
- Los seres humanos hemos sido creados en imagen de Dios y nuestra tarea es administrar o "dominar" por sobre la creación (Génesis 1:26-30; Salmo 8), pero esa "dominación" se ejerce a la manera de Dios (Salmo 97:1-2; Salmo 99:4; Salmo 89) por lo cual constituye un *servicio* (Déutero-Isaías; Evangelios; Génesis 2).
- Toda la humanidad y toda la creación están invitadas a participar en el día de reposo divino y en el Jubileo (Génesis 1-2; Éxodo 20:8-10; Levítico 25).
- Dios ha constituido un pacto con la humanidad y con toda la creación (Génesis 8; Os. 2; Jeremías 31; Deuteronomio 4:26; 30:19; 31:28; Jeremías 4:23-26).
- La Sabiduría nos invita a vivir de acuerdo con la intención y el plan de Dios para la creación (Proverbios 8)
- Nuestro papel en y con el mundo natural debe comprenderse en el contexto de la salvación, la promesa y la esperanza (Salmo 24; 33; Romanos 8; Zacarías 9:11-12).

---

22 García Rubio, *¿Dominad la tierra?*, 30.

Así es que descubrimos que los relatos bíblicos acerca del Dios Creador nos dan pistas para encontrar un camino hacia las "cosas nuevas" que deberían resultar de nuestro estatuto como nueva creación en Cristo, en relación con la "buena creación" del Dios amoroso. Como descubriremos si analizamos nuestras prácticas personales y las de nuestras comunidades eclesiales, ese camino en gran parte es todavía una materia pendiente para la teología y para las iglesias cristianas. Sin embargo, poco a poco, quizá por la misma crisis, va tomando raíces más profundas en nuestra fe y práctica. Leonardo Boff** señala inclusive que la preocupación por la ecojusticia constituye un puente entre el Norte y el Sur, entre la preocupación por el bienestar de los pobres y la necesidad de construir modelos económicos sustentables ecológicamente a largo plazo[23]. Si los cristianos y las cristianas agudizamos los oídos y disponemos nuestras manos, podemos ayudar a responder a los gemidos de toda la creación de maneras que constituyan un servicio a toda la tierra. El sentido profundo de la reflexión sobre la doctrina de la creación quizá sea precisamente que nos demos cuenta de que Dios se preocupa intensamente por su amada creación y desea utilizarnos para que en nuestra pequeña parcela del universo, todo lo que respira alabe al Dios liberador, sin que su vida le sea quitada antes de tiempo.

4. Reflexiones finales

No hemos reflexionado aquí explícitamente sobre las distintas teorías cosmológicas* acerca de cómo Dios pudo haber creado el mundo ni cómo ese dato de la fe podría conciliarse con los datos provenientes de la ciencia. Reducir los versículos iniciales de la Biblia ("en el principio creó Dios los cielos y la tierra") a cumplir el papel de un libro de texto geológico o biológico no sólo constituiría un empobrecimiento del relato bíblico, sino también su desvirtuación, pues se trata de un mito de los orígenes. Como señala certeramente Croatto, hablar de un "mito" con relación al relato bíblico de la creación no implica decir que no es "verdad" sino que por lo contrario resalta su importancia precisamente porque no hay mitos sobre cosas banales.

El "mito" bíblico de la creación es una expresión literaria que remite a los orígenes, es decir, a un horizonte primordial en el que actúa la Divinidad. La intención de los relatos bíblicos de la creación es dar sentido a una realidad significativa: "De haberse presentado como 'ciencia', habría dejado de ser mito. Y sería falso. El mito no describe *cómo* se originaron las cosas, sino que 'dice' –con su especial remisión a los orígenes– *qué* son, cuál es su *sentido*."[24] Siguiendo las

---

23 Leonardo Boff, *Ecología. Grito de la tierra, grito de los pobres* (Buenos Aires: Lohlé-Lumen, 1996), 146s.

24 José Severino Croatto, *Los lenguajes de la experiencia religiosa. Estudio de fenomenología de la religión* (Buenos Aires: Editorial Docencia, 1994), 146-154.

pistas proporcionadas por la misma narrativa bíblica, entonces, hemos dado por sentado aquí simplemente que Dios es el Autor de la buena creación, y que la sigue sosteniendo. Ese dato de fe no tiene por qué oponerse a las hipótesis elaboradas por los astrofísicos acerca del origen del universo sobre la base de sus investigaciones científicas, sino que apunta a otras preguntas: ¿Por qué existimos? ¿Para qué? A luz de lo que hemos reflexionado brevemente aquí, podemos responder con cierta circularidad abierta: Existimos para dar gloria a Dios; y la gloria de Dios es que vivamos en abundancia.

En el pasado, para mucha gente cristiana, darse cuenta de que la tierra no fuera el centro del universo, sino un planeta menor de un sol más bien pequeñuelo, fue un duro golpe, pues habían desarrollado una cosmología* basada literalmente en un "arriba" y un "abajo", en el que las esferas celestiales "de arriba" eran entendidas como el ámbito de Dios y los ángeles. Sabemos hoy que en el universo no hay un "arriba" ni un "abajo"; y que si nuestros países del hemisferio sur aparecen en la parte de "abajo" del mapamundi es por una convención cartográfica en sí misma arbitraria, que a lo sumo revela prejuicios ideológicos acerca de la primacía de los países del norte. El "cielo" en el sentido de morada de Dios, ya no puede ser concebido literalmente como el firmamento, lo que abre puertas interesantes a la reflexión acerca de la inmanencia de Dios, o su presencia muy cerca nuestro, y su simultánea trascendencia*, su existencia más allá del marco del espacio y del tiempo que conocemos. Asimismo, en el siglo XIX, la concepción darwinista* de la evolución de las especies también cuestionó las ideas cristianas de la época acerca de la particularidad y el carácter único de los seres humanos, así como acerca de la extensión del tiempo durante el cual había existido la vida en el planeta y cómo se había generado. La juventud actual, imbuida de elementos de la cosmología científica vía las películas de ciencia-ficción y de las historietas –más allá de su nivel de escolarización– al confrontarse con los relatos de los primeros capítulos del Génesis revela a través de la perspicacia de sus preguntas la imposibilidad de defender ingenuamente una interpretación literal de esos textos: ¿Adán y Eva fueron cavernícolas? ¿De dónde salió la esposa de Caín? ¿Los dinosaurios aparecieron antes o después de Adán y Eva? La cosmología científica moderna ha tenido la virtud de obligarnos a los cristianos a leer los textos bíblicos con nuevos ojos, sin tratar de forzarlos a proveernos un libro de texto positivista* sobre el proceso de la creación, sino reconociendo la profunda sabiduría ecológica que contiene y aprendiendo a saborear el gran potencial de esperanza que nos ofrece.

Tal vez convenga percatarnos de que toda la discusión sobre la posible relevancia científica del texto bíblico suele distraernos de su indudable relevancia *social*, para nuestro propio contexto y para el mundo. De hecho, la tiene no solamente porque la confesión de un Dios Creador abre espacios para la esperanza o porque buscar primeramente la justicia de Dios abarque también la búsqueda de la ecojusticia, sino porque –como señala certeramente Néstor Míguez– los textos bíblicos acerca de la creación y de la nueva creación fueron escritos *en el contexto de la opresión imperial y en contraposición a ella*[25]. Una doctrina de la creación fiel a la realidad que nos toca vivir y enraizada en los relatos bíblicos, constituye una invitación a imaginar nuevas posibilidades en este mundo globalizado, violento, militarizado y opresivo para las grandes mayorías. La fe cristiana confiesa la fe en un Dios que crea, sustenta y promete una nueva creación, anticipada ya en la resurrección del Hijo. El apóstol Pablo inclusive afirma que las personas que siguen a Jesús ya *son* una nueva creación, porque ya participan por el Espíritu en la vida de Jesucristo Resucitado (2 Corintios 5:17) Las cosas viejas pasaron; he aquí, todas son hechas nuevas. Si esto es lo que creemos como cristianos y cristianas, significa que la tarea de denunciar proféticamente la injusticia ecológica y abogar encarnadamente por alternativas de vida que se ajusten más armónicamente a las dinámicas que Dios en su amor imagina para su creación, son una materia pendiente –obligatoria, no optativa– para la Iglesia de Cristo.

---

25 Néstor O. Míguez, "The Old Creation in the New, the New Creation in the Old," en Douglas M. Meeks (ed.), *Wesleyan Perspectives on the New Creation*. Oxford Institute of Methodist Theological Studies 2002 (Nashville: Kingswood Books, 2004).

Bibliografía seleccionada

Aquino, Tomás. *Summa Theologica*. Madrid: BAC, 1950–52.

Atanasio. *La Encarnación del Verbo*. Madrid: Editorial Ciudad Nueva, 1989.

Basilio de Cesarea. *El Espíritu Santo*. Madrid, Editorial Ciudad Nueva, 1996.

Boff, Leonardo. *Ecología. Grito de la tierra, grito de los pobres*. Buenos Aires: Lohlé-Lumen, 1996.

Croatto, José Severino. *Los lenguajes de la experiencia religiosa. Estudio de fenomenología de la religión*. Buenos Aires: Editorial Docencia, 1994.

Flavin, Christopher. "Rich Planet, Poor Planet", en *The State of the World 2001*. London: W. W. Norton & Company, 2001.

Friedrich, Gerhard. *Ökologie und Bibel. Neuer Mensch und alter Kosmos*. Stuttgart: Kohlhammer, 1982.

García Rubio, Alonso. *¿Dominad la tierra? Aportaciones teológicas al problema ecológico*. Barcelona: Cristianisme i justicia, 1993.

Gardner, Gary. "Invoking the Spirit. Religion and Spirituality in the Quest for a Sustainable World," *Worldwatch Paper* 164 (Diciembre 2002).

Gregorio Nacianceno. *Los cinco discursos teológicos*. Madrid: Editorial Ciudad Nueva, 1995.

Johnson, Elizabeth. "The Greater Glory of God: Women Fully Alive," *Review for Religious*.

Kässmann, Margot. "Covenant, Praise and Justice in Creation," en D. Hallman (ed.), *Ecotheology. Voices from South and North*. Maryknoll: Orbis, 1994.

Kelly, J. N. D. *Early Christian Doctrines*. San Francisco: Harper & Row, 1978.

Lutero, Martín. "Clase magistral sobre Génesis de 1535–1545," *WA* 43.

Míguez, Néstor O. "The Old Creation in the New, the New Creation in the Old," en Douglas M. Meeks (ed.), *Wesleyan Perspectives on the New Creation*. Oxford Institute of Methodist Theological Studies 2002. Nashville: Kingswood Books, 2004.

Moltmann, Jürgen. *Dios en la creación: doctrina ecológica de la creación*. Salamanca: Sígueme, 1987, 109.

Puleo, Alicia. "Ecofeminismo: hacia una redefinición filosófico-política de 'naturaleza' y 'ser humano'" en Celia Amorós (ed.), *Feminismo y filosofía*. Madrid, Síntesis, 2000.

Schiwy, Freya. "Ecoturismo, indígenas y globalización. Rearticulaciones de la naturaleza en este fin de siglo," en Gabriela Nouzeilles (comp.), *La naturaleza en disputa. Retóricas del cuerpo y el paisaje en América Latina*. Buenos Aires: Paidós, 2002.

Sobrino, Jon. *Monseñor Oscar Romero. Un Obispo con su pueblo*. Santander: Sal Terrae, 1990.

Steiner, George. *Grammars of Creation*. New Haven: Yale University Press, 2001.

Westhelle, Vítor. "Creation Motifs in the Search for a Vital Space. A Latin American Perspective," en Susan Thistlethwaite y Mary Potter Engel (eds.), *Lift Every Voice. Constructing Christian Theologies from the Underside*. Maryknoll: Orbis, 1998.

VI. ¿POR QUÉ UN DIOS BUENO PERMITE EL MAL Y EL PECADO?

1. El problema de la teodicea

1.1. ¿Qué es la teodicea?

La existencia del sufrimiento y del mal constituye un gran desafío para la fe en un Dios amoroso, quien, además, creó y sostiene al mundo. No es inusual preguntarnos, aun desde la confianza en el Dios de amor: ¿Cómo puede Dios permitir tanto sufrimiento? ¿Qué sentido tiene orar "líbranos del mal" en el Padrenuestro, si después siempre el mal termina afectándonos igualmente? ¿Será Dios realmente omnipotente, si permite la existencia del mal? O, si existe el mal y Dios permite que nos afecte y nos haga sufrir, ¿Será Dios verdaderamente misericordioso? Dada la realidad injusta y sufriente del mundo ¿Cómo podemos compatibilizar la creencia en un Dios poderoso y a la vez misericordioso? Gustavo Gutiérrez** plantea preguntas semejantes bella y tajantemente, desde la difícil realidad de América Latina:

> "¿De qué manera hablar de un Dios que se revela como amor en una realidad marcada por la pobreza y la opresión? ¿Cómo anunciar el Dios de la vida a personas que sufren una muerte prematura e injusta? ¿Cómo reconocer el don gratuito de su amor y de su justicia desde el sufrimiento del inocente? ¿Con qué lenguaje decir a los que no son considerados personas, que son hijos e hijas de Dios? Estos son los interrogantes fontales de la teología que surge en América latina, y sin duda también en otros lugares del mundo en que se viven situaciones semejantes."[1]

Estamos ante el problema de la *teodicea*.

La palabra *teodicea* es un relativo neologismo, propuesto por Gottfried W. Leibniz (1646-1716) sobre la base de las palabras griegas *theós* (Dios) y *diké* (justicia), para reflejar la pregunta: ¿Cómo hemos de justificar a Dios ante la existencia del mal? Si bien la palabra en sí es relativamente reciente, la formulación clásica de este problema ya fue desarrollada por el filósofo griego Epicuro (341-271 a.C.) y retomada desde una perspectiva cristiana por el apologista*

---

1 *Hablar de Dios desde el sufrimiento del inocente: una reflexión sobre el libro de Job* (Salamanca: Sígueme, 1988), 18-19.

Lactancio** en su *Tratado sobre la ira de Dios*.[2] Según su planteo, si existen tanto Dios como el mal, tal coexistencia sólo puede resolverse lógicamente de alguna de las siguientes cuatro maneras:

(a) Dios quiere quitar el mal, pero no puede hacerlo;
(b) Dios puede quitar el mal, pero no está dispuesto a hacerlo;
(c) Dios no quiere ni tampoco puede quitar el mal;
(d) Dios quiere y puede quitar el mal.

¿Será alguna de estas cuatro alternativas la respuesta de la fe cristiana ante el problema de la teodicea? Exploraremos en primer lugar dos modelos cristianos clásicos que intentan dar respuesta al problema de la teodicea.

Acerca del mal

Generalmente, al hablar acerca del problema del mal, se distingue entre el mal "natural" y el mal "moral". El mal *natural* es aquel mal que surge con aparente independencia de todo accionar humano, pero que causa sufrimiento en los seres humanos y en otras criaturas. Se trata en particular de los llamados desastres naturales, tales como terremotos, huracanes, sequías o inundaciones. El mal *moral*, por otra parte, es aquel mal originado por los seres humanos, denominado a veces también *pecado*. El efecto multiplicador del mal moral aparece ya en los primeros capítulos del libro de Génesis, por ejemplo en la progresión de la violencia que se observa entre el asesinato de Abel por su hermano Caín, y la vengativa declaración de Lamec: "Un varón mataré por mi herida/Y un joven por mi golpe./Si siete veces será vengado Caín,/Lamec en verdad setenta veces siete lo será" (Génesis 4:23–24). Es notable que al final del capítulo 4 de Génesis se afirma que "Entonces los seres humanos comenzaron a invocar el nombre de Yahvé" (v. 26). Ante la multiplicación primigenia de los males morales y naturales, surge la invocación del nombre de Dios y con él, presumiblemente también el reclamo de justicia.

El "misterio de la iniquidad" requiere por un lado que se lo articule y confronte, pero por otro exige el silencio del respeto y de la congoja ante el sufrimiento de la criatura, que no puede ser absorbido por ningún intento explicativo. Por eso conviene acercarse a las respuestas teóricas clásicas al problema de la teodicea con la disposición de aplicar las lecciones que puedan ser aprendidas del

---

2 Lactancio, *Sobre la ira de Dios*, trad. Marcela Islas Jacinto (México: UNAM, 2020).

sufrimiento y del mal en la propia vida, pero con reticencia a la hora de querer aplicárselas a la vida del prójimo sufriente.

1.2. Dos respuestas clásicas al problema de la teodicea[3]

1.2.1. La teodicea agustiniana

Agustín**[4] trata el problema de la teodicea en muchas de sus obras, de manera multifacética y compleja. Podemos identificar dos ejes centrales en su pensamiento sobre el problema del mal, que han tenido gran influencia sobre todo el pensamiento cristiano posterior sobre el tema:

(a) *¿Qué es el mal?* Agustín desea examinar si el mal es *constitutivo de la realidad* en un sentido último, para averiguar entonces cuál es su verdadera naturaleza. La respuesta de Agustín es que el mal no tiene *entidad* en sí mismo, sino que es una ausencia o privación del bien (*privatio boni*). Agustín no niega la existencia del mal: reconoce la presencia opresiva del mal y del pecado. Lo que ha ocurrido es que la creación, que en sí misma es buena, ha funcionado con algunos desperfectos. ¿Cómo puede ser esto? Para Agustín, solamente Dios es perfecto e inmutable. En cambio, la creación que Dios hizo de la nada (*ex nihilo*), es por definición, *mutable* y, por consiguiente, capaz de ser corrompida. El mal no es otra cosa que esta corrupción de algo bueno pero mutable. Cuando aparece el mal en una criatura, quiere decir que la criatura renuncia a su papel en el esquema divino y deja de ser aquello para lo cual fue creada. En este sentido no existen criaturas totalmente malas, sino distorsionadas. El bien original es la condición de la existencia de una criatura, mientras que el mal es su distorsión o la privación de ese bien. Así, el mal en el universo es algo secundario y parasitario, no algo primario y esencial.

(b) *¿De dónde proviene el mal?* La respuesta de Agustín a esta pregunta es la llamada "defensa del libre albedrío", por la cual explica tanto la existencia del mal moral o pecado como la existencia del sufrimiento humano en sus muchas formas (por ejemplo, el dolor físico y la ansiedad). *La idea del abuso del libre albedrío es el meollo de la teodicea agustiniana.* La criatura se aleja de Dios, su Bien Supremo, y voluntariamente dirige su ser hacia algún bien menor, hacia alguna criatura. Confunde lo Último (Dios) con lo penúltimo (cualquier cosa que no sea Dios). No es que la criatura penúltima hacia la cual dirige su interés sea mala en sí misma; lo malo es darle la prioridad por sobre Dios. Para Agustín, esto fue lo

---

3 En esta sección seguimos a John Hick, *Evil and the God of Love* (London: Fontana, 1970).

4 Hick ubica en esta tradición también a Hugo de San Víctor, Tomás de Aquino, Juan Calvino, Karl Barth y el mismo Leibniz.

que ocurrió en la caída de los ángeles antes de los tiempos del mundo, en la caída de Adán y Eva en el Edén y en la continua pecaminosidad humana actual. Si bien Agustín puede decir que la soberbia es el primer paso hacia el pecado, el origen del mal finalmente está escondido en el misterio de la libertad de los seres finitos.

Cabe agregar que Agustín considera que para Dios todas las cosas, inclusive el pecado y su castigo, finalmente podrán ser combinados e integrados de tal manera que formen una armonía maravillosa que supere todo lo imaginado.

Pueden mencionarse tres importantes énfasis teológicos que se derivan de la lógica de la teodicea agustiniana:

(a) *El universo creado es bueno.* La teodicea agustiniana, de hecho, está basada en las doctrinas de Dios y de la creación. Dios es bueno y es lo Bueno. Por consiguiente, toda su creación también es buena.

(b) *El sufrimiento humano es castigo por el pecado.* Agustín sostiene que toda aflicción es resultado del pecado. Ese pecado puede ser propio o ajeno. El sufrimiento puede ser consecuencia del pecado original primigenio (la alienación humana frente a Dios, simbolizada por la historia de la "caída" de Adán y Eva) o bien de los pecados personales y contemporáneos.

(c) *Feliz es la culpa que llevó a que Dios manifestara su misericordia. O felix culpa* es un himno antiguo, datado entre los siglos V-VII, de autoría incierta. En él se expresa "¡Oh pecado verdaderamente necesario de Adán, cancelado por la muerte de Cristo! ¡Oh feliz culpa que ameritó tan grande Redentor!". La idea es que aun si Dios permitió la existencia del mal, la redención que surgió como consecuencia es de tal calibre que supera incluso a lo habría sido un universo inmaculado.

1.2.2. La teodicea ireneica

La concepción agustiniana acerca del mal y del pecado es tan conocida e influyente que se la suele considerar sin más como la única postura cristiana frente al problema: para Agustín, antes de la desobediencia simbolizada por Adán y Eva, el ser humano se encontraba en un exaltado estado de "justicia original". Agustín identificaba a la serpiente con Satanás y creía que de la caída habían resultado la mortalidad de la especie humana y su tendencia moral negativa. En el texto mismo de Génesis 3, sin embargo, lo que aparece es un estado de simplicidad: no tanto un paraíso, cuanto un jardín terrenal que debe ser atendido. La serpiente aparece simplemente como un animal, no como un ángel caído; tampoco hay rastros de una doctrina de pecado original. Así, mientras que todas las tradiciones cristianas tienden a reconocer una *tendencia al pecado* (es decir, a la alienación y al distanciamiento de Dios) en los seres humanos, la idea de la *culpa* de Adán como culpa compartida por toda la raza humana y transmitida fisiológica o socialmente, es una idea agustiniana y calvinista, no aceptada por toda la teología cristiana. Otra interpretación es la que ofrece Ireneo**.

En su *Demostración de la predicación apostólica*, también conocida como *Epideixis*,[5] Ireneo se imagina a Adán y Eva en el jardín del Edén como niños. Su pecado no es resultado de una rebelión soberbia, sino de su debilidad y vulnerabilidad. Dios en su inmensa compasión responde a esa debilidad y preserva la libertad de los seres humanos. La vida de las personas consiste en un proceso de crecimiento espiritual gradual, en el cual se confrontan con la experiencia del bien y del mal y van aprendiendo a discernir entre ambos, de manera que logran apreciar el bien por el bien mismo. Ireneo sugiere, pues, que el ser humano fue creado en "imagen" (*eikōn*) de Dios, pero que –como criatura imperfecta e inmadura– necesitaba pasar por el desarrollo y el crecimiento moral y que finalmente llegaría a la completitud deseada por el Creador, es decir, a la "semejanza" (*homoíōsis*) con Dios. La caída fue algo ocurrido en la infancia de la raza humana, no un crimen adulto y por lo tanto imputable. La mezcla de bien y mal en el mundo constituye un ambiente apropiado para el desarrollo del ser humano hacia la perfección deseada por Dios.

La idea del ser humano como criatura en proceso de desarrollo –que puede denominarse una antropología *teleológica*– fue retomada por teólogos posteriores tales como Clemente de Alejandría** y Gregorio Nacianceno**. También aparecen ideas similares en Schleiermacher**. Sin embargo, nunca fue sistematizada a la manera de la teodicea occidental de Agustín. De todas maneras, también surgen algunos énfasis teológicos propios de esta concepción:

(a) Dios es el responsable de haber creado un universo en el que existe el mal, por motivos buenos y justificables.

(b) El ser humano fue creado por Dios para estar en comunión con su Creador y es valorado por el amor divino como un fin en sí mismo. El mundo existe como ámbito en el cual el ser humano ha de desarrollarse, y las imperfecciones del mundo sirven para fomentar ese proceso gradual.

(c) A diferencia de la teodicea agustiniana, con su hincapié *protológico** sobre la caída, la teodicea ireneica tiene un énfasis *escatológico*: mira hacia el futuro y hacia los propósitos finales de Dios con su creación. La caída es un episodio del pasado, pero no un momento catastrófico y crucial.

(d) En la teodicea ireneica es difícil postular la doctrina de un castigo eterno, pues eso daría a entender la existencia de un pecado incapaz de ser expiado y un sufrimiento infinito, sin que algunos seres humanos alcanzaran aquella madurez para la cual fueron creados.

---

5 Ireneo de Lyon, *Demostración de la predicación apostólica*, trad. Eugenio Romero (Madrid: Ciudad Nueva, 1992).

1.2.3. Posibles críticas

¿Cuáles son algunas de las críticas que se dirigen a estas dos teodiceas teóricas? Dada la inmensidad de las maldades y de los sufrimientos que pueblan nuestra historia, parecieran demasiado débiles tanto la formulación del mal como "privación del bien" como la idea del mal como momento pedagógico. Basta en pensar en dos grandes males: los exterminios de millones de seres humanos por su origen étnico o religioso y la posibilidad atómica o ecológica de la autodestrucción de la humanidad. ¿Qué puede decirse ante la abominación de la exterminación de personas sobre la base de su etnia, como ocurrió por ejemplo de los pueblos indígenas en la "conquista del Oeste" estadounidense y la "conquista del Desierto" argentina, de armenios en Turquía, de judíos y gitanos en la Alemania nazi o de hutus y tutsis en el África oriental? Asimismo, a partir del desarrollo de las bombas atómicas, ya es posible destruir toda la vida humana sobre el planeta, y si no se llegara a la destrucción atómica, actualmente se está llevando a cabo una destrucción ecológica paulatina cuyas consecuencias están siendo igualmente mortales. ¿Puede decirse que este tipo de mal radical no tenga "entidad" en sí mismo? ¿Es posible que el Dios misericordioso revelado en Jesús haya querido permitir males tan atroces en pro de un mayor bien, por ejemplo, pedagógico? ¿Cómo hemos de *vivir* cristianamente ante la existencia de sufrimientos tan grandes?

Para profundizar: Niveles discursivos frente el problema del mal

Paul Ricoeur subraya que no es posible proceder ordenadamente a la consideración de la teodicea propiamente dicha sin haber atravesado varias etapas.[6] Señala la existencia de por lo menos cinco estadios discursivos:

(a) El estadio del *mito*. Este estadio presenta el origen del mal de manera ambigua y paradójica. Un ejemplo clásico es el relato de la "caída" en el Génesis, que puede ser interpretado de múltiples maneras. Este estadio tiene la virtud de articular lingüísticamente la dimensión demoníaca de la experiencia del mal y de preparar el camino a las teodiceas racionales, al hacer hincapié sobre el problema de los orígenes: ¿De dónde sale el mal?

---

6 Paul Ricoeur, *Le mal. Un défi à la philosophie et à la théologie* (Genève: Laber et Fides, 1986), 18–38. La descripción de los cinco estadios pertenece a Ricoeur.

(b) El estadio de la *sabiduría*. Si bien trata el problema del "por qué", el mito deja sin contestar la pregunta "¿Por qué *yo*, por qué *a mí*?" Un problema central de la teodicea es precisamente tratar de explicar por qué la condición humana es tal en la vida de cada persona, no solamente a un nivel general. El discurso *sapiencial* intenta, de diversas maneras, responder a esa pregunta personal. Una explicación que ofrece es la de la *retribución*: El sufrimiento que experimenta cada persona es merecido porque es el castigo de un pecado individual o colectivo, conocido o desconocido. El libro de Job ilustra el debate que surge cuando trata de aplicarse a rajatabla tal explicación, preguntando, ¿Y qué del justo que sufre? Sin embargo, el libro termina de manera enigmática, pues la teofanía final no provee respuesta directa al problema del sufrimiento personal de Job, sino que –al parecer– más bien plantea el desafío de amar a Dios por quien es Dios mismo, en cualquier circunstancia, y no por los beneficios palpables que pudiera aportar la fe.

(c) El estadio de la *gnosis* y de la *gnosis antignóstica*. La gnosis eleva la especulación acerca del origen del mal al rango de una gigantomaquia, por la cual las fuerzas del bien libran combate contra las fuerzas del mal, en vista a la liberación de todas las partículas de luz que hayan quedado atrapadas en las tinieblas de la materia. El desafío de este planteo marcó profundamente la conciencia teológica de occidente. Como vimos arriba, Agustín (354–430) ofrece una contrapropuesta a tal cosmovisión* gnóstica, según la cual el mal no es considerado una *sustancia*, sino una *deficiencia* o privación de lo creado: las criaturas dotadas de libre albedrío eligieron alejarse de Dios e inclinarse hacia lo que es menos que el Ser, es decir, hacia la Nada. Visto así, todo mal se constituye como *peccatum* (pecado) o bien como *poena* (castigo): se trata de una visión puramente *moral* del mal, según la cual finalmente no existe el sufrimiento injustificado, pues todo sufrimiento es consecuencia de algún pecado. Para mantener la coherencia de esta doctrina, es necesario postular una dimensión sistémica del pecado que supere lo individual, lo que se logra con la doctrina del *pecado original*. Así se explica la experiencia de la fuerza del mal, que aparece antes de toda iniciativa que se le pudiera atribuir a cualquier individuo particular. El problema de este estadio es que se trata de un *mito racionalizado*, en el que se conjugan dos nociones heterogéneas: la idea de la transmisión biológica o generacional del pecado y la idea de la imputación individual de culpabilidad. Se rechaza el contenido de la gnosis helenística, pero se mantiene un discurso gnóstico y mítico. Escondido en la inculpación masiva del género humano, sigue sin respuesta el problema del sufrimiento injusto del individuo.

(d) El estadio de la *teodicea*. Es correcto hablar de la teodicea propiamente dicha cuando se parte del problema sugerido por las tres proposiciones básicas (Dios es todopoderoso; su bondad es infinita; existe el mal), y se intenta resolver apologética y sistemáticamente su aparente contradicción, sin traicionar a la lógica. El intento clásico por darle forma a una teodicea de este tipo es la *Theodicée* de Leibniz, en la que el autor concluye optimistamente que el mundo existente es "el mejor de todos los mundos posibles". Sin embargo, el problema es que este mundo nos confronta con sufrimientos indecibles y monstruosos –naturales y morales– que socavan semejante optimismo. ¿Puede acaso hablarse del mejor de todos los posibles mundos frente a las víctimas de los campos de concentración, del hambre, de las guerras, del desastre ecológico de la era antropocena?

(e) El estadio de la *dialéctica fragmentada*. Karl Barth[7] establece que solamente una teología que haya renunciado a un sistema perfectamente construido y cerrado puede pensar el mal, pues el mal no es conciliable con la bondad de Dios ni con el carácter bueno de la creación. Barth reserva el término de *das Nichtige* (la Nada) para el mal en este sentido, diferenciado del lado negativo de la experiencia humana. Imagina una *Nada* hostil a Dios, que no solamente implica deficiencia y privación en un sentido pasivo, sino también corrupción y destrucción activa. De esta manera trata de tomar en cuenta la protesta del sufrimiento humano que no puede clasificarse como retribución ni como aspecto de la providencia. ¿Puede "pensarse" la teodicea de esta manera? Barth propone pensarla de *manera diferente* a la de la teodicea tradicional, desde una perspectiva cristológica. En la cruz, Cristo venció las fuerzas de la Nada; gracias a su triunfo en la cruz, el mal no nos puede anonadar, pues el Enemigo *ya ha sido vencido*. Dios es soberano sobre la Nada (*opus alienum*) y es soberano sobre la creación buena (*opus propium*); reina sobre el mal que está a su izquierda y

---

7 Karl Barth, *Die Kirchliche Dogmatik*, III/3 (Zollikon-Zürich: Evangelischer Verlag, 1954), § 50.

el bien que está a su derecha, de modo coordinado, pero no conciliable.

Podría decirse que Barth, si bien acepta el problema planteado por la teodicea, no lo resuelve por medio de la lógica de la no-contradicción, sino que recurre a la *paradoja*. El límite de este tipo de propuesta es que, si no se reconoce que estamos ante una *aporía*, es factible que se termine por recurrir a especulaciones acerca del costado demoníaco o "izquierdo" de Dios mismo, para lograr un cierre lógico del problema.

1.3. La praxis de una teodicea cristomórfica[8]

Como bien señala Paul Ricoeur**, el problema del mal no es solamente un problema *especulativo*, sino que exige una convergencia entre el pensamiento, la acción y la transformación espiritual de los sentimientos[9]. En última instancia el mal y el sufrimiento no pueden "explicarse": son irreductibles a una explicación teórica por su misma envergadura. ¿Cómo explicar a unos padres atribulados el supuesto "sentido" de la muerte prematura de un hijo? En estos casos es mejor callar y acompañarlos en el sufrimiento. Ese acompañamiento puede ser, sin embargo, un acompañamiento con *esperanza* para quienes confían en la misericordia y la presencia de Dios, aun en medio del sufrimiento irreductible a la explicación. Para la fe cristiana, este tipo de confianza nace de la *cruz y la resurrección de Cristo*.

Este acercamiento a la teodicea no pretende desarrollar una teoría global de la cual puedan deducirse aplicaciones a cada caso. Más bien, comienza inductivamente desde la experiencia de las *víctimas* y se pregunta: ¿Dónde está Dios cuando sus criaturas sufren? Cuando se entiende a Dios desde la crudeza de la muerte en cruz de Cristo y no desde una idea filosófica abstracta de Dios, la respuesta es: *Dios acompaña en su sufrimiento a quienes sufren*; cuando se entiende a Dios desde la luz de la resurrección de Cristo, la esperanza concreta es: *este sufrimiento no tendrá la última palabra*. En Jesucristo, Dios mismo demostró que el mal y el sufrimiento no siempre pueden ser evitados. Esto constituye un misterio y una pregunta sin respuesta teórica. Pero no constituye un callejón sin salida, pues ante el dolor sin respuesta, ante el "Dios mío, Dios mío, por qué me has desamparado", está también el acompañamiento de Aquel que resucitó a Jesucristo de entre los muertos y que promete que finalmente toda lágrima, todo llanto, todo clamor y todo dolor pasarán (Apocalipsis 21:1-7). La presencia de su Espíritu *ahora* reconforta a los y las sufrientes, los vivifica y les da las fuerzas para servir a otras personas que están sufriendo.

---

8 Es decir, que toma la "forma" de Cristo.
9 Cfr. Ricoeur, *Le mal*, 38ss.

He aquí una clave para la práctica ante el sufrimiento y el mal sin explicación: Dios, en cuanto Padre de Jesucristo, ha demostrado en la historia y en la vida concreta que es Dios de misericordia y de consolación. Según Pablo, ese Dios *nos consuela en todas nuestras tribulaciones, para que podamos también nosotros consolar a los que están en cualquier tribulación, por medio de la consolación con la que nosotros somos consolados por Dios.* Agrega que si bien abundan en nosotros aflicciones idénticas a las que sufrió Jesucristo, *abunda también por el mismo Cristo la consolación* (2 Corintios 1:3-5). Estamos ante una teodicea práctica, más preocupada por el acompañamiento de las personas que sufren que por armonizar la existencia del mal con Dios. El hecho es que en Cristo Dios mismo asume el sufrimiento; la fe en él no nos exime de sufrir. En sí mismo, ese sufrimiento no tiene sentido. No obstante, el hecho de que Dios nos consuele por Cristo en el sufrimiento nos rehabilita para consolar a otras personas y ayudar a que sean vivificadas y rehabilitadas por la fe en el Dios que camina solidariamente con su creación aun en el valle de la muerte, mostrándonos que ese valle no es el final del camino.

Como escribe, bellamente, Dorothee Sölle**[10]

"Podemos cambiar las condiciones sociales bajo las cuales sufren los seres humanos. Podemos cambiar y aprender del sufrimiento en vez de empeorar. Podemos, de forma gradual, hacer retroceder y suprimir incluso aquel sufrimiento que se produce para provecho de unos pocos. Pero en todos estos caminos tropezamos con fronteras que no se dejan traspasar. No sólo la muerte es una de esas fronteras. También se nos presentan el embrutecimiento y la falta de sensibilidad, mutilaciones y heridas que ya no se pueden eliminar. *El único medio de traspasar estas fronteras consiste en compartir el dolor con los que sufren*, no dejarlos solos y hacer más fuerte su grito".

Este es el camino que Dios ha revelado en Jesucristo y que faculta hoy por su Espíritu: una teodicea práctica. La posibilidad de la transformación del ser humano a través de la compasión es una respuesta tan central al problema del mal como lo son los planteamientos teóricos acerca de la teodicea. En palabras de Wendy Farley, "la práctica de la teodicea significara participar en una respuesta compasiva al mal antes que tratar de justificarlo." Nos recuerda que la respuesta decisiva al mal no son las exposiciones ni las justificaciones, sino la compasión: "Leer o escribir palabras como estas constituye la sombra de una respuesta al mal, no una respuesta real."[11]

---

10 D. Sölle, *Sufrimiento* (Salamanca: Sígueme, 1978), 180.
11 Wendy Farley, "The Pain-Dispelling Draft: Compassion as Practical Theodicy" en *Perspectives in Religious Studies*, 26 nro. 3 (1999) 291-302.

Junto con la compasión por quienes sufren, otro componente que aparece en muchas tradiciones religiosas es la necesaria resistencia al mal: lo que la epístola a los Efesios llama "resistir en el día malo" (Efesios 6:13). Una autora, que escribe desde el contexto del acompañamiento de quienes han sufrido de abusos sexuales, habla en este sentido de la "resistencia compasiva" que puede surgir cuando hacemos propia la "feroz ternura" de Dios. Frente al sufrimiento de los y las inocentes, no podemos "arreglar" todo para que todo esté bien, pero la práctica de acompañar en la resistencia al mal, inclusive en las pequeñas cosas, empodera tanto a los que acompañan solidariamente en la escucha y en las acciones, como a las personas que sufren de manera más directa.[12]

Así es que algunas de las propuestas actuales más lúcidas que nos ayudan a desarrollar una respuesta a la teodicea no emergen desde la teología sistemática, sino desde la teología espiritual y de la teología pastoral. Un ejemplo es la obra del pastoralista escocés John Swinton, que además de ser teólogo es enfermero especializado en el cuidado de personas con discapacidades físicas y mentales. Entre las dimensiones de la praxis frente al mal y al sufrimiento que propone, quisiera subrayar dos: el lamento y el perdón.[13]

La posibilidad de lamentarnos y expresarnos libremente ante Dios para reclamar justicia y pedirle que nos manifieste su misericordia es una dimensión fundamental de la fe, como podemos ver claramente en los Salmos. En el Salmo 44, por ejemplo, el salmista le pregunta a Dios:

¿Por qué escondes tu rostro,
Y te olvidas de nuestra aflicción,
y de la opresión nuestra?
Porque nuestra alma está agobiada hasta el polvo,
Y nuestro cuerpo está postrado hasta la tierra.
Levántate para ayudarnos,
Y redímenos por causa de tu misericordia.

El salmista puede protestar y lamentarse de una manera tan abierta y profunda, porque confía en el amor de Dios a pesar de las circunstancias terribles (probablemente el exilio babilónico y la destrucción de Jerusalén y de Judá). El reclamo y el lamento siempre tienen que ver también con una relación de confianza en Dios basada en nuestro camino de fe aunque por momentos parezca que ha escondido el rostro y no podamos discernir su accionar. Aquí es que entra en juego también la memoria: recordamos las otras veces que Dios nos

---

12 Nancy Ramsay, "Compassionate Resistance: An Ethic for Pastoral Care and Counseling" en *The Journal of Pastoral Care* 52 nro. 2 (1998) 217-226.
13 John Swinton, *Raging with Compassion. Pastoral Responses to the Problem of Evil*, Grand Rapids, Eerdmans, 2007.

acompañó, y eso nos ayuda a profundar nuestra espiritualidad y nuestra relación con un Dios que nunca acabamos de captar ni de encasillar.

El perdón es otra dimensión de la práctica de la resistencia al mal que requiere que tomemos en cuenta la solidaridad, la esperanza y la memoria. El perdón no tiene que ver con el olvido, sino con quebrar el ciclo de venganza que termina por engullirnos si no tenemos cuidado. Cuando Jesús, que se está muriendo ejecutado por los romanos, dice "Padre, perdónalos," no quiere decir que tengamos que olvidarnos de lo que pasó o que no sean responsables por sus acciones. Quiere decir que Jesús apuesta por otra manera de sobreponerse al mal, que en vez de devolver mal por mal, vislumbra la posibilidad de transformación tanto de quienes actúan en enemistad, como la propia. El perdón no puede significar dejar de lado la solidaridad con los y las sufrientes, pero sí tiene que ver con la esperanza de que inclusive los opresores puedan ser transformados. Aquí hay que tener cuidado: no tengo derecho alguno a decirle a alguien que ha sufrido males incalculables a manos de torturadores, de violadores o asesinos que los "tiene que perdonar". Esa no es una exigencia que le podamos imponer a ninguna persona que haya sufrido en manos de otra. Y, sin embargo, quisiera poder dejarme transformar por el testimonio de aquellos que –aun habiendo experimentado atrocidades– logran desprenderse del odio y confiar que la justicia de Dios se encargará de todo aquello que la justicia humana no logre. Cuando se habla del perdón, la memoria es importante porque sin ella las víctimas serán olvidadas y triunfarán los victimarios. La solidaridad requiere que siempre nos ubiquemos del lado de las víctimas, pero la esperanza busca algo más que la venganza: busca la transformación o la conversión al bien de aquellos y aquellas que habían hecho el mal, para que no se repita.

Recordar la historia de Jesús y las historias de nuestros antepasados y antepasadas (memoria); responder solidariamente a las necesidades concretas de los y las demás sin aislarnos en el individualismo; imaginar en la esperanza que nace de la resurrección alternativas de cambio al sistema imperante; y profundizar por el Espíritu de Dios la relación con Dios, con nuestros semejantes y con la creación: son todas prácticas que nos ayudan a la hora de confrontarnos con el mal y el sufrimiento.[14]

2. El problema del pecado

2.1. ¿Qué es el pecado?

A través de toda la discusión acerca de la teodicea ha aparecido, junto con el mal y el sufrimiento, la figura del *pecado* humano. De hecho, la pregunta análoga a "¿Cómo justificar a Dios?" (*teodicea*) es "¿Cómo justificar al ser humano?"

---

14 Cf. Cornelius J. Dyck, "The Suffering Church in Anabaptism," en *Mennonite Quarterly Review* 59 (1985) 5-23.

(*antropodicea*). La temática del pecado del ser humano y el ser humano como pecador merece también algunas consideraciones específicas.

Vale la pena subrayar que la visión agustiniana de la caída y del pecado, esbozada brevemente arriba, ha marcado de un modo tan profundo nuestro entendimiento de lo que significa el pecado humano, que es muy difícil acercarse al tema por otra vía. Para Agustín, como consecuencia de la caída, la capacidad original del ser humano de *no pecar* se transformó en la *incapacidad de no pecar*. Por ende, entiende el estado pecaminoso como algo compartido por todos los seres humanos en cuanto constituyen una única raza humana proveniente de Adán. Así, afirma que el pecado es "de algún modo hereditario". Argumentando jurídicamente, Agustín plantea que los descendientes de Adán asumen la responsabilidad legal propia de su padre genérico y genético, Adán. Es análogo a una deuda financiera asumida por hijos e hijas de padres deudores. Así, se heredan las consecuencias efectivas del pecado, en especial la "concupiscencia" de la carne, de los ojos y la soberbia (Agustín se basa en 1 Juan 2:16). Si bien para Agustín la sexualidad no es sinónimo de pecado, considera que la procreación no es "pura", pues ocurre bajo el dominio de la concupiscencia, por lo que puede ser un medio para la transmisión del pecado. ¿En qué consiste ese pecado? Esencialmente, en un *rechazo de Dios* que se manifiesta como exagerado egocentrismo, amor propio, increencia y soberbia.

Una trampa para las mujeres

Como señala Otto Weber, hay una doble vertiente en la doctrina del pecado (o "hamartiología") de Agustín: por un lado, considera que el pecado consiste en un rechazo de Dios que ahora en Cristo ha sido superado por la gracia; por el otro lado ve al pecado casi como un defecto ontológico inamovible. Las dos vertientes han sido utilizadas en la tradición teológica dominante para estigmatizar a las mujeres: por un lado, acusando a Eva (y por ende a sus hijas) de ser la instigadora principal del pecado de la soberbia, y por el otro, acusando a las mujeres de ser quienes provocan a los varones a practicar actos que transmiten el pecado hereditario. Ninguna de las dos acusaciones tiene un fundamento bíblico sólido. Es irónico que la hermenéutica* misma del pecado pueda ser en sí misma pecaminosa, en cuanto le quita vida y posibilidades –como en este caso– a las mujeres.

La idea del pecado entendido como *hybris* o *superbia* (arrogancia, soberbia, pretender ser igual que Dios) ha marcado fuertemente la tradición* llamada occidental o latina, tanto la católica como la protestante. Sin embargo, tal concepción del pecado es insuficiente. Si bien la arrogancia de querer ser igual a Dios es una forma importante de pecado, no es la única. También es posible que el pecado se manifieste como falta de autoestima o autonegación, lo que en la Edad Media solía denominarse *acedia* o *tristitia*. Esto ha sido señalado con especial énfasis en los últimos años por las teologías feministas[15]. Si bien estas teologías no son monolíticas y tienen muchas voceras diferentes, pueden detectarse algunos ejes hamartiológicos compartidos[16]:

- Se critica la comprensión individualista y privatizada del pecado que generalmente ha dominado los tratados clásicos sobre el pecado.
- Se desplaza la comprensión del pecado entendido como soberbia, desobediencia y alienación hacia una comprensión del pecado visto como violación de una relación correcta, traición de la confianza, preponderancia de injusticia, disparidad en la distribución del poder o configuración de sistemas tiránicos de opresión.
- Se toma en cuenta la realidad sistémica y corporativa del mal, tratando de identificar los contextos humanos particulares que dan lugar a las expresiones del pecado o del mal.

Este tipo de énfasis es compartido por buena parte de la teología latinoamericana de la liberación*. Jon Sobrino**, por ejemplo, concibe del pecado como aquello que *quita vida* o aquello que *da muerte*:

"El pecado lleva a la muerte del pecador, pero antes de eso el pecado da muerte a los otros. Pecado es lo que dio muerte al Hijo de Dios, y pecado es lo que sigue dando muerte a los hijos de Dios."[17]

Tener esto presente nos ayuda a ver que "errarle al blanco", como suele definirse el pecado desde la etimología bíblica, es mucho más que la transgresión a una concepción abstracta del bien: tiene consecuencias nocivas para la creación buena de Dios, en todas sus dimensiones.

2.2. Reconocimiento y superación del pecado

En realidad, solamente somos capaces de reconocer nuestras complicidades con el pecado a nivel personal y estructural cuando nos ilumina la luz de Dios. El

---

15 El ensayo clásico en este sentido es el de Valerie Saiving, "The Human Situation: A Feminine View" en: Carol P. Christ y Judith Plaskow (eds.), *Womanspirit Rising: A Feminist Reader in Religion* (San Francisco: Harper & Row, 1979), 25–42.
16 Aquí nos ajustamos al resumen de Christine M. Smith, "Sin and Evil in Feminist Thought", en *Theology Today* 50 (1993/94), 210s.
17 "América Latina: lugar de pecado, lugar de perdón", en: *El principio-misericordia. Bajar de la cruz a los pueblos crucificados* (Santander: Sal Terrae, 1992), 101.

Crucificado y Resucitado nos mira a los ojos y nos otorga su perdón junto con el don de gracia que nos capacita para llegar a la confesión de nuestro pecado personal (ver Hechos 5:29-32). Así, Dios nos ayuda a salir del mortal movimiento pendular entre la soberbia y la falta de autoestima, entre creernos iguales a Dios y creer que no valemos nada. Nuestro pecado no se limita a una esfera estrictamente individualista, sino que también implica complicidad con estilos de vida y estructuras opresivas que quitan vida sobre todo a los y las más débiles. Por eso, la confesión de fe que incluye el pedido de perdón de nuestro pecado nos lleva a vivir de otra manera, como *justificados* por aquella justicia de Dios que no retribuye lo que nos mereceríamos, sino que –como vimos en el capítulo 3– nos justifica y habilita para vivir en plenitud. Tal vida en plenitud lleva a "arrancar" y a "plantar": el Espíritu de Dios nos ayuda a identificar, denunciar y sacar malezas, así como a sembrar semillas de vida, tanto en la esfera personal como en la esfera social.

Bibliografía seleccionada

Agustín de Hipona. *Obras de San Agustín.* Madrid: Católica, 1946.

Barth, Karl. *Die Kirchliche Dogmatik* III/3. Zollikon-Zürich: Evangelischer Verlag, 1957.

Hick, John. *Evil and the God of Love.* London: Fontana, 1970.

Ricoeur, Paul. *Introducción a la simbólica del mal.* Buenos Aires: La Aurora, 1976.

Saiving, Valerie. "The Human Situation: A Feminine View", en Carol P. Christ y **Plaskow, Judith** (ed.). *Womanspirit Rising: A Feminist Reader in Religion.* San Francisco: Harper & Row, 1979.

Smith, Christine M. "Sin and Evil in Feminist Thought", en *Theology Today* 50 (1993/94).

Sobrino, Jon. *El principio-misericordia. Bajar de la cruz a los pueblos crucificados.* Santander: Sal Terrae, 1992.

Sölle, Dorothee. *Sufrimiento.* Salamanca: Sígueme, 1978.

VII. ¿QUIÉN ES JESÚS, EL CRISTO DE DIOS?

1. Para comenzar a pensar cristológicamente

Podría decirse que la cristología es el corazón de la teología. Los cristianos y las cristianas creemos en el Cristo* viviente y reconocemos a Jesús como el Cristo de Dios. A partir de ese reconocimiento de Jesús como el Cristo, el Hijo del Dios viviente que ha venido al mundo, que compartimos con Marta de Betania (Juan 11:27) y con Pedro (Mateo 16:16), tratamos de responder con los elementos a nuestra disposición siempre de manera renovada a la pregunta: "¿Y ustedes, quién dicen que soy yo?" (Mateo 16:15). Así, la cristología es en primera instancia nuestra respuesta o "palabra" sobre Cristo, la Palabra (Juan 1). La palabra cristológica de la que hablaremos presupone nuestra respuesta de fe, en la fuerza y con el discernimiento del Espíritu, a la *Palabra (Logos)* enviada por el Padre.[1]

Por cierto, la cristología, como *locus* o "lugar" doctrinal de la teología que se concentra en Jesucristo (tanto en su obra como en su persona), se centra en él, pero no es idéntica a nuestra fe en él. Es un *discurso* que brota de nuestra fe y que presupone y a la vez insta a una *praxis**. La cristología es, entonces, un punto neurálgico para todo nuestro desarrollo doctrinal y para nuestra práctica. Con esto en mente, vale la pena subrayar lo siguiente:

(a) No partimos de axiomas ni de reflexiones filosóficas, sino que nuestra fe se centra en un personaje histórico y en un hecho particular: la encarnación, atestiguada por las Sagradas Escrituras. Las "palabras" bíblicas sobre la Palabra, Jesucristo, son un punto de partida y una referencia constante para cualquier reflexión cristológica.

(b) En el rostro del Encarnado, Crucificado y Resucitado, vemos a Dios. El carácter de Dios no es otro que el carácter de Jesucristo; nada de lo que en una eternidad de gloria podamos aprender de Dios será contrario a lo revelado en y por el Hijo.

(c) Valdría la pena plantearse la hipótesis de trabajo: dime cuál es tu cristología, y te diré cuál es tu eclesiología. La elaboración cristológica desemboca por el Espíritu en una forma de *vivir* en torno a nuestro Señor, y esa forma de vivir en comunidad mucho tiene que ver con ser Iglesia en servicio al Reino de Dios.

---

1 Vemos, entonces, que desde el principio la cristología tiene una lógica trinitaria; ver también el capítulo 9.

El conocimiento de Jesucristo que tenemos no es simplemente "académico" o histórico; tiene que ver con la fe. Creer en Jesucristo no significa solamente saber algo acerca de él, sino también confiar en él y seguirlo. Así, la cristología implicará siempre también una *cristopraxis**, un camino de seguimiento. Ese seguimiento es a la vez una *confesión de fe* y un *acceso epistemológico*[2] a Jesucristo. Es una confesión de fe porque seguir a Jesucristo y proseguir por su camino es la forma más directa de proclamar nuestra confianza en él. En la época de la Reforma, el teólogo anabautista Hans Denck formuló esta idea paradigmáticamente cuando dijo que: "Nadie puede conocer a Cristo verdaderamente si no lo sigue con su vida". Los cristianos y las cristianas conocemos a Cristo y hablamos de él con la confianza que nace de la fe; a su vez, Jesucristo, el viviente, es mayor que todas nuestras confesiones de fe y todos nuestros credos. Sobrepasa toda nuestra reflexión teológica acerca de él. Por eso, al abordar la cristología es importante no confundir nuestro entendimiento limitado de Jesucristo –expresado en credos, confesiones de fe y formulaciones dogmáticas* y doctrinales*– con la totalidad de Jesucristo mismo.

Como cristianos y cristianas creemos en Dios por Jesús. Reconocemos en Cristo la *deiformidad* de Jesús, pero también la *cristiformidad* de Dios[3]. La fe cristiana sostiene que hay una imagen plena de Dios que es el resplandor de su gloria y la imagen misma de su sustancia: Jesucristo. Si queremos saber quién es y cómo es Dios, debemos mirar a Jesucristo. Esto ocurrirá por la fuerza del Espíritu, pues un papel fundamental del Espíritu es llevarnos a ver, contemplar y a seguir al Hijo, para que junto con él glorifiquemos al Padre. Así, la dinámica cristológica conlleva a su vez a una dinámica trinitaria.

Podemos resumir en tres puntos la centralidad de Jesucristo para la teología cristiana[4]

(1) *Jesucristo es el punto de partida histórico del cristianismo.*

El cristianismo es un movimiento de fe que emerge históricamente como resultado de la vida, obra, muerte y resurrección de Jesucristo. La fe cristiana no es una filosofía abstracta, sino una respuesta concreta de vida a las palabras de Jesucristo: sígueme. Sin Cristo el cristianismo no tiene nada que ofrecer; cuando se

---

2 Con "epistemología" nos referimos al *modo de conocer* algo.
3 Ver Jürgen Moltmann, *El Camino de Jesucristo: cristología en dimensiones mesiánicas.* (Salamanca: Sígueme, 1993), 67ss.
4 Alistair McGrath, *Historical Theology: An Introduction to the History of Christian Thought* (Oxford: Blackwell, 1998), 270ss.

trata de desplazar el lugar y la función de Jesucristo, se transforma en una religiosidad insulsa.

(2) *Jesucristo revela a Dios.* La fe cristiana sostiene que en Cristo está la presencia reveladora de Dios.

Jesús permite que conozcamos a Dios de un modo particular. Esta revelación de Dios ocurre en la persona misma de Cristo, de tal manera que decimos que "es" Dios. No nos habla acerca de Dios, sino que "él y el Padre una cosa son". Los cristianos y las cristianas creemos que es imposible hablar cabalmente de Dios como algo divorciado de la persona y la obra de Jesucristo.

(3) *Jesucristo define la forma de vida de los redimidos.*

El Nuevo Testamento habla de la "conformidad con Cristo". La ética y la espiritualidad cristianas consisten en parecernos a Jesucristo cada vez más. Jesucristo no solamente nos salva, sino que su persona es el modelo de la forma que ha de tomar esa salvación en nosotros.

---

2. Algunas raíces de la cristología del Nuevo Testamento[5]

Vale la pena detenernos a escuchar algunas de las "campanas" cristológicas que resuenan en el Nuevo Testamento y que han marcado profundamente nuestro lenguaje y nuestras presuposiciones cristológicas. Hemos elegido cuatro voces: Pablo, Marcos, Juan y la Epístola a los Hebreos.

2.1. Las estructuras básicas de la cristología paulina

La literatura paulina refleja una cristología muy rica. La escuela paulina sabe utilizar imágenes y elementos de la tradición judía, dándoles nuevos contenidos. Hay muchas formas posibles de organizar y analizar la compleja cristología paulina. Aquí no podemos hacer más que señalar algunos ejes importantes de la misma.

2.1.1. La historia de Jesús de Nazaret en Pablo

Una pregunta que a veces se hace es por qué Pablo habla tan poco de los detalles de la vida terrenal de Jesús. Algunos han pensado directamente que Pablo no le daba importancia a un Jesús de Nazaret histórico y que hablaba solamente de

---

5 En lo que sigue seguimos a Joachim Gnilka, *Teología del Nuevo Testamento* (Madrid: Trotta, 1998); Herman Ridderbos, *El pensamiento del apóstol Pablo* I (Buenos Aires: Certeza), 55-101; John Macquarrie, *Jesus Christ in Modern Thought* (SCM Press, 1990), 48-68.

un Cristo celestial. Sin embargo, es más probable que diera por sentado que sus lectores tenían la información relevante sobre Jesús, pues eran casi sus contemporáneos. Aunque no mencione tantos detalles como luego lo harán los evangelistas, sí hay claras muestras de que Pablo sabía que Jesús fue un personaje histórico con una trayectoria concreta. Podemos descubrir los siguientes puntos en sus escritos:

a. A diferencia de las teorías gnósticas*, Pablo enseña que Jesús fue un ser humano nacido de mujer y nacido bajo la ley (Gálatas 4:4), específicamente un miembro de la raza de Israel (Romanos 9:3-5), descendiente de David (Romanos 1:3).

b. Jesús tenía hermanos (1 Corintios 9:5), uno de los cuales se llamaba Santiago (Gálatas 1:19), considerado un pilar de la Iglesia de Jerusalén (Gálatas 2:9).

c. Jesús tuvo seguidores, entre ellos doce discípulos (1 Corintios 15:3-8).

d. El ministerio de Jesús se dirigió especialmente a la casa de Israel, en concordancia con lo que se había prometido a los patriarcas (Romanos 15:8).

e. La noche que fue traicionado, Jesús instituyó la Santa Cena (1 Corintios 11:23-26).

f. Jesús fue crucificado (muchas referencias, por ej. 2 Corintios 13:4).

g. Algunos judíos fueron cómplices de su muerte (1 Tesalonicenses 2:15).

h. Fue resucitado al tercer día (1 Corintios 15:4).

Pablo también hace alusión a dichos de Jesús en 1 Corintios 7:10 y 1 Corintios 9:14. Evidentemente, el apóstol presupone la historicidad y humanidad de Jesucristo.

2.1.2. El cumplimiento del tiempo: la revelación del misterio

Pablo considera la encarnación y la obra de Cristo la revelación de la obra consumadora de Dios y la irrupción del tiempo de salvación. En Gálatas 4:4 y Efesios 1:9-10 habla del cumplimiento del tiempo o de los tiempos. El texto de Gálatas tiene además una estructura trinitaria: "Cuando vino la plenitud del tiempo, Dios envió a su Hijo, nacido de mujer, nacido bajo la ley, a fin de que redimiera a los que estaban bajo la ley, para que recibiéramos la adopción de hijos. Y porque sois hijos, Dios ha enviado el Espíritu de su Hijo a vuestros corazones, clamando: ¡Abba, Padre!" (Gálatas 4:4-6). Esto se refiere a un tiempo histórico y también a un tiempo escatológico o cósmico, pues en Cristo "las cosas viejas" han pasado y son hechas nuevas.

Asimismo, habla Pablo de un misterio que antes había estado oculto o secreto, pero que con el advenimiento de Cristo fue dado a conocer (Romanos 16:25ss; Colosenses 1:26; Efesios 1:9ss; Efesios 3:4-5; 1 Corintios 2:7). No se trata de un

"misterio" compartido con unos pocos iniciados, como en las religiones misté-
ricas. Estaba escondido antes en la sabiduría de Dios, que ahora ha revelado en
Cristo. La revelación en este caso no es solamente dar a conocer una verdad, sino
la aparición como realidad en la historia de aquello que hasta ese momento no
existía como tal, pero que Dios mantenía en reserva. Se trata del plan de salvación, el objeto de la predicación de Pablo, el contenido de su evangelio (Romanos
16:26). Todo el contenido del misterio ahora revelado puede ser calificado y resu-
mido por una sola palabra: Cristo (Colosenses 2:2).

2.1.3. Escatología y cristología

La encarnación de Cristo, su obra, su muerte y su resurrección, así como el
don del Espíritu Santo, constituyen para Pablo el cumplimiento de la promesa,
el inicio de la consumación de la historia de la salvación, un acontecimiento
escatológico. Por lo tanto, la escatología de Pablo es escatología cristológica
y su cristología es una cristología escatológica. El carácter escatológico de la
predicación de Pablo está determinado en su totalidad por la venida y la revelación de Jesucristo. No es que Pablo haga un intento de presentar a la comunidad un acabado sistema escatológico. Hay en su pensamiento una mezcla de
las dos eras (el siglo presente y el que ha de venir). La venida de Cristo puede
considerarse como la irrupción del eón* futuro en el presente. Por cierto, a
Pablo no le interesaba construir sistemas teológicos, sino predicar a Cristo,
quien vino y vendrá.

2.1.4. El primogénito de entre los muertos y postrer Adán

En Pablo la muerte y la resurrección son una unidad inseparable: el significado
de la muerte de Jesús determina el significado de su resurrección y viceversa; la
acción redentora de Dios en Cristo es canalizada por ambas. Pablo describe al
Evangelio como la palabra de la cruz (1 Corintios 1:17ss), pues el Cristo crucificado le es central (1 Corintios 2:2); inclusive los enemigos del evangelio son
enemigos de la cruz de Cristo (Filipenses 3:18). La muerte de Cristo es la que
determina más precisamente el significado de su resurrección y de la nueva vida
surgida con ella (ver Romanos 1:4; 2 Corintios 4:13ss; Romanos 10:8ss).

A su vez, la resurrección no es un hecho aislado: Cristo es el primogénito,
la primicia, el principio (Romanos 8:29; 1 Corintios 15:20; Colosenses 1:18).
Cristo les abre el camino a los y las creyentes y une su porvenir al suyo: es el
pionero, el innovador, el iniciador. La imagen según la cual es la "primicia" de
los que durmieron (1 Corintios 15) refleja la idea de las primicias de la mies, que
no son solamente el principio de la cosecha, sino también su representación.
En las primicias se hace visible toda la cosecha. Cristo es así la primicia de los
que durmieron. En él se inicia la resurrección de los muertos y su resurrección
representa el comienzo del nuevo mundo de Dios.

Esta idea se ve también en los pasajes en los que se confronta a Cristo (el postrer Adán) con Adán en cuanto primer ser humano. Cristo es el iniciador de la nueva humanidad, y justamente su resurrección es la que lo convirtió en el postrer Adán (1 Corintios 15:21ss; 1 Corintios 15:45ss). Por la muerte y resurrección de Cristo, el presente eón perdió su poder y su dominio en la descendencia de Adán, y las cosas nuevas han llegado. Así como el padre primigenio trajo al mundo el pecado y la muerte, Cristo es para la nueva humanidad la aurora de la vida en virtud de su obediencia hasta la muerte y de su resurrección.

Pablo predica que Cristo murió por nosotros y nosotras (1 Corintios 1:13; 15:3; 2 Corintios 5:21; Gálatas 1:4; 3:13; Filipenses 2:14), es decir "para nuestro beneficio", pero también es característico de él decir que Cristo forma una unidad tal con aquellos y aquellas por quienes actúa, que puede decirse que están "en él" (2 Corintios 5:17) y "con él" (Romanos 6:3ss; Gálatas 2:20). La frase "en Cristo" es un paralelo de "en Adán". Así como cayó sobre Adán el juicio de que todos los de su estirpe habrían de morir, así cae en Cristo la decisión de que habrían de vivir.

2.1.5. Cristo, la imagen de Dios

El envío del Hijo en el cumplimiento del tiempo por parte del Padre presupone su preexistencia con Dios (ver Gálatas 4:4; Romanos 8:3; 2 Corintios 8:9; Filipenses 2:6ss; Colosenses 1:15ss; Romanos 8:32). Esta preexistencia de Cristo con el Padre que Pablo asevera con tanto énfasis, es el fundamento de toda su cristología y hace imposible concebir todos los atributos y poderes divinos que atribuye a Cristo exclusivamente como consecuencia de su exaltación. Son significativas en este contexto las expresiones que señalan a Cristo como la imagen de Dios (2 Corintios 4:4; Colosenses 1:15; Filipenses 2:6). En Cristo se manifestó la gloria de Dios mismo. Nuevamente vemos el paralelismo con Adán: él fue creado según o en la imagen de Dios, pero Cristo es la imagen de Dios. Colosenses 1 es una interpretación cristológica de Génesis 1. Cristo es, pues, imagen de Dios como aquel que estaba predestinado a ser humano, y como primicia de muchos hermanos y hermanas hace participar de esta imagen a otros y otras (Romanos 8:29; 1 Corintios 15:49; 2 Corintios 3:18).

2.1.6. Cristo, el Kyrios exaltado que vendrá

La ascensión de Cristo a los cielos y la comunión mantenida desde allí entre el Kyrios (Señor) exaltado y su Iglesia por medio del Espíritu Santo ocupa un lugar muy importante en la predicación de Pablo. De hecho, Pablo establece una estrecha relación entre Cristo y el Espíritu. Cristo sólo puede ser conocido en el poder presente y futuro de su obra de salvación, partiendo de la renovación y consumación de la obra del Espíritu de Dios; a su vez, la promesa del Espíritu y de su poder vivificador únicamente se realiza en la persona de Cristo como el

Señor que es exaltado y viene. Por otra parte, toda la exaltación de Cristo en el presente y en el futuro, tiende a que Dios sea "todo en todos" (1 Corintios 15:28) y que en el nombre de Jesús se doble toda rodilla, y que toda lengua confiese que Jesucristo es el Señor, para gloria de Dios Padre (Filipenses 2:10-11; Romanos 14:11). Aquí vemos una vez más, entonces, cómo la cristología lleva en sí una dinámica trinitaria. Y vemos también que la cristología paulina no es un sistema cerrado, construido para ser coherente internamente, sino una predicación dinámica y contextual, siempre en desarrollo, basada en su experiencia de fe y orientada a las necesidades de sus oyentes.

2.2. Marcos: la revelación de Dios en la Pasión de Jesús y en el llamado al discipulado

Marcos inventa un nuevo género literario: el evangelio. No se trata de una biografía: ni siquiera menciona el nacimiento y la infancia de Jesús, su edad, ni su estado civil (lo normal para un judío de su edad era estar casado). Tampoco cita extensamente los dichos de Jesús. Su enfoque es sobre las poderosas obras de Dios en y por medio de Jesús. El libro tiene una estructura precisa y un estilo ameno y rápido que quiere llevar a los lectores hacia la meta del seguimiento. Fue escrito en torno al año 67, quizá una década después de la última carta de Pablo.

La visión de Marcos presupone desde el comienzo la resurrección. Desde el principio, Marcos nos muestra la dimensión cósmica y trascendente* en la que ocurren los hechos: cuando Jesús es bautizado, escucha la voz de Dios que dice que es su Hijo (1:9-11); en su tentación son mencionados Satanás y los ángeles (1:12-23). Marcos enfatiza de entrada que la única manera de entender su relato es darse cuenta de que en Jesucristo Dios mismo habla y actúa sobre la tierra. En otras palabras, la cristología presupuesta por Marcos es "elevada" desde un principio y no es adopcionista*.

El Evangelio presenta el ministerio de Jesús en dos partes. La primera se extiende hasta el 8:26 y la segunda comienza con la confesión de Pedro en el 8:27-30. En la primera sección, se repite tres veces un esquema: la descripción de la actividad de Jesús seguida por el llamamiento o el envío de sus discípulos (1:14-15, 16-29; 3:7-12, 13-19; 6:6b, 7-13). Cada una de estas tres secciones termina con un rechazo hacia Jesús, primero por los fariseos, quienes ya buscan matarlo (3:6), luego por sus compatriotas de Nazaret (6:1-6) y finalmente por sus propios discípulos (8:14-21). Marcos muestra repetidamente cómo los discípulos no entienden quién es Jesús ni cuál es su mensaje. En estos primeros capítulos aparecen varios milagros importantes que muestran el poder de Jesús aún sobre la muerte y los poderes de la naturaleza (cuando revive a una niña muerta y calma la tormenta). En los milagros se revelan el poder y la autoridad de Dios; sin embargo, Jesús pide varias veces que los y las testigos no digan nada de lo que han visto. Solamente quien pueda entender lo que Jesús dice en el 8:31 y 8:34ss podrá reconocer realmente lo que significa el poder de Dios que se expresa en los milagros de Jesús: tal poder se demuestra en la cruz, en la debilidad, en la humillación y no en el poder por el poder mismo. El poder de Dios radica en su amor. El poder de Dios no nos exime de la cruz, pero la cruz no tiene la última palabra. Toda la primera sección, que ilustra la ceguera de los fariseos, de los compatriotas de Jesús y de sus discípulos, concluye con el relato de la curación de un ciego en Betsaida (8:22-26).

La segunda mitad del ministerio de Jesús comienza con la confesión de Pedro (8:27-33). Como respuesta a esa confesión, les enseña hablando "claramente" (ya no en parábolas) por primera vez, explicando qué había de pasar con el Hijo del Ser Humano (8:31ss). A pesar de la claridad de sus palabras, ni Pedro, ni los demás lo entienden todavía, si bien desde nuestra perspectiva postpascual, quienes leemos sí podemos entenderlo. Jesús luego subraya cuál es la manera en que alguien puede llegar a entenderlo: siguiéndolo (8:34ss). A continuación, Jesús se muestra aún más claramente a tres de sus discípulos más cercanos, en la Transfiguración: Dios mismo les dice que se trata de su Hijo amado, y les pide que lo escuchen (9:7). En esta segunda sección, se repite dos veces más el mismo esquema: Jesús habla de su muerte y resurrección, sus discípulos no lo entienden, y les pide que lo sigan (9:30-31, 32-34, 35ss; 10:32-34, 35, 37, 38ss) Toda esta segunda sección está dominada por la idea del discipulado y es interesante en este sentido notar la idea de estar "en el camino" (10:32). Esta sección también concluye con la historia de un ciego cuyos ojos solamente pueden ser abiertos por medio de un milagro divino (10:46ss). Cuando Bartimeo es sanado, también comienza a seguirlo a Jesús por su camino (10:52). Allí concluye el ministerio de Jesús afuera de Jerusalén y comienza la tercera sección, la del relato sobre su Pasión (11:1-16:8).

Vemos ya por lo larga que es la tercera sección lo importantes que son la Pasión y la muerte de Jesús para Marcos. A esto se le suman las referencias a la muerte que ha de venir a partir del 3:6. Marcos no teoriza acerca de lo que significa la muerte de Jesús, aunque menciona la metáfora del "rescate" en el 10:45. Pero al relatar los hechos de Jesús, Marcos deja claro que Jesús se identifica totalmente con el plan de Dios a pesar de toda la ceguera humana, y a tal punto, que finalmente muere debido a su persistencia y fidelidad en obedecer los designios de Dios. Solamente así pueden ser abiertos los ojos enceguecidos y solamente así es posible encontrar el camino al discipulado.

Sin eufemismo alguno, Marcos pinta lo dura que fue la muerte de Jesús. Lo único que dice Jesús en su relato es: Dios mío, Dios mío, ¿Por qué me has desamparado? (una cita de Salmo 22:1) y luego lanza un fuerte grito. Sin embargo, no es el final de la historia: las instrucciones del ángel que las mujeres encuentran al lado de la tumba vacía apuntan hacia el futuro: el Señor resucitado continúa caminando adelante de sus discípulos para que lo sigan (16:7). Así es que la gracia de Dios le otorga el don del discipulado a quienes han fallado vez tras vez (14:18-21, 37-50, 66-72). Será precisamente en el seguimiento que podrán reconocerlo realmente, al igual que toda la comunidad en fe en Cristo en todos los siglos venideros.

2.3. El testimonio cristológico de Juan: el Verbo hecho carne

También en Juan la cristología es central: hay una concentración radical sobre Jesús. Sin Jesús, nadie puede ver a Dios (14:6); el único pecado verdadero es el rechazo de Jesús (15:22); la ceguera del mundo se torna ceguera total y fatal solamente cuando se ve confrontada con Jesús (9:41). Solamente en Jesús nos encontramos con el *Logos* de Dios, quien creó el mundo. Hay varios énfasis cristológicos en el trasfondo del Evangelio de Juan, entre ellos:

a. la cristología del Logos (1:1-18);
b. la cristología de las señales (2:11; 4:54; 20:30ss);
c. la cristología del Hijo del Ser Humano (12:20-43; 13:31);
d. la cristología del Cordero de Dios (1:29; 19:36);
e. la cristología del "Yo Soy" (4:26; 6:48; 8:12.58; 10:7.9.11; 11:25; 14:6; 15:1)

El carácter exclusivo de Jesús para Juan se ve en los siete pasajes que empiezan con el "Yo Soy . . .": el pan de vida, la luz del mundo, la puerta de las ovejas, la resurrección y la vida, el buen pastor, el camino, la verdad y la vida, la vid verdadera. Estas no son alegorías o parábolas, sino que para Juan la ceguera del mundo consiste en conformarse con estas meras imágenes en vez de darse cuenta de que aquello que representan se plasma en Jesús. No es casual tampoco que el nombre revelado de Dios a Moisés sea "YO SOY:" soy quien soy y seré quien seré (Éxodo 3:14). El "YO SOY" que liberó al pueblo de Israel de su cautiverio en Egipto es el mismo YO SOY revelado en Cristo para liberarnos hoy a nosotros y a nosotras.

Jesús avanza por el mundo con poder, triunfante. Para Juan, su camino a la cruz es también su exaltación a la gloria celestial. Su muerte ya es victoria. Así como Marcos subraya el sufrimiento, el horror y la violencia de su muerte en la cruz, Juan enfatiza que en esa muerte se logra la grandiosa victoria de Dios. No por eso hay que caer en el error de ver en el Jesús juanino a un ser puramente celestial; por lo contrario, es verdaderamente humano: proviene de Nazaret (1:46), es hijo de José y todo el mundo conoce a su familia (6:42; 7:27).

La vida de Jesús en Juan es fundamentalmente una anticipación de la gloria revelada en la Pascua, una manifestación del poder milagroso de Dios. Así es que los discípulos ven su gloria, como del Unigénito hijo del Padre. El objeto de las "señales" (como les dice Juan a los milagros) es llevar a que las personas puedan tener un encuentro con Jesús mismo. Así, por ejemplo, dar de comer a una multitud lleva al discurso acerca de Jesús, el pan de vida (6:26s). La resurrección de Lázaro tiene como objeto que se reconozca que Jesús mismo es la resurrección y la vida (11:25).

Juan permanentemente distingue a Jesús de cualquier otra oferta de salvación: solamente en él se encuentra la verdadera salvación. Nos encontramos con Jesús por la ayuda del Espíritu y es un encuentro con el Jesucristo postpascual.

De hecho, solamente se puede entender quién fue el Jesús terrenal después de su resurrección con la ayuda del Espíritu. Por eso, en última instancia su muerte es un evento paradójicamente gozoso, pues posibilita la venida del Espíritu (16:7). Así es que Juan puede decir que el verdadero seguimiento solamente es posible después de la muerte de Jesús: justamente es el Resucitado el que llama a Pedro al seguimiento por última vez (21:19).

Las expresiones jurídicas "dar testimonio" y "testigo" también son muy importantes en Juan. Dios, Jesús, el Espíritu, no imparten información meramente, sino que son "testigos". Dios mismo da testimonio acerca de Jesús (5:32, 36-37; 8:18); Jesús da testimonio de sí mismo y de la verdad de Dios (3:32-22; 7:7; 18:37). También el Espíritu (15:26) testifica. ¿Cómo da testimonio Jesús? Sus palabras son palabra de Dios porque guarda y obedece la palabra y el mandamiento de Dios con todo su ser (8:55; 15:10; 10:15, 17-18). En 15:10-13 vemos que el hecho de que Jesús obedezca los mandamientos de su Padre y da su vida, es lo que permite que sus seguidores y seguidoras por su parte obedezcan los mandamientos de amor de Jesús: Jesús les da la fuerza.

Casi más que cualquier otro escritor del NT, Juan subraya continuamente la exclusiva y total salvación ofrecida por Dios en Jesucristo. En Juan vemos la obediencia del Hijo, su testimonio acerca del Padre, y el liderazgo del Hijo que engendra el seguimiento.

2.4. La cristología de la Epístola a los Hebreos: Jesucristo, el fin del culto

Se ha dicho que así como las cartas paulinas muestran a Jesús como el fin (en el sentido de meta y de final) de la ley, la carta a los Hebreos lo muestra como el fin de las actividades cúlticas. Hebreos constituye una nueva interpretación teológica de la persona y la obra de Cristo, en la que se utilizan imágenes relacionadas con el sacrificio y el sacerdocio.

Cuando leemos el prólogo, nos acordamos del Evangelio de Juan: también comienza con una afirmación según la cual Cristo es el Hijo divino que viene de Dios y por el cual fue creado el mundo. Usa un lenguaje muy exaltado: Cristo refleja la gloria de Dios. Al mismo tiempo, el autor subraya la humanidad de Jesús, por ejemplo, en el 2:18 y el 5:7-8. También habla de la glorificación y el ascenso de Cristo luego de su muerte y resurrección.

El autor de Hebreos enfatiza entonces tanto la humanidad como la divinidad de Jesús, ya en los primeros dos capítulos:

a. Jesús fue enviado por Dios, se origina en Dios y es el agente de Dios; ya estaba presente en la mente o en el propósito de Dios antes de su aparición en la historia del mundo (1:1-4).

b. Jesús fue un ser enteramente humano en total solidaridad con toda la humanidad (2:9-18)

Este es el equilibrio entre divinidad y humanidad que toda cristología debería mantener, si bien suele ser difícil de lograr.

El autor también usa la analogía del sacerdote para tratar de iluminar esta idea: Cristo en cuanto sacerdote representa a Dios y también a los seres humanos. El Hijo es superior a los ángeles, superior a Moisés, superior a los profetas, superior a los sacerdotes humanos (es el sumo sacerdote final, pertenece a la línea de Melquisedec, es sacerdote a perpetuidad, es el sumo sacerdote del santuario celestial). Es el mediador de un mejor pacto. Puede quitar los pecados y él no tiene pecado, a diferencia de los otros sacerdotes. Su sacrificio por los pecados es suficiente para siempre. Dado todo esto, es necesario perseverar. Estamos involucrados en un nuevo Éxodo, en una carrera que corremos con los ojos puestos en Jesús, el autor y consumador de la fe (12:2). No tenemos aquí una ciudad permanente, sino que somos peregrinos, y seguimos a Jesús, el Crucificado y Resucitado. Él es nuestro precursor (6:20) y nos ha abierto el camino como pionero de la salvación (2:10) y consumador de la fe (12:2). Como el pueblo de Israel siguió a Moisés en el Éxodo, el pueblo peregrino de Dios ha de seguir a Cristo, infinitamente superior a Moisés, hacia la meta celestial.

Recordemos que cuando se dice que Jesús es el "Hijo", la idea subyacente es que un hijo en la sociedad judía de su tiempo funcionaba como agente de su padre. Este Hijo es el primogénito y lleva impresa, por así decirlo, la marca de Dios mismo: la estampa, la imagen, la impronta. En lenguaje paulino diríamos que es el perfecto Adán o el Adán ideal, a diferencia del primer Adán, quien pecó.

Posiblemente estuviera circulando una cristología "angélica", según la cual Cristo era alguna clase de ángel; es posible que el autor estuviera combatiendo esta idea. En tal contexto es interesante notar que quienes Dios creó en su imagen y semejanza no fueron los ángeles, sino los seres humanos. Jesús, hombre perfecto y solidario con todos los seres humanos, es superior a los ángeles. El autor cita siete pasajes del Antiguo Testamento para documentar su afirmación al respecto. Este Jesús es el pionero del nuevo ser humano, perfeccionado, solidario con toda la raza humana, llevando muchos hijos y muchas hijas a la gloria (2:9-10). El Santificador y sus santificados tienen un mismo origen, y por eso Jesús no se avergüenza de llamarlos sus hermanos (2:11).

La Epístola a los Hebreos se opone a toda cristología que justifique el sacrificio de vidas humanas (literal o figurativamente) para conseguir el favor de Dios. Dios en Cristo provee todo lo necesario para que no tengamos que proseguir con una lógica sacrificial. Cristo es nuestro sumo sacerdote y también es el único cordero necesario. El evangelio de Jesús pone fin a las exigencias de sacrificio autoimpuestas por una religiosidad que imagina que Dios las necesita o requiere. Como vimos en el capítulo 6, el sufrimiento existe en la vida, y la fe en Cristo no hace que desaparezca, pero esa fe nunca impone el sufrimiento como exigencia para agradar a Dios.

3. El vínculo de las cristologías del Nuevo Testamento con las cristologías patrísticas

Toda comprensión y confesión de Jesucristo nace de una situación particular y se dirige a necesidades y aspiraciones particulares. Los enfoques cristológicos que surgen de situaciones distintas a las propias nos ensanchan el entendimiento; a la vez, nos vemos reflejados y reflejadas parcialmente en esas historias, lo que nos permite acceder a ellas con empatía. Como hemos visto en la sección anterior, en el Nuevo Testamento mismo se vislumbran una variedad de enfoques cristológicos: algunos documentos enfatizan más la enseñanza de Jesús (Mateo), otros la pasión de Jesús (Marcos, Pablo), otros la gloria y el triunfo del Señor resucitado (Juan).

Es notable la rapidez con la que surgió una cristología relativamente sofisticada a pocos años de la muerte de Jesús. La "explosión" cristológica en el Nuevo Testamento ha sido comparada a la teoría del *big bang** que habría dado origen al universo: según algunos científicos, en los primeros tres minutos de la explosión se originaron en potencia todos los componentes que luego pasaron a ser las estrellas y los planetas. Así también en la cristología: en cierta manera se plantearon más formulaciones cristológicas de importancia en los primeros veinte años posteriores a la resurrección de Jesucristo que en todos los siglos posteriores, y esos elementos aún les dan forma a nuestras reflexiones cristológicas y siguen apareciendo de diversas maneras en nuestras cristologías actuales.

Las cristologías del Nuevo Testamento son, pues, variadas y se potencian unas a otras. Es importante tener en cuenta sus diversos énfasis para obtener una visión equilibrada de Jesucristo. Una conclusión que podemos sacar es que una cristología enraizada en el Nuevo Testamento no será solamente *anabática* o "ascendente" ni *katabática* o "descendente" ¿A qué nos referimos con estos términos un tanto extraños? La cristología *anabática* es una cristología que parte de la historia del Jesús terrenal y luego mira hacia "arriba", a la divinidad de Jesús; la cristología *katabática* parte de la preexistencia de Jesucristo y luego mira hacia "abajo", a su humanidad. Especialmente en Juan y Hebreos, vemos una cristología que es anabática y katabática a la vez, pues trata de tomar igualmente en cuenta tanto la humanidad como la divinidad de Jesús. Buscar este equilibrio será uno de los desafíos principales que se le plantearán a la cristología de los primeros siglos de la Iglesia, un proceso que se plasmó provisoriamente en la definición de Calcedonia en el 451, según la cual Jesucristo es enteramente humano y divino (esto se conoce como la unión hipostática).

El período patrístico se extiende más o menos del 100 (aproximadamente cuando se terminó de escribir el Nuevo Testamento) al 451 (Concilio de Calcedonia). Lo que intentan hacer quienes desarrollan las cristologías que surgen en este período es lograr un esquema cristológico unificado, que integre los modelos y las tendencias cristológicas del Nuevo Testamento, expresándolos en un lenguaje de corte más filosófico o técnico. Lo hacen en medio de movimientos y contramovimientos bastante complejos. Esos movimientos pendulares se dieron principalmente entre dos polos cristológicos a los que la época patrística les puso el nombre de *ebionismo* y *docetismo*. El *ebionismo* fue una tendencia de corte judío en los primeros siglos de la era cristiana, según la cual Jesús era un ser humano común y corriente, hijo de María y José. El *docetismo*, del verbo griego *dokeo* (aparentar, aparecer como), afirmaba que –dada su divinidad– la humanidad de Jesús sólo podía ser una mera apariencia. Los sufrimientos de Cristo relatados en el Nuevo Testamento, por ejemplo, habrían sido aparentes, pero no reales. Los teólogos de los primeros siglos se vieron ante el desafío de rechazar ambos extremos sin perder la parte de verdad que representaban, es decir, la defensa de la verdadera *humanidad* de Jesucristo por un lado, y de su verdadera *divinidad* por el otro.

Un dato notable es que las conclusiones conciliares acerca de la cristología en estos siglos son generalmente aceptadas en la actualidad por protestantes, católicos romanos y ortodoxos orientales, es decir, por una mayoría de las iglesias cristianas.[6] A manera de cuadro, podemos resumir las conclusiones de las cuatro principales reuniones "ecuménicas" de obispos y líderes de iglesias:

---

325   **Nicea**. Se afirma el *homoousios*, la convicción de que el Hijo es de la misma "sustancia" que el Padre, una forma de expresar la plena divinidad de Jesucristo.

381   **Constantinopla**. Se reafirma lo dicho en Nicea; se rechazan posiciones "arrianas", es decir, aquellas posturas según las cuales Jesucristo tiene un *estatus* menor que el del Padre o que es de "una sustancia diferente" a la del Padre.

431   **Éfeso**. Se reafirma la *unidad* de la persona de Jesucristo.

451   **Calcedonia**. Sin negar el hecho de la unidad de la persona de Jesucristo, se logra un consenso sobre su "dualidad", en cuanto es verdaderamente ser humano y verdaderamente Dios.

Sin entrar en detalles minuciosos, vale la pena señalar el principio que está detrás del consenso calcedónico: mientras se reconozca que Jesucristo es en realidad divino y humano, la manera precisa en que se articule o explore esa realidad no reviste una importancia fundamental. Cristo tiene dos naturalezas, y hay

---

6   Hay que recordar, sin embargo, que Calcedonia no representó el consenso de todo el mundo cristiano. Por el siglo VI se consolidó lo que ha dado en llamarse monofisismo (mono: uno; fúsis: naturaleza), es decir la idea de que Jesús tenía solamente una naturaleza, que tendía a ser más a divina que humana. Se trata de una postura sumamente complicada, que va más allá de este marco, pero que sigue siendo la normativa en varias de las iglesias orientales, tales como la copta, la armenia, la siria y la abisinia.

una pluralidad de formas de interpretar la relación entre las dos. Lo importante es aceptar que hemos de vivir con esa tensión, y que jamás podremos resolverla lógicamente en su totalidad, pues es una paradoja que supera nuestra capacidad de articulación. Consiguientemente, en Calcedonia hay un consenso acerca del hecho de que Cristo fuera tanto divino como humano, pero no una explicación teórica acerca de *cómo* se relacionan esas dos naturalezas una con la otra.

La visión cristológica de los Padres es compleja y apasionante. Aquí nos interesa señalar sobre todo que, si bien existe una cierta continuidad orgánica entre el Nuevo Testamento y las formulaciones conciliares, el lenguaje cristológico de los concilios se va tornando más técnico y abstracto, menos narrativo y vivencial, a pesar de que para quienes participaron en las discusiones teológicas, la fe en Cristo tenía indudablemente un fuerte sesgo existencial. De todas maneras, a través de los siglos y lentamente, el interés por el *ser* o por la *persona* de Jesucristo se fue separando del interés por su *obrar* salvífico, de manera que ambas dimensiones se fueron distanciando. Tomás de Aquino**, por ejemplo, en su tratado *De Christo* de la *Suma Teológica*, desplaza la pregunta acerca de "¿Quién es Jesús para nosotros?" y ubica en su lugar la pregunta "¿Quién es Jesús en sí mismo, ontológicamente considerado?" Sin embargo, es de gran importancia recordar que la cristología y la *soteriología** son dos caras inseparables de una misma moneda. No debe alejarse la reflexión sobre quién es Jesucristo de aquello que ha hecho y hace por nosotros. Más tarde, esta dimensión soteriológica de la cristología sería uno de los grandes redescubrimientos de la Reforma Protestante.

4. La cruz de Jesucristo como lupa para entender la realidad: Lutero y su teología de la cruz[7]

"Nuestra teología consiste en la cruz solamente"[8]: con esta frase podemos resumir la centralidad de la cruz de Jesucristo para la teología de Lutero**. Dios no se revela en lo glorioso y sublime, sino en lo más pequeño y débil. Lutero traza una distinción entre la teología de la cruz –la verdadera teología– y la idolátrica "teología de la gloria". La teología de la gloria significa querer conocer a Dios por las obras; teología de la cruz es conocerlo desde el sufrimiento. En las tesis 19 y 20 de la disputa de Heidelberg de 1518, leemos que: "No se puede con derecho llamar teólogo a aquel que considera que las cosas invisibles de Dios se comprenden por las creadas. Mas merece ser llamado teólogo aquel que entiende las cosas visibles e inferiores de Dios (*posteriora Dei*), considerándolas a la luz de la

---

7 Como bibliografía de apoyo en el tema son fundamentales Paul Althaus, *Die Theologie Martin Luthers*, (Gütersloh: Gerd Mohn, 1962), 34ss y Walter von Loewenich, *Luthers Theologia Crucis* (Bielefeld: Luther-Verlag, 1967), 18ss [Hay traducciones al inglés].

8 "*Crux sola est nostra teología.*" Segunda clase magistral sobre los Salmos (1519–21), en: *WA* 5, 176, 32s.

Pasión y de la Cruz".[9] Lo "visible" de Dios es lo débil, lo humano, lo necio; sus atributos majestuosos son invisibles. Se trata de una paradoja, por la que Jesús puede decir: quien me ve a mí, ve al Padre. Por eso, en el Cristo crucificado está la verdadera teología y el verdadero conocimiento de Dios. Para Lutero es -pues- imposible conocer a Dios sin pasar por la cruz.

La teología natural, es decir, la metafísica especulativa que quiere reconocer y conocer a Dios sobre la base de las obras de Dios en la creación, está ligada al intento del ser humano de conocer a Dios por sus propias obras, por sus propios méritos. Esto lleva al ser humano a la arrogancia. Lutero habla en este contexto de una "inflación" del ser humano: el ser humano se "autoinfla" pensando que a partir de lo visible puede por su esfuerzo o deducción conocer al Dios invisible. Dios no quiere ser conocido por este camino de "inflarnos" por la arrogancia de nuestros esfuerzos, sino por lo contrario: el criterio de cómo Dios quiere ser conocido es la cruz de Jesucristo. Quien intente encontrar la gloria de Dios directamente, sin la mediación de la cruz, no la encontrará; paradójicamente, quien busque a Dios en la cruz de Cristo, encontrará allí su gloria, pues solamente allí se revela. Si es así, conocer a Dios no es algo teórico, sino que tiene que ver con toda la existencia. La cruz no puede ser conocida abstractamente, sino que uno experimenta la muerte de Cristo a la vez como propia. Hay que morir con Cristo para resucitar con él. En palabras del Apóstol Pablo, "con Cristo estoy juntamente crucificado" (Gálatas 2:20). La teología de la cruz es eminentemente una ciencia práctica. Su objetivo es llevar al ser humano a una decisión de fe y al seguimiento de Jesucristo. La doctrina de la cruz, que es la que le da forma al concepto de Dios y de la fe, solamente puede entenderse como consecuencia de una vida vivida bajo la cruz. Por eso la cruz de Cristo y la cruz del cristiano y de la cristiana van juntas.

La teología de la cruz permite una nueva comprensión de la realidad. Lo que el mundo y la razón consideran lo más hondo de la realidad no lo es. La verdadera realidad de Dios y de su salvación está paradójicamente escondida atrás de su contrario: lo débil, lo necio y lo pequeño. La razón y la experiencia, los criterios del mundo, no captan esto. Solamente la fe puede captar esta paradójica realidad. Y esta fe es un don de Dios. En ese estar escondido en la cruz, reconocemos la fidelidad y la verdad de Dios. En la obra de Lutero, la teología de la cruz no es un capítulo de la teología, sino una manera específica de *hacer teología*. La cruz no tiene aquí un significado solamente para la salvación sino que es el punto *crucial*, la perspectiva desde la cual se hace toda la teología. Vemos una vez más aquí como la cristología, resumida aquí en la *cruz*, está en el corazón de toda la teología.

---

9 Lutero, *Obras* I (Buenos Aires: Paidós, 1967), 30. En otras palabras: solamente es verdaderamente teólogo aquel que comprende a Dios desde sus espaldas (*posteriora*) por medio del sufrimiento y la cruz. Aquí hay que tener en cuenta Éxodo 33:18ss, 1 Corintios 1:21ss y Romanos 1:20ss.

5. La cristología de Karl Barth[10]

Según Karl Barth**, Jesucristo representa el camino confiable para conocer genuinamente a Dios, puesto que Jesús el Cristo es plena y decisivamente la autorrevelación de Dios. Esta afirmación implica una visión teológica parecida a la demostrada por la Iglesia de los primeros siglos en la cristología calcedónica: Jesucristo es verdaderamente Dios y verdaderamente humano.

Para Barth, la cristología ofrece más que un *conocimiento* confiable acerca de Dios. Jesucristo en su vida, muerte y resurrección es el *evento* de la *reconciliación* por el cual Dios toma la iniciativa de restaurar su comunión con una humanidad alienada. Este evento central de la historia de la salvación se observa especialmente en dos momentos decisivos, que Barth resume en las frases "el Señor como Siervo" y "el Siervo como Señor". Se basa en metáforas tomadas de la parábola del hijo pródigo (o del amor del padre fiel), aunque en el esquema de Barth, aquí el Hijo no es pródigo, sino fiel emisario del Padre.

El **Señor en cuanto Siervo** se refiere a la condescendencia de Dios como Hijo encarnado, o lo que Barth llama "el camino del Hijo al país lejano". Aquí el Hijo pone en práctica sus funciones sacerdotales, yendo a la humanidad en amor y misericordia, hecho que culmina en la cruz, donde por medio de un evento de sustitución radical el Juez de la humanidad, sin pecado, toma sobre sí el pecado de la humanidad. El Sacerdote se ofrece a sí mismo como la víctima sacrificial o expiatoria, restaurando así el pacto roto.

El **Siervo en cuanto Señor** se refiere a la exaltación del Hijo, o lo que Barth llama "el retorno a casa del Hijo del Ser Humano". En la exaltación manifestada supremamente en la resurrección, se completa el evento de la reconciliación. La exaltación pública del Hijo incluye la exaltación de su humanidad, que ahora estará sentada a la diestra de Dios. La reconciliación de toda la raza humana es completada en virtud de su inclusión dentro de la humanidad exaltada del Hijo.

Hacia mediados de la década de 1930, frente al ascenso de la ideología nacionalsocialista en Alemania, Barth llegó a la conclusión de que toda teología distintivamente cristiana debía medir consecuentemente lo que quisiera expresar acerca de Dios, del mundo y de la humanidad primordialmente con el criterio de "*Jesucristo tal como nos es atestiguado en las Santas Escrituras*". Así, Barth escribe que el meollo del mensaje cristiano no es un *concepto* ni una idea, sino la narración de una *historia* y la declaración de un nombre: el de Jesucristo. Jesús de Nazaret, la persona identificada en los relatos de la Escritura que describen las acciones específicas, los sufrimientos, los hechos y las circunstancias que llevan de Belén al Gólgota, se manifiesta en su resurrección y exaltación por el Dios de Israel como la autodeterminación primordial de Dios. En su libertad y

---

10 Además de los tomos de la *Kirchliche Dogmatik* (*Dogmática Eclesiástica*, no traducida al castellano; existen versiones en inglés y francés), véase Benjamin C. Leslie, "Karl Barth" en Donald Musser, ed., *A New Handbook of Christian Theologians* (Nashville: Abingdon, 1996), 49-59.

desde toda la eternidad, Dios ha decidido ser este Jesús, en toda su particularidad humana. Así, como contraparte de su doctrina de Dios radicalmente cristológica (y por lo tanto trinitaria), Barth desarrolla una cristología radicalmente encarnacional y trinitaria: la historia humana particular que se desenvuelve de Belén al Gólgota es la historia de Dios mismo. Dios mismo vive en la historia de Jesús como este ser humano, en su libertad y también en el terror, el sufrimiento, el rechazo y la muerte.

Por consiguiente, según Barth, nuestro autoconocimiento y nuestras ideas acerca de Dios deben ser corregidos y reformados de acuerdo con el relato de Jesús. Por ejemplo, el concepto cristiano del "pecado" no ha de entenderse abstractamente, sin referencia a Cristo. Nuestra soberbia, apatía y mentira, solamente aparecen plenamente como lo que son cuando los contrastamos con la obediencia, el amor activo y la veracidad de Jesucristo[11].

Así, desde sus presupuestos cristológicos, Barth reinterpreta la doctrina reformada (calvinista) de la elección. Reconoce en el lenguaje sobre la predestinación un intento de expresar la gracia soberana de Dios. Dios elige a la humanidad y esta elección no está condicionada en absoluto por algún mérito humano. Pero Barth rechaza toda forma de doble-predestinación, por la cual algunas personas estarían predestinadas al infierno. Además, se rehúsa a hablar de esta doctrina de otra manera que cristológicamente. Cristo mismo, como el Dios que elige, ha elegido a la humanidad para salvarla. Pero Cristo es a la vez el ser humano elegido antes de todos los tiempos para restaurar el pacto roto entre Dios y la humanidad. La elección de una persona particular siempre es una elección "en Cristo" y la elección "en Cristo" es una elección de todas las personas para la salvación y por la eternidad. Así, Barth quita la doctrina de la "elección" del ámbito de la especulación acerca del destino eterno de las personas y la transforma en una expresión de gracia radical.

En resumen, Barth pinta un paisaje cristológico grandioso, que quiere abarcar la historia de la salvación e integrar las cristologías del Nuevo Testamento y patrísticas a su visión de la obra de Cristo.

6. Reflexiones finales

En su gran obra *Institución de la Religión Cristiana*, Juan Calvino (1509-1564) describe un intercambio maravilloso (*mirifica commutatio*) hecho posible por la inmensa bondad de Dios hacia nosotros. De manera poética, e incorporando una serie de alusiones bíblicas, el reformador ginebrino enumera una serie de "intercambios" que ha permitido la obra de Jesús:

---

11 Ver Barth, *KD* IV/3.

Se hizo Hijo del ser humano con nosotros, para hacernos con él hijos e hijas de Dios;
Por su descenso a la tierra preparó nuestro ascenso al cielo;
Por haber aceptado nuestra mortalidad, nos confirió su inmortalidad;
Por haberse hecho cargo de nuestra debilidad, nos consolidó en su fuerza;
Por haber acogido nuestra pobreza, nos transfirió su riqueza;
Por haber asumido el peso de la injusticia que nos oprimía, nos vistió de su justicia.[12]

Al escribir estas palabras Calvino se suma a una larga tradición teológica que entiende la salvación como un hecho basado en la obra del Dios trino en Jesucristo, por el cual Dios Hijo se hace ser humano para que los seres humanos puedan compartir la vida misma de Dios.

La idea del "maravilloso intercambio" tiene raíces añejas: parece haber formado parte de la cristología desde sus comienzos. En sus escritos Pablo utiliza diversas afirmaciones confesionales e hímnicas que proponen un marco cristológico narrativo para esos eventos, y que generalmente incorporan la idea del envío. Es sobre todo aquí donde aparece con fuerza la idea del "intercambio". En las frases de envío citadas por Pablo en Gálatas 4:4-5 y Romanos 8:3-4, vislumbramos la idea de que Dios envía a su Hijo para que lleguemos a ser sus hijos e hijas, es decir, que recibamos la filiación. El "intercambio" aparece asimismo en otros textos paulinos, por ejemplo, en 2 Corintios 8:9, que habla de la gracia de Jesucristo que por amor a la humanidad "siendo rico, se hizo pobre" para que nosotros "con su pobreza" fuéramos enriquecidos. Otro ejemplo aparece en Gálatas 3:13-14 (Cristo se hizo por nosotros maldición para que alcanzáramos la bendición). Por otra parte, así como el "viejo Adán" falló en su cometido y nos trajo la muerte, el "nuevo Adán" –es decir, Cristo– ha venido para cumplir lo que el ser humano no había podido lograr y para traernos la resurrección y la vida (1 Corintios 15:21-22). Como señala con razón la biblista Morna Hooker, en todos estos pasajes el esquema básico es el mismo: Cristo se hace uno de nosotros y nosotras para que, en él lleguemos a ser lo que él es.[13] Para Pablo, este "intercambio" no ocurre directamente entre Dios y los seres humanos, sino que el trueque de resurrección por muerte y de riqueza por pobreza acontece "en Cristo" y es por lo tanto "en Cristo" que experimentamos los beneficios del intercambio. Tratar de entender qué ocurre en el "intercambio" nos interna en el corazón de la cristología: quién es Jesús, qué hace, por qué lo hace, y qué consecuencias tiene para nuestras vidas su vida y su obra.

---

12 El pasaje es del libro IV.17.2; cf. el texto latino de la *Institución* en http://www.ccel.org/ccel/calvin/institutio2/Page_402.html (la traducción al castellano es nuestra).
13 Morna Hooker, "Interchange in Christ," en: *Journal of Theological Studies* 22 nro. 2 (1971) 349-361.

La misma idea, con pequeñas variantes, aparece a menudo en la teología de los primeros siglos. Ireneo de Lyon, que elabora uno de los primeros tratados sistemáticos de teología (por el año 180), la expresa con claridad: "Porque fue con este fin que la Palabra (*Logos*) se hizo ser humano, y el Hijo de Dios, Hijo del ser humano: para que el ser humano, al entrar en comunión con la Palabra (*Logos*) y al recibir así la adopción divina, se convirtiera en hijo [o hija] de Dios".[14] Una de las formulaciones más conocidas de esta dinámica de "intercambio" es la de Atanasio de Alejandría (296–373), en el siglo IV, quien resume: La Palabra (*Logos*) "se hace ser humano para que lleguemos a ser Dios". Añade: "se ha hecho visible en su cuerpo, para que nos hagamos una idea del Padre invisible; ha soportado los ultrajes de los seres humanos, a fin de que heredemos la incorruptibilidad."[15]

Al incorporar la idea del "intercambio" todos estos teólogos se refieren de diversas maneras a lo que se ha dado en conocer como la doctrina de la *theōsis* o divinización, es decir la convicción de que por la gracia de Dios los seres humanos estamos invitados a ser "partícipes de la naturaleza divina" (2 Pedro 1:4). Esto no implica que los seres humanos podamos transformarnos literalmente en Dios, quien aun en su presencia o inmanencia siempre sigue siendo trascendente. Se refiere más bien a la convicción de que Dios nos llama a compartir su vida de la manera más profunda imaginable, como seres humanos transformados y glorificados por el Espíritu de Dios en imagen y semejanza de Jesucristo. Así es que nuestra "divinización" en realidad lo que logra es que nos tornemos en seres más profundamente humanos. El teólogo anabautista holandés Menno Simons (1496–1561) lo expresa con claridad: Participamos en la vida divina cuando entendemos, seguimos y emulamos a Cristo, no según su naturaleza divina, sino según su vida aquí sobre la tierra, con los seres humanos, puesta como ejemplo a seguir.[16] La obra de Jesucristo, entonces, apunta a nuestra transformación como seres humanos, no para dejar de serlo, sino para serlo de manera más profunda, de tal modo que la imagen y semejanza de Dios en la que fuimos creados y creadas (Génesis 1:26) se torne cada vez más preclara. La cristología al igual que la pneumatología –como veremos en el capítulo siguiente– nos ayuda a articular las implicancias concretas de ese camino de seguimiento.

---

14 Ireneo, *Adversus Haereses*, III.19.1.

15 Atanasio, *La Encarnación del Verbo*, 54.3 (Madrid: Editorial Ciudad Nueva, 1989), 109.

16 Menno Simmons, *The Complete Works of Menno Simons*, edición J. C. Wenger (Scottdale: Herald Press, 1956), 55.

Bibliografía seleccionada

Barth, Karl. *Introducción a la Teología Evangélica*. Buenos Aires: La Aurora, 1986.

Gnilka, Joachim. *Teología del Nuevo Testamento*. Madrid: Trotta, 1998.

Lutero, Martín. *Obras de Martín Lutero, vol I*. Buenos Aires, Paidós, 1967.

Macquarrie, John. *Jesus Christ in Modern Thought*. SCM Press, 1990.

McGrath, Alister. *Historical Theology: An Introduction to the History of Christian Thought*. Oxford: Blackwell, 1998.

Moltmann, Jürgen. *El Camino de Jesucristo: cristología en dimensiones mesiánicas*. Salamanca: Sígueme, 1993.

Ridderbos, Herman. *El pensamiento del apóstol Pablo*. Buenos Aires: Certeza.

von Loewenich, Walther. *Luthers Theologia Crucis*. Bielefeld: Luther-Verlag, 1967.

VIII. ¿DÓNDE SOPLA EL ESPÍRITU?

1. El desafío de la pneumatología

No existe en la teología de tradición* llamada occidental o latina –sea católica o protestante– un desarrollo tan exhaustivo de la doctrina* sobre el Espíritu Santo o *pneumatología* como de la cristología. Si revisamos los escritos teológicos de los primeros siglos, por ejemplo, descubriremos que la mayor parte de sus reflexiones pneumatológicas aparecen en el marco del desarrollo de la doctrina *trinitaria* y no en tratados sobre el Espíritu Santo *per se*. Sin embargo, sí aparecen movimientos a través de los siglos que se entienden a sí mismos como "pneumáticos", y que a lo largo de la historia cristiana han servido para subrayar la importancia de la Tercera Persona frente a la tentación de olvidarla. Entre esos grupos podríamos mencionar en el s. II al montanismo –o más precisamente "priscilianismo", ya que su exponente más destacado fue la profetisa Priscila–; en el s. XIII a Joaquín de Fiore; en el s. XVI a los grupos "espiritualistas" del ala izquierda de la Reforma; y a partir del s. XX a los grupos pentecostales, neopentecostales y postpentecostales, así como a los movimientos carismáticos dentro de las denominaciones eclesiales establecidas. Estos movimientos –de características diversas– han compartido la virtud de constituir un impulso y desafío de renovación a otros sectores eclesiales ante su descuido del Espíritu Santo. A su vez, en ocasión, tales grupos han caído en sectarismos o exclusivismos –tal como la obligación de hablar en lenguas, por ejemplo– que tampoco son saludables. Una de las principales tareas de la teología cristiana al reflexionar sobre el Espíritu Santo deberá ser –con la ayuda de la misma *Ruaj*/ Espíritu– precisamente discernir qué trae vida y qué la destruye, qué es verdaderamente del Espíritu y qué no lo es, qué constituye un fiel proseguimiento por el camino de Jesús y qué no. Concretamente, se trata de evitar abusos justificados por la invocación del nombre del Espíritu Santo tales como, por ejemplo, evitar el pensamiento crítico. A la vez, la pneumatología nos ayuda a buscar maneras creativas de evitar que la eclesiología se fagocite a la pneumatología y a descubrir de qué maneras el Espíritu Santo puede *alentar* a su Iglesia.

2. El trasfondo bíblico de la pneumatología

¿Cómo tomar en serio este desafío?[1] Un paso importante es volver a mirar la Escritura desde un interés pneumatológico. Leída así, se descubre que el Espíritu de Dios obra transversalmente a través de toda la historia de Dios con Israel y luego con Jesús y sus seguidores. Si trabajamos con nuestra concordancia, descubriremos muchos pasajes bíblicos en los que aparece el "Espíritu" de Dios, traducción de *ruaj* en la Biblia Hebrea o *pneuma* en la Septuaginta (traducción griega del Antiguo Testamento) y el Nuevo Testamento. ¿Será que esta palabra siempre tiene el mismo sentido? Por ejemplo, según Génesis, el Espíritu o el Aliento de Dios es aquel por el cual el ser humano llega a ser viviente; ¿será idéntico al Espíritu que según el Nuevo Testamento es impartido por Jesús, nos une a él y nos pare a una nueva vida? O por mencionar algo quizá más difícil: el Espíritu que "viene sobre" Gedeón (Jueces 6:34) u Otoniel (Jueces 3:9-11) ¿es el mismo que por medio de Zacarías (4:6) dice que vencerá "No con ejército, ni con fuerza, sino con mi Espíritu"? De hecho, existe en la Biblia una *historia* de comprensiones del Espíritu de Dios, en el transcurso de la cual algunas interpretaciones son profundizadas y otras dejadas atrás.

En el Antiguo Testamento, el Espíritu aparece como fuerza creadora que da vida, que está presente "en" los seres vivientes sin ser idéntico a ellos. En algunas ocasiones obra de manera especial en la vida de ciertas personas, como por ejemplo en las labores de los artistas y artesanos que colaboran en la construcción del tabernáculo. En algunas de las tradiciones más antiguas conservadas en las Escrituras, aparece vinculado con la danza y el habla extática (1 Samuel 19:19ss). En los libros proféticos, el Espíritu tiene un vínculo muy estrecho con la *palabra* de Dios. Allí se promete que algún día todo el pueblo será portador del Espíritu. En el Nuevo Testamento se reconoce en Jesús una figura llena del Espíritu: el Hijo es enviado por el Espíritu y a su vez envía el Espíritu a sus seguidores. Así, el derramamiento del Espíritu de Jesús sobre su comunidad en Pentecostés es una marca de la culminación de la obra de Jesús, pues en esa comunidad ha de experimentarse la realidad de la reconciliación que Dios obra por el Hijo en el Espíritu. Así, la comunidad de fe ha sido llenada por el Espíritu Santo: sus integrantes son *pneumatikoí*, "espirituales". El Espíritu brinda la capacidad de creer, evoca y realiza el amor, trae la libertad y la esperanza y provee dones para su Iglesia.

---

1 Aquí nos apoyamos en Wifried Joest, *Dogmatik, 1, Die Wirklichkeit Gottes* (Göttingen: Vandenhoeck & Ruptrecht, 1989), 274ss.

2.1. La *Ruaj* de Yahvé en la Biblia Hebrea[2]

No es fácil sistematizar las referencias veterotestamentarias al Espíritu de Dios, que ya de por sí no es tema tan explícitamente central como en el Nuevo Testamento, pero justamente por eso vale la pena profundizar en la Biblia Hebrea. La expresión específica "Espíritu Santo" solamente aparece en el Salmo 51:11 y en Isaías 63:10-11. Sin embargo, las raíces de la pneumatología cristiana están en el Antiguo Testamento y en sus referencias acerca de la obra de la *Ruaj*.

El término *"ruaj"* aparentemente está emparentado con el concepto que significa "espacio abierto": la *Ruaj* abre espacios, pone en movimiento, lleva del lugar estrecho al espacio amplio y así vivifica. La palabra *ruaj* casi siempre está vinculada a verbos que describen el *movimiento* y que se refieren al viento, a la tormenta, a la respiración, a la fuerza vital o creativa o profética.

La *Ruaj* de Dios en el AT siempre está en movimiento y es todo lo contrario a lo estático. Esa es su manera de obrar. No obstante, no por ello la podemos definir: el dicho del Jesús juanino, según el cual nadie sabe de dónde viene o hacia dónde va la *Ruaj-Pneuma* (Juan 3:8), es reflejo de una convicción veterotestamentaria. El sabor semita de este pasaje aparece también en Juan 3:5, donde se dice que nadie puede entrar al Reino de Dios sin antes haber sido parido por la *Ruaj-Pneuma*. La *Ruaj* es siempre quien moviliza, inspira, sostiene y nutre la vida y todo lo que tiene que ver con ella. Más tarde, en Pentecostés, la *Ruaj* pondrá en movimiento a la Iglesia de Cristo y la nutrirá dinámicamente, en este mismo sentido.

En el Antiguo Testamento, la palabra *ruaj*, entonces, se utiliza para hablar de Dios en cuanto presente y activo en el mundo y en particular en la vida de los seres humanos. Así como cuando se habla del brazo, de la mano, del dedo, del rostro, de la gloria, de la palabra o del ángel de Yahvé se trata de la presencia de Yahvé mismo, cuando obra la *Ruaj* de Yahvé, obra Yahvé mismo. No son separables. Tampoco la *Ruaj* de Dios sugiere la idea de una "interioridad" de Dios paralela al "espíritu" humano. Más bien, los relatos acerca de la *Ruaj* dan a entender aquel movimiento en el que Dios desde su trascendencia* se acerca a su creación de manera inmanente*, pero en el sentido de que se hace presente en una particularidad que él mismo determina.

---

2 Principal bibliografía consultada: Lindsay Dewar, *The Holy Spirit and Modern Thought* (New York: Harper & Brothers, 1959), 3-14; Alasdair I. C. Heron, *The Holy Spirit. The Holy Spirit in the Bible, the History of Christian Thought and recent Theology* (Philadelphia: Westminster, 1983), 3-22; Helen Schüngel-Straumann, "Geist. I. Altes Testament", en *Wörterbuch der feministischen Theologie* (Gütersloh: Gütersloher Verlagshaus, 1991), 146-147; Michael Welker, *Gottes Geist. Theologie des Heiligen Geistes* (Neukirchen-Vluyn: Neukirchener Verlag, 1992), 58-100.

2.2. Facetas de la obra de la *Ruaj* de Yahvé

2.2.1. La creación y el sustentamiento de la vida

De especial importancia teológica son los pasajes en los que la *Ruaj* o Espíritu de Dios expresa una fuerza vital y creativa que se vincula con la respiración (*neshamah*): ambas provienen de la boca de Dios. Job 33:4, por ejemplo, dice "La *Ruaj* de Dios me hizo, y la *Neshamah* del Omnipotente me dio vida". Así, sin la *Ruaj* de Dios no puede existir la vida, como se expresa en el Salmo 104:29ss:

> Escondes tu rostro, se turban;
> Les quitas su *ruaj*, dejan de ser,
> Y vuelven al polvo.
> Envías tu *Ruaj*, son creados,
> Y renuevas la faz de la tierra

Dios en cuanto Espíritu y Dios de la vida aparece aquí en un rol maternal, cobijador: no como un monarca lejano sobre un trono. Parecido es el sentido en Génesis 1:2, en el primer relato de la creación: "La *Ruaj* de Dios se movía sobre la faz de las aguas". Por otra parte, también en Ezequiel 37 (el "valle de los huesos secos") la *Ruaj* da vida, esta vez en un contexto donde parecía no haber ya ni vida ni esperanza. La idea de la participación de la *Ruaj* en la creación constituye la raíz de lo que más tarde fue la doctrina cristiana del *Spiritus Creator* o *Espíritu Creador*.

2.2.2. Carismas extraordinarios

Hay pasajes en el Antiguo Testamento en los que Dios "llena" a ciertas personas con su *Ruaj* para que puedan cumplir alguna misión específica. Hay algunos casos en los que la persona recibe este carisma por un largo período (por ejemplo, Bezaleel según Éxodo 35:31 o Josué según Números 27:18 y Deuteronomio 34:9). En otros casos, se da una posesión temporaria y violenta de una persona (Sansón en Jueces 14:6; Otoniel en Jueces 3:10; Gedeón en Jueces 6:34, Jefté en Jueces 11:29 y Saúl en 1 Samuel 11:6).

2.2.3. Profecía

Es notable que la compresión de la "profecía" en el momento de la redacción de 1 Samuel, capítulos 10 y 19, sea la de una posesión extática y descontrolada atribuida a la influencia de la *Ruaj* de Yahvé. Saúl -por ejemplo- danza desnudo todo un día y toda una noche. Heron señala con cierta ironía que esto seguramente no es lo que tenemos en mente cuando en el Credo Apostólico confesamos que Dios "habló por medio de los profetas", pero es lo que en ese momento se asociaba con el profetismo. Por eso mismo, los profetas clásicos en el período anterior a la destrucción de Jerusalén -como Amós, Oseas, Miqueas, el Primer Isaías y Jeremías-pocas veces se vinculan explícitamente con la *Ruaj*, pues la actividad profética estaba desprestigiada (ver, por ejemplo, la aparente negatividad de Oseas hacia los "profetas" en Oseas 6:5; 9:8; 12:10 y el comentario de Amós en Amós 3:8). Más tarde, en el período exílico, esto cambiaría una vez más. Ezequiel atribuye sus visiones y profecías a la inspiración de la *Ruaj* (Ezequiel 2:1-2 y *passim*). Lo mismo ocurre en el material isaínico (Isaías 62:1ss). Hacia el final de la redacción de los libros del Antiguo Testamento, se presupone que *toda* profecía verdadera es inspirada por la *Ruaj*, como por ejemplo en Zacarías 7:12: ". . . pusieron su corazón como diamante, para no oír la Ley ni las palabras que *Yahvé Shebaot* enviaba por su Espíritu, por medio de los profetas primeros . . ." La vinculación de los grandes profetas con la *Ruaj* se establece como convicción general una vez que ya son parte del pasado, juntamente con la consolidación de la "literatura profética inspirada" que más tarde formaría parte del canon.

2.2.4. La esperanza futura

a. El rey davídico

El pasaje clásico que promete un futuro rey imbuido de la *Ruaj* de Yahvé es Isaías 11:1-5:10:

"Saldrá una vara del tronco de Isaí
y un vástago retoñará de sus raíces.
Y reposará sobre él la *Ruaj* de Yahvé
Ruaj de sabiduría y de inteligencia
Ruaj de consejo y de poder
Ruaj de conocimiento y de temor de Yahvé . . ." (11:1-2)

Este pasaje, así como la promesa formulada durante el período exílico por el "Segundo Isaías" (42:1-4) acerca del Siervo de Yahvé, lleno de la *Ruaj* de Yahvé, irían moldeando las expectativas mesiánicas. A medida que se intensificaba la sensación de que la *Ruaj* se había distanciado de Israel, se iba profundizando también la espera de aquella figura sobre quien estaría plenamente la *Ruaj*.

b. El pueblo de Israel

La esperanza mesiánica no era solamente personal, sino que se centraba en promesas para todo el pueblo, que deseaba la presencia de la *Ruaj* en el pueblo todo. Esto aparece, por ejemplo, en Isaías 63, en el que se refleja el deseo de que la santa *Ruaj* de Dios more entre el pueblo como poder de la presencia de Dios. Más tarde, este deseo se tornaría una convicción, como en Joel 2:28: "Y después de esto derramaré mi *Ruaj* sobre toda carne, y profetizarán vuestros hijos y vuestras hijas . . .". Esta esperanza no se limitaba a la idea de una serie de experiencias extáticas, sino que involucraba también la esperanza amplia para la vida del pueblo y de la tierra, como ilustran también Isaías 32:14-18, Isaías 44:3-5 y Ezequiel 36:24-38. Se trata, pues, de una esperanza *corporativa* y no solamente respecto de la inspiración de individuos.

c. La persona individual

También aparecen pasajes relativos a la relación de la persona individual con Dios y a cómo Dios perdona los pecados personales. Un ejemplo clásico es el Salmo 51: "Crea en mí, oh, Dios, un corazón limpio, y renueva una *ruaj* recta dentro de mí. No me eches de delante de ti, y no quites de mí tu santa *Ruaj*." La perspectiva de los Salmos suele ser más individual que la de los profetas. Se trata de dos perspectivas complementarias, pero que a veces se disgregan.

2.3. Puente hacia la época intertestamentaria: la Sabiduría

La Palabra (*dabar*) de Dios aparece a menudo en la Biblia Hebrea vinculada a la *Ruaj*, para expresar distintos tipos de actividad divina: la creación (ver Salmo 33:6), la providencia (Salmo 103:20; 148:8; Isaías 55:11) y la revelación (*passim*). Hemos visto cómo la idea de la Palabra/Hijo se vincula trinitariamente a la de la *Ruaj*/Espíritu como "saliendo de la boca" del Padre y sin los cuales el Padre nunca ha estado ni se ha expresado.

Otra imagen importante vinculada a la *Ruaj* es la Sabiduría (*hojmah*) de Dios. Esta imagen aparece únicamente en libros tardíos del Antiguo Testamento como Proverbios (cap. 8), así como en los deuterocanónicos Eclesiástico y Sabiduría. En este último libro, la Sabiduría prácticamente actúa como *hipóstasis* de Dios: se sienta al lado del trono de Dios y es su "asociada"; refleja su gloria y su poder como un espejo y transforma a los seres humanos. La *Hojmah* o *Sofía* tendría más influencia en la cristología del Nuevo Testamento que en su pneumatología, quizá porque se vinculó el papel mediador del Hijo con el papel mediador de la Sabiduría[3]. De todas maneras, siempre hubo corrientes en la historia de la teología que mantuvieron el vínculo conceptual entre la *Sabiduría* y el Espíritu.

2.4. Sistematización conceptual de Welker

En su libro sobre el Espíritu Santo, Michael Welker organiza los conceptos veterotestamentarios en dos momentos:

El *primer momento* es el de las experiencias tempranas y difusas de la fuerza del Espíritu:

---

3 Elisabeth Schüssler Fiorenza, trabaja la idea de Jesús en cuanto profeta de Sofía en su libro *Cristología feminista crítica: Jesús, hijo de Miriam, profeta de la Sabiduría* (Madrid: Trotta, 2000).

- en la salvación de la necesidad y del pecado colectivos;
- en la problemática continuidad de la fe en medio de presiones constantes;
- en la transformación pública de gobernantes y de estructuras de poder político;
- en la manifestación de espíritus falsos y de mentira;
- en la concentración sobre la esperada presencia de Dios.

El *segundo momento* dirige la mirada específicamente sobre el Espíritu prometido de la justicia y de la paz y lo que ha de conllevar:

- superación del legalismo (la justicia, la misericordia y el reconocimiento de Dios);
- superación de los intereses políticos de la élite (la autoridad de los desposeídos, sufrientes, impotentes);
- superación de lo delimitado por el tiempo y el espacio (derramamiento del Espíritu);
- superación de las monoculturas imperiales (y de diferencias etarias, étnicas, de género);
- superación de los límites de la naturaleza (creación y nueva creación por el Espíritu).

Vemos, entonces, que la pneumatología de la Biblia Hebrea es compleja y que provee elementos que luego el Nuevo Testamento interpreta a la luz de Jesús.

3. Padre, Hijo, ¿Y Espíritu?

¿Cómo se da el paso de estas diversas imágenes bíblicas vinculadas al obrar de la *Ruaj* de Yahvé, que en el Nuevo Testamento reaparecen íntimamente ligadas al obrar de Jesucristo, a la doctrina pneumatológica propiamente dicha? Decíamos en la introducción de este capítulo que la pneumatología como tal se desarrolla en el contexto de la elaboración de toda la doctrina trinitaria. Esto no fue casual. Tal como se dieron las discusiones, partiendo de la experiencia de salvación de la que atestigua el Nuevo Testamento, primero se trató de aclarar si el Hijo era del mismo rango divino que el Padre. Esto llevó en el Concilio de Nicea (325) a que se declarara que el Hijo era "consustancial" (*homoousios*) con el Padre, es decir, que compartía su dignidad y que no era "menos" Dios que el Padre en ningún aspecto. Una vez establecida esta pauta, dada la práctica de bautizar en el nombre del Padre, del Hijo y del Espíritu Santo y la inclusión del Espíritu en las confesiones de fe, la pregunta que surgió casi de inmediato fue: ¿Y el Espíritu? ¿Es "tan" Dios como el Padre y el Hijo? ¿Es –por usar el término técnico que se había impuesto finalmente en medio de grandes disputas y disgustos– *consustancial* con el Padre y el Hijo?

Precisamente, hacia el 359 o 360, el obispo Atanasio de Alejandría**, gran defensor de la fe nicena, recibe de Serapión**, obispo de Tmuis, el desafío de responder a un grupo de cristianos egipcios que reconocían la divinidad del Hijo, pero no la del Espíritu. Fueron precursores de los *pneumatomaquianos*[4], y Atanasio los denominó los *tropici* [*tropos* = figura] debido a su particular exégesis figurativa de la Biblia. Sostenían que el Espíritu era una criatura, un ángel superior en rango a los otros ángeles, pero al fin y al cabo también un "espíritu ministrador" (Hebreos 1:14) al igual que ellos. Los *tropici* recurrían a tres textos para comprobar su postura: Amós 4:13, Zacarías 1:9 y 1 Timoteo 5:21.

En respuesta a estas ideas, Atanasio enseña en su *Epístola a Serapión* que el Espíritu es plenamente divino, consustancial al Padre y al Hijo:

- En toda la Escritura, el Espíritu no aparece como alguien análogo a las criaturas, sino que pertenece a la Deidad. Las criaturas vienen de la nada y reciben la santificación y la vida, siendo mutables, circunscritas y múltiples; en cambio, el Espíritu viene de Dios y es inmutable, omnipresente y único (*ad Serap.* 1,22-27).
- La Tríada es eterna, homogénea e indivisible, por lo que el Espíritu en cuanto miembro de esa Tríada tiene que ser consustancial al Padre y al Hijo (*ad Serap.* 1,2; 1,20; 3,7).
- Dada la estrecha relación entre el Espíritu y el Hijo, el Espíritu pertenece al Hijo de la misma manera en la que el Hijo pertenece al Padre. Es el Espíritu del Hijo, es otorgado por el Hijo, y lo que posee es del Hijo; obra con el Hijo en la obra creadora y con el Hijo inspira a los profetas; también obra con el Hijo en la encarnación. Nos hace partícipes de Dios, lo que no sería posible si no fuera Dios: "Si diviniza a los seres humanos, su naturaleza tiene que ser la de Dios".

Atanasio -adhiriendo a la costumbre de sus contemporáneos- se abstiene de denominar al Espíritu directamente con la palabra "Dios"; sin embargo, su doctrina es que el Espíritu pertenece al Padre y al Logos y que comparte la misma sustancia (*homoousios*) con ellos (*ad Serap.* 1,27). Las tres Personas comparten la misma actividad (*energeia*), de manera que "el Padre logra todas las cosas por medio de la Palabra en el Espíritu Santo" (*ad Serap.* 1,28). Poco después, en el Concilio de Alejandría de 362, Atanasio logró que se aceptara la proposición según la cual el Espíritu no es una criatura, sino que pertenece a la sustancia del Padre y del Hijo y es inseparable de ella. Eso dejó en claro que hacía falta especificar exactamente cuál era el lugar del Espíritu Santo. En el Concilio de Constantinopla (381) se promulgó oficialmente la consustancialidad del Espíritu Santo. Sin embargo, el desafío de aclarar cuál es el lugar del Espíritu Santo en nuestra fe y en nuestra teología se renueva en todas las generaciones. Conocer los intentos

---

4 Literalmente, "quienes luchan contra el Espíritu".

en ese sentido de los teólogos llamados capadocios* nos brinda un instrumental que puede inspirarnos en nuestros intentos actuales de encontrar maneras de expresar la importancia del Espíritu para la fe y práctica cristianas.

La Biblia y el lenguaje teológico

Los pneumatomaquianos ("luchadores contra el Espíritu") citaban una gran cantidad de textos bíblicos que según ellos marcaban la inferioridad del Espíritu. Subrayaban en particular la ausencia de afirmaciones bíblicas directas a los efectos de que el Espíritu fuera divino. Reflexionar sobre el uso de la Biblia que hacen los arrianos* en los debates sobre Cristo y los pneumatomaquianos en los debates sobre el Espíritu es sugerente. Nos indica que un problema de fondo de toda teología no es solamente *citar* la Biblia sino *interpretarla* de un modo que sea fiel a la totalidad de lo que esta atestigua, es decir, a la luz de toda la historia de la salvación. Por otra parte, el hecho de usar el lenguaje bíblico no garantiza que sea un lenguaje unívoco, entendido por todos de la misma manera. A veces, la teología se ve obligada a recurrir a un lenguaje técnico, extrabíblico, para tratar de expresarse con precisión de un modo que sea fiel al mensaje bíblico. Este fue el caso de la incorporación de expresiones como "Trinidad" u *homoousios* (consustancial). El problema es que, a su vez, con la nueva palabra se filtran elementos de la cosmovisión* de la que ella proviene. Por ejemplo, a pesar de que pretende ser fiel al sentido del texto bíblico, la palabra *homoousios* introduce un nivel mucho más abstracto a la discusión que los relatos acerca de Jesús y del Espíritu que aparecen en el Nuevo Testamento. Así, la teología se encuentra ante el permanente desafío de usar con precisión sus términos y a la vez de confesar la provisionalidad de su lenguaje.

4. La contribución de los capadocios a la discusión sobre la consustancialidad del Espíritu Santo[5]

4.1. Basilio de Cesarea**

A mediados del siglo IV de la era cristiana, el grupo favorable a la divinidad del Espíritu era variado, y el consenso sobre cómo expresar la divinidad del Espíritu

---

5 Ver J. N. D. Kelly, *Early Christian Doctrines*, 255ss.

se fue logrando muy lentamente. Para no herir susceptibilidades, Basilio en 372 todavía evitaba decir directamente que el Espíritu era Dios, buscando consenso en torno al criterio negativo según el cual el Espíritu no era una criatura. Sin embargo, en respuesta a la creciente actividad de los pneumatomaquianos, propuso que el Espíritu debe ser reconocido como intrínsecamente santo, uno con la naturaleza divina y bendita, inseparable del Padre y del Hijo, como lo da a entender la fórmula bautismal. En su tratado *Sobre el Espíritu Santo* (375) avanza un paso más, instando a que el Espíritu reciba la misma gloria, el mismo honor y la misma adoración que el Padre y el Hijo. Debe ser considerado juntamente con ellos y nunca como menos que ellos. Si bien no dice explícitamente que el Espíritu es "Dios" ni que es consustancial, deja claro que "glorificamos el Espíritu con el Padre y el Hijo porque creemos que no es ajeno a la naturaleza divina" (*Ep 159:2*).

4.2. Gregorio Nacianceno** y Gregorio Niseno**

Los dos Gregorios repiten y extienden la enseñanza de Basilio. Gregorio Niseno (hermano menor de Basilio) subraya la "unidad de naturaleza" compartida por las tres Personas y cita el Salmo 33:6 para mostrar que la Palabra y el Espíritu son realidades que comparten un mismo rango. Gregorio Nacianceno es el "capadocio**" que más claramente se expresa: "¿Es Dios el Espíritu? Por cierto. ¿Es entonces consubstancial? Por supuesto, pues es Dios" (*Discurso* 31,10).

Gregorio Nacianceno se basa en el testimonio de la Escritura (Juan 4:24; Romanos 8:26; 1 Corintios 14:15). Se concentra en el carácter del Espíritu en cuanto Espíritu de Dios y de Cristo, su relación con Cristo en la obra de la redención y su papel en la práctica devocional de la Iglesia. Para justificar el hecho de que la divinidad del Espíritu se aceptara relativamente tarde, argumenta que primero tenía que venir la aceptación de la divinidad del Padre (Antiguo Testamento), luego la del Hijo (Nuevo Testamento) y finalmente la del Espíritu, a la que se apunta veladamente ya en el Nuevo Testamento, pero que hoy vive en nosotros y va mostrándose en nosotros más claramente.

4.3. ¿Segundo Hijo del Padre?

Los arrianos decían que el *homoousion* del Espíritu daba a entender que el Padre tenía dos Hijos. Para responder a esta burla, fue preciso que se diferenciara entre el modo de procedencia del Hijo y del Espíritu. Gregorio Nacianceno propone simplemente la idea de que el Espíritu "procede" del Padre, tal como aparece en Juan 15:26, sin explicar de qué manera. Por otra parte, Gregorio Niseno en *Contra Eunomio* y *Contra los Macedonios*, enseña que el Espíritu es de Dios y es de Cristo; procede del Padre y recibe del Hijo; no puede ser separado de la Palabra. Así, las tres Personas han de distinguirse de acuerdo con su origen: el Padre es la **causa**, y los otros dos son **causados**. Las dos Personas causadas pueden distinguirse en cuanto una es engendrada por el Padre, mientras que la otra procede del Padre. Solamente del Hijo puede decirse que es unigénito, lo que no rebaja al Espíritu, que deriva su ser del Padre por el Hijo, así como una tercera antorcha puede ser prendida por la primera vía la segunda. De aquí, entonces, la enseñanza de la Iglesia Ortodoxa según la cual la procesión del Espíritu Santo es *del Padre por medio del Hijo*. No se trata de una afirmación de valor subordinacionista, porque surge en un contexto en el que ya se está defendiendo la consubstancialidad del Espíritu.

4.4. El Concilio de Constantinopla y sus implicancias trinitarias[6]

Fue en este Concilio, en 381, que se promulgó formalmente la consustancialidad del Espíritu así como la del Hijo. La teología que prevaleció fue, pues, la de los tres grandes capadocios*, así como la de maestros tales como Dídimo el Ciego** y Evagrio Póntico** –teología que a su vez reflejaba la de Atanasio, si bien con un énfasis diferente. El punto de partida de estos teólogos eran las tres hipóstasis y no una única sustancia divina; así es que si bien su fórmula es *una ousía* (sustancia) *en tres hipóstasis*, suelen enfocarse más sobre esto último. La esencia de su doctrina es que Dios existe simultáneamente en **tres modos de ser** o hipóstasis. En la *Epístola 38* (atribuida tradicionalmente a Basilio, pero posiblemente escrita por Gregorio Niseno) se afirma que "Todo lo que es el Padre es visto en el Hijo, y todo lo que es el Hijo pertenece al Padre. El Hijo mora enteramente en el Padre y a su vez posee al Padre enteramente en sí mismo. Así, la hipóstasis del Hijo es la forma y la presentación por la cual es conocido el Padre, y la hipóstasis del Padre es reconocida en la forma del Hijo"[7]. Se trata de la doctrina de la coinherencia o **intercompenetración** (*perijóresis*) de las tres divinas Personas, que en la teología contemporánea ha vuelto a tener mucha fuerza como modelo interpretativo para la pneumatología en particular y para la doctrina trinitaria en general.

Características propias de cada una de las Tres Divinas Personas:

Si bien no son subordinacionistas (no piensan que el Hijo o el Espíritu sean "menos" que el Padre o Primera Persona), los capadocios describen al Padre como **fuente** o principio de la Divinidad. Imparte su ser a las otras dos Divinas Personas y es su "causa" (que no es lo mismo que crearlas). Utilizando categorías

---

6 Este tema será desarrollado en extensión en el capítulo siguiente sobre la Trinidad.
7 Cf. en versión inglesa, en la colección de cartas de Basilio reproducida en https://www .newadvent.org/fathers/3202038.htm.

platónicas, explican cómo una sustancia puede estar presente simultáneamente en tres Personas: la *ousía* es a lo universal lo que la hipóstasis es a lo particular. Así como cada ser humano representa a la humanidad en su totalidad, también tiene características particulares.

Para Basilio estas características propias de cada una de las tres Divinas Personas son la **paternidad**, la **filiación** y la **santificación**. Gregorio Nacianceno es aún más preciso (*Oratio 25,16; 26,19; 29,2*): habla de la **ingenitud** (*agennesía*), la **genitud** (*génnesis*) y la **misión o procesión** (*ekpempsis; ekpóreusis*). Gregorio aclara que no puede indicar en qué difiere la procesión del Espíritu de la generación del Hijo, pero subraya que la distinción de las Personas se fundamenta en su origen y mutua relación. Así es que algunos autores posteriores –como Karl Barth y Karl Rahner– han hablado de tres Modos de Llegar a Ser (*tropoi huparxeos*), prefiriendo esta designación a la de Personas.

Para los capadocios, en la Tríada se adora la Mónada, así como en la Mónada se adora la Tríada. La unidad de la sustancia (*ousía*) se deduce de la unidad de la acción divina (*energeia*) que se manifiesta en la revelación o economía de la salvación. Padre, Hijo y Espíritu cooperan mutuamente en la santificación, consolación, redención y divinización. Parten de la "simplicidad" de la esencia divina, es decir de la unidad de naturaleza (no "numérica"). Así, Evagrio Póntico puede escribir: "En respuesta a quienes nos acusan de triteísmo, quiero decir que adoramos un Dios, uno no en número sino en su naturaleza" (*Ep. Bas.* 8,2).[8]

5. Hacia una comprensión de la *perijóresis*[9]

Dicho todo esto, nos queda una duda: ¿cómo es la dinámica por la que se relacionan estas tres Divinas Personas? Una de las respuestas que intenta explicar esa dinámica es precisamente la de "intercompenetración" (*perijóresis*). Jürgen Moltmann**, que basa gran parte de su construcción teológica en el modelo de la *perijóresis*, explica que hay dos puntos de partida para desarrollar la doctrina de la Trinidad: el metafísico y el bíblico. El punto de partida que elijamos afectará profundamente el desarrollo de nuestra pneumatología. Veamos cómo Moltmann desarrolla este concepto.

---

8 Para una traducción al inglés, ver http://www.ldysinger.com/Evagrius/11_Letters/63_letter_on _faith.htm.
9 Para lo siguiente, ver J. Moltmann, *Erfahrungen theologischen Denkens. Wege und Formen christlicher Theologie* (Gütersloh: Christian Kaiser/Gütersloher Verlagshaus, 1999), 280–283.

El camino metafísico parte de la suposición de que Dios *es* y que es *uno*. Precisamente en este contexto –el de la metafísica de la sustancia– fue que Tertuliano propuso la conocida frase sobre la Trinidad: una sustancia, tres personas (*una substantia - tres personae*). Así, la unidad de la Trinidad se concibe como la sustancia común y homogénea de las tres Divinas Personas. En el marco de la metafísica moderna de la subjetividad, Karl Rahner y Karl Barth** identificaron la unidad de la Trinidad en la *personalidad* y la *subjetividad* de Dios: *un Sujeto Divino en tres modos de ser o tres modos de subsistencia*. Según este modelo, la unidad de la Trinidad radica en la soberanía del único Dios. En ambos pensadores, la unidad de la Trinidad tiene prioridad por sobre su triplicidad: no es que la unidad se construya desde esa triplicidad. Según este modelo, en el Dios tri-uno hay que suponer una naturaleza, una conciencia y una voluntad que se manifiesta en tres modos de ser o de subsistir.

Cuando se aplica la doctrina trinitaria de Barth y de Rahner a los relatos bíblicos, por ejemplo, a la historia de Getsemaní, según Moltmann aparecen de inmediato sus límites: ¿Es que un modo de ser de Dios ora a otro modo de ser? ¿Cómo puede reconocerse en el Dios trino solamente "una voluntad" y "una conciencia" si la oración de Jesús al Padre termina con las palabras "No se haga mi voluntad, sino la tuya"? A diferencia de lo que ocurre en el modelo metafísico de la unidad de Dios, el punto de partida bíblico para desarrollar la doctrina trinitaria parte de tres Actores en la historia de Dios: Padre, Hijo, Espíritu. La pregunta sobre la unidad de Dios surge de ese triple accionar.

Mientras que Pablo y los evangelios sinópticos suelen hablar de "Dios" en referencia al "Padre de Jesucristo", el Jesús juanino habla de manera explícitamente trinitaria: "quien me ve a mí, ve al Padre"; "yo y el Padre una cosa somos"; "yo estoy en el Padre y el Padre está en mí". Las expresiones "yo" y "tú"; "nosotros" y "nuestro" dan a entender una relación personal entre Jesús y Dios Padre. No es que se presuponga una unidad, sino que esta se *construye* por medio de una *inhabitación recíproca*. Así, para Moltmann, esta forma *perijorética* de unidad es la mejor manera de pensar *trinitariamente* la *unidad* del Dios trino, pues combina la triplicidad y la unidad de tal modo que evita el reduccionismo: es decir, evita tanto el peligro del *modalismo* (Dios se presenta a veces como Padre, a veces como Hijo, a veces como Espíritu Santo) como el peligro del *triteísmo* (hay tres Dioses: Padre, Hijo y Espíritu Santo).

¿Cuáles son las características de la llamada *perijóresis*[10] según su elaboración contemporánea por Moltmann? Se podrían señalar las siguientes características:

(a) Si entendemos la vida de Dios de manera perijorética, entonces no partimos de un solo Sujeto; no podemos pensar en "Dios" sin pensar

---

10 El primero en la tradición en desarrollar este concepto en un sentido trinitario fue Juan Damasceno (ca. 675-ca. 749); ver su *Exposición de la fe*, trad. J. P. Torrebiarte (Madrid: Ciudad Nueva, 2003).

en las tres Divinas Personas. Su común naturaleza, común voluntad y común conciencia se construyen intersubjetivamente por medio de la personalidad, conciencia y naturaleza específica de cada una de las tres Personas. El Padre es consciente de Sí mismo en cuanto es consciente del Hijo, y así sucesivamente.

(b) Si la unidad trinitaria se entiende perijoréticamente, quiere decir que no es una unidad exclusiva, cerrada en sí misma, sino una unidad abierta, invitadora, integradora, como atestigua la oración "sacerdotal" de Jesús por sus discípulos en Juan 17:21: "que sean uno *en nosotros*". Esta *inhabitación* de los seres humanos en el Dios trino corresponde a la inhabitación del Dios trino en los seres humanos: "Quien me ama, guardará mi palabra, y mi Padre lo amará y vendremos á el, y haremos morada con él" (Juan 14:23).

(c) La *perijóresis* no integra y une solamente a Otros de la misma "clase", sino a otros de distintas clases o naturalezas (criaturas y Creador). Vemos una inhabitación mutua de Dios y de los seres humanos en el amor: "Quien permanece en el amor, permanece *en Dios* y *Dios en él*", (1 Juan 4:16)[11]. Pablo formula la consecuencia escatológica de esta dinámica de la presencia (*shekinah*) de Dios cuando dice que Dios será "todo en todos" (1 Corintios 15:28). Todas las criaturas serán "divinizadas" (a la manera de la teología ortodoxa de Atanasio)[12] en la eterna presencia del Dios trino: es decir, que todas las criaturas encontrarán su "lugar espacioso, libre de todo apuro" (Job 36:16).

Así, la perspectiva perijorética puede ayudarnos a integrar mejor nuestra visión de la obra del Espíritu *creador y vivificador* –cuya labor incluye darnos vida por un lado y seguir vivificándonos por el otro– a la obra del Padre y del Hijo. Es como si la reflexión sobre el Espíritu Santo nos invitara a sumarnos a la danza de vida, la danza "perijorética" por la que Padre, Hijo y Espíritu renuevan la faz de la tierra y vivifican a su creación. Cuando nos sumamos a esa danza por la fuerza del Espíritu (de la *Ruaj*), entramos en el ámbito de la *espiritualidad*.

---

11 En *Trinidad y Reino de Dios* (Salamanca: Sígueme, 1982), Moltmann trabaja esta idea de la "Trinidad abierta".

12 Es lo que explicábamos al final del capítulo anterior, cuando hablábamos del "maravilloso intercambio".

6. La espiritualidad que nace del Espíritu Madre y Partera[13]

6.1. Espíritu Madre

El (o "la") Espíritu (*Ruaj*) tiene una función maternal, pues es quien nos da a luz espiritualmente y así nos brinda vida espiritual[14]. Esto aparece en diversos escritos del cristianismo en sus primeros años, por ejemplo, en oraciones dirigidas al Espíritu: "Ven, Madre misericordiosa" y "Ven, Dispensadora de la vida". El *Cántico de las Perlas*, un escrito cristiano gnóstico*, la llama "Madre de todas las criaturas". La tradición sobre el ministerio u oficio materno del Espíritu Santo se extendió sobre todo en las tradiciones de las iglesias orientales. En las homilías de Macario, atribuidas a Simeón de Mesopotamia, el *oficio materno* del Espíritu Santo aparece con fuerza. Allí se afirma que el Paráclito consuela a los cristianos como una madre a su hijo (Juan 14:26 e Isaías 66:13) y que solamente quien nace de nuevo (Juan 3) puede ver a Dios. Quien nace de nuevo lo hace por la *Ruaj*-Espíritu y es hijo o hija de la *Ruaj*-Espíritu.

Cuando las homilías de Macario fueron traducidas al alemán en el s. XVII, dejaron su huella en el pietismo naciente. Fueron muy apreciadas por Juan Wesley**, August Hermann Francke y el conde Zinzendorff**. Si trazamos esta genealogía teológica, vemos que los hermanos moravos de Pennsylvania proclamaron oficialmente el "ministerio maternal del Espíritu Santo" (1741). Así también Zinzendorff usa la imagen de la familia para representar a la Trinidad: Abba Padre, Espíritu Madre, Jesucristo Hijo, nuestro hermano.

Es posible ver al Abba Padre como un padre maternal, y a la *Ruaj* o Espíritu como una madre paternal. Con este tipo de discurso se quiere dar a entender que ninguno de los dos puede ser atrapado en metáforas de un solo género. Por otra parte, vale la pena recordar que el mismo texto bíblico que nos enseña a decirle Abba ("Tata Dios", "Papito") al "Padrenuestro que estás en los cielos" de Jesús, nos enseña que *Sofía-Ruaj* es nuestra Madre, de la cual debemos nacer de nuevo espiritualmente (Juan 3), de manera análoga pero distinta a la de nuestro primer nacimiento a la vida biológica. La Escritura utiliza una gran variedad de metáforas humanas y no humanas para referirse a la *Ruaj*: fuego, viento, manantial, ave, madre; se trata de algo muy importante para la teología, pues nos insta a no caer en reduccionismos en nuestro lenguaje y nuestras metáforas referidas a Dios.

Por cierto, la imagen más apropiada del Dios trino no es la de dos varones (un barbudo joven y otro más anciano) sobrevolados por un pájaro, como solemos ver en el arte cristiano europeo medieval y barroco. Tampoco debe reducirse a la imagen de una micro familia heterosexual en la que Padre y Madre

---

13 Nancy Bedford desarrolla este tema en mayor detalle en *La porfía de la resurrección* (Buenos Aires: Kairós, 2008), 59–86.

14 Cfr. el desarrollo de Moltmann, *El Espíritu de la vida* (Salamanca: Sígueme, 1998), 174–178.

reinan supremos eternamente como si fueran un Super Yo celestial. No debemos meternos en un callejón sin salida con este tema. Como señala Moltmann, la liberación interna del vínculo primario con la madre, al igual que la emancipación del padre, es un proceso necesario del desarrollo de los seres humanos. Lo que la fe cristiana coloca como símbolo de la esperanza y del futuro es el *mesianismo del Hijo*, nuestro hermano, no la dominación enfermiza ni de un Padre ni de una Madre que están en los cielos. "El" (la) Padre, "el" (la) Espíritu, nos muestran quiénes son y cómo hemos de vivir a través del rostro y de la vida del Hijo, nuestro hermano. Es *su* espiritualidad la que hemos de buscar y proseguir, con la ayuda de su Espíritu de Vida.

6.2. Espíritu Partera

En Romanos 8:22ss aparece la metáfora de una creación que gime y está con dolores de parto, una creación que incluye a los hijos y las hijas de Dios, que han recibido las primicias del Espíritu. El Espíritu en cuanto Partera de la nueva vida en Jesús "nos ayuda en nuestra debilidad". Muchas madres pasan por la experiencia en el parto de que cuando sus pujos parecen insuficientes, la partera coloca su rodilla en la parte superior del abdomen y aplica su peso; con su ayuda, la criatura que está naciendo comienza a asomarse. Ese empujón de la partera es como la intercesión del Espíritu que nos ayuda y da fuerzas. Así aprendemos, si bien de manera análoga y distante, cómo la *Ruaj* nos ayuda en nuestra debilidad a parir la nueva vida –la verdadera espiritualidad– que el Dios trino quiere para su cosmos. Olvidar o reprimir estas metáforas femeninas para hablar del Espíritu –como ha pasado a menudo en la tradición teológica– significa empobrecer nuestras pneumatología. El lenguaje femenino que utilizan Juan y Pablo nos ayuda a redescubrir la fuerza del Espíritu en nuestras vidas y a resistirnos a los hábitos teológicos reduccionistas que terminan por transformar a Dios en un varón humano proyectado al ámbito celestial.

6.3. Espiritualidad por el Espíritu de Jesucristo

La *Ruaj* o *Pneuma* refleja, entonces, una doble dimensión: por un lado, la fuerza del accionar de Dios, y por el otro, la fuerza de la vida que Dios nos otorga. Por eso lo "espiritual" (*pneumatikós*; ver 1 Corintios 2:13-15; 9:11; 14:1) se refiere a la existencia cristiana, al caminar de los cristianos y las cristianas en el Espíritu. De allí se deriva el neologismo *spiritualis*, del cual la forma sustantivada es *spiritualitas* o "espiritualidad", expresión que en la tradición evangélica comenzó a utilizarse con frecuencia recién en el s. XX. Antes, la tradición protestante prefería referirse a la "piedad". Llámese piedad o espiritualidad, lo primero que hay que constatar es que el marco conceptual para lo que aquí llamamos espiritualidad cristiana está dado por el **Espíritu Santo**. *La espiritualidad cristiana presupone el obrar del Espíritu de Dios y apunta a una vida en el Espíritu.* En verdad, el concepto de la "espiritualidad" no es finalmente tan central para nosotros como la persona viviente del "Espíritu de Dios", el Espíritu (la *Ruaj*) del Padre y del Hijo. Esto es un punto clave, porque la espiritualidad cristiana no remite al espíritu o al alma, sino a la vida entera de personas empapadas del Espíritu de la vida.

Si la espiritualidad remite al Espíritu de Jesucristo, quiere decir que remite también a Jesucristo mismo. Es posible hablar en este sentido entonces de la espiritualidad como la disciplina y el arte de llevarnos a la participación plena y madura en la historia de Jesús, sin permitir que nos apoderemos de esa historia para nuestros propios fines[15]. Cada una de las principales tradiciones de espiritualidad cristiana está enraizada en la enseñanza y la vida de Jesucristo, tal como es presentada en los evangelios. Por tenerlo a él como paradigma, cada una de las diversas tradiciones se complementa, se enriquece mutuamente y puede nutrir simultáneamente a los cristianos y las cristianas[16]. La espiritualidad cristiana en cualquiera de sus variantes tiene entonces que ver con un camino, con una forma de *vivir* y de caminar en el mundo que abarca a la persona entera: la espiritualidad es *un estilo de vida*.

Podemos resumir la espiritualidad de Jesús en tres ejes centrales. Jesús tiene una espiritualidad (a) encarnada; (b) dialogal; (c) liberadora.

(a) *Espiritualidad encarnada*

A veces si escuchamos los vocablos espiritual, espiritualidad, nos parece que se trata de algo diáfano, intangible, que nada tiene que ver con la materialidad de la vida diaria. Pero no: siempre el Espíritu Santo se expresa de maneras tangibles, que podemos experimentar, ver y tocar. En el bautismo de Jesús, la *Ruaj* se expresa en forma de paloma y de voz que dice "Este es mi hijo amado." Cuanto Jesús cura a la gente, la espiritualidad se manifiesta en los cuerpos sanados. Cuando Jesús predica, la espiritualidad se manifiesta en su imaginación creativa que pinta en las parábolas, escenas inolvidables de la vida cotidiana de su tiempo, que nos acercan a Dios. Cuando construye y ejerce su masculinidad, lo hace de una manera que no oprime a las mujeres, sino que les abre nuevas posibilidades de vida. La espiritualidad cristiana siempre se manifiesta en la encarnación, en el cuerpo, en la realidad psicosomática que es propia del ser humano. No hay dualismo posible en la espiritualidad cristiana. Por eso junto con la predicación de Jesús va su ministerio de sanación. Las dos cosas van juntas. Esto no quiere decir que nunca vayamos a tener achaques o sufrimientos corporales: el dolor físico es parte de la vida. Pero significa que la espiritualidad

---

15 Cfr. Eugene H. Peterson, *Subversive Spirituality* (Grand Rapids: Eerdmans, 1997).
16 Richard Foster, *Streams of Living Water: Celebrating the Great Traditions of Christian Faith* (San Francisco: Harper San Francisco, 1998).

atraviesa toda nuestra vida y nuestros maravillosos cuerpos. Jesús es verdaderamente humano, muere verdaderamente, y es resucitado en un nuevo cuerpo pneumático que es verdaderamente un cuerpo. No es un fantasma, si bien no tiene las limitaciones propias de nuestro cuerpo antes de la resurrección. El agua del bautismo y del lavamiento de los pies, el pan y el vino de la Santa Cena, el aceite del ungimiento, son todos símbolos de esta materialidad de la espiritualidad cristiana que vemos en Jesús mismo.

(b) *Espiritualidad dialogal*

Jesús no se aísla. Vive su espiritualidad en diálogo, tanto con Dios como con la gente. Ora en el camino, sobre la marcha (Juan 11:41-42) y también se retira a orar a solas (Marcos 1:35). De hecho, siempre está orando. En los Evangelios vemos que para Jesús orar es tan natural como respirar. Pero ese diálogo con Dios no lo aleja de la gente. Dialoga también con sus discípulos y discípulas (y gracias en parte a esas charlas que luego se recordaron y transmitieron tenemos los Evangelios). Y dialoga con gente desconocida en la calle y hasta con sus enemigos (que no quieren de hecho dialogar y se pierden esa oportunidad). La espiritualidad liberadora de Jesús se vive y se construye en diálogo, en compañerismo, en conjunto. Él es capaz de aprender de la mujer cananea cuando ella lo cuestiona (Mat. 15:21-28). No es una espiritualidad rígida, esclerotizada, congelada en el pasado, sino creativa, flexible, abierta siempre al soplo de Espíritu.

(c) *Espiritualidad liberadora*

Finalmente, la espiritualidad de Jesús es liberadora. Es innovadora, es pneumática (transida del Espíritu), es sorprendente, es capaz de hacer algo nuevo y diferente. Es una espiritualidad aguerrida a la vez que pacifista. Es una espiritualidad abierta a que Dios haga *cosas nuevas*. El discurso de que todo tiempo pasado fue mejor no les conviene a los sectores más vulnerables. Por supuesto que hay muchas cosas buenas del pasado que podemos rescatar, pero no nos conviene una espiritualidad miedosa, que mira hacia atrás y no hacia adelante, que no se anima a poner vino nuevo en odres nuevos. Esto es algo clave que vieron en Jesús sus discípulas y amigas tales como María Magdalena, María y Marta de Betania, y las mujeres que tanto fueron maestras y pastoras de Pablo (como Priscila y Febe) y las que se foguearon para el liderazgo en las iglesias donde él tuvo influencia (como Lidia, Ninfa, Trifena, Trifosa, Pérsida y tantas otras).

Néstor Jaén**, en su importante libro *Hacia una espiritualidad de la liberación*[17], enumera una serie de características comunes a toda espiritualidad cristiana, y al hacerlo deja traslucir una dialéctica entre lo que solemos llamar lo último y lo penúltimo, es decir, entre Dios y todo lo demás. Subraya que toda

---

17 Néstor Jaén, *Hacia una espiritualidad de la liberación*, (Santander: Sal Terrae, 1987), 27-28.

espiritualidad es *parcial*, en cuanto tiene su propio punto de partida, sus propios enfoques y su propia praxis*; pero a la vez es *total*, porque desde su perspectiva propia abarca la totalidad: relaciones con Dios, con los y las demás, con la creación. La espiritualidad abarca, entonces, dimensiones como la contemplación, la acción y la pasión; la vida presente y la vida futura; el mundo de la Iglesia y el mundo extraeclesial. La perspectiva de Jaén ilustra que la espiritualidad cristiana es algo tentativo, una búsqueda, un momento *penúltimo* y no último. Al mismo tiempo, la espiritualidad cristiana mira con insistencia hacia un criterio *último*, final e íntegro, que es la dinámica de la vida del Dios trino, dada a conocer en Jesucristo por el Espíritu.

La espiritualidad cristiana siempre tendrá, pues, una dimensión de ambigüedad y de imperfección, que necesitará de la crítica y de la modificación, para mayor gloria de Dios. Jaén lo expresa diciendo que toda espiritualidad es un *proceso*, por lo que ha de llevarse adelante con esfuerzo y paciencia. Es un caminar, con etapas, tanteos, errores y consolidaciones que requiere *discernimiento*. Cuando hablamos de espiritualidad cristiana, es pues, necesario hablar también de conversión, de cambio y transformación (*metanoia*). La espiritualidad da a entender que hay dimensiones y elementos de la realidad que están distorsionados y que traen muerte en vez de vida, inclusive en las actividades y los objetivos de personas e instituciones cristianas bien intencionadas. Así, tomar conciencia de nuestro pecado personal y del pecado estructural en el que estamos insertos e insertas y por el que somos afectados y afectadas (como vimos en el capítulo 6), es parte íntegra de la espiritualidad cristiana.

El biblista Walter Wink**[18] –quien cuenta que su cosmovisión cambió a raíz de sus experiencias en América Latina– sugiere que la Iglesia, cuando se opone al pecado estructural de las instituciones, es como un perro que hinca sus dientes en la pierna de un elefante. No puede derribar al elefante, pero puede molestar y distraerlo de tal modo que el elefante finalmente cae en la trampa que él mismo había cavado. Así, las peticiones, las solicitadas, la organización política y comunitaria, las demostraciones, la desobediencia civil, la oración y el ayuno apuntan a recordarles a los "principados y potestades" (Efesios 6:12) que su propósito es humanizar la sociedad, no deshumanizarla. La Iglesia no es capaz de "construir el reino" pero sí puede preparar la tierra, plantar semillas, sabiendo que Dios desea que llegue el día de la cosecha (Marcos 4:26-29). Con todas sus imperfecciones, la Iglesia cuenta con elementos claves para sacar a la luz la espiritualidad idolátrica de los sistemas humanos.

Junto con la denuncia profética están las acciones concretas que nos llenan de esperanza por ser anticipos de la justicia del reino. Wink elabora una serie de principios para enfrentarse de manera no violenta al sistema, siguiendo el ejemplo de Jesús. Muchos resultan familiares a raíz de la desobediencia civil y

---

18   Walter Wink, *Engaging the Powers* (Minneapolis: Fortress Press 1992), 165ss.

las protestas que se están multiplicando en estas épocas tan difíciles para "Nuestra América":

- tomar la iniciativa;
- buscar una alternativa creativa a la violencia;
- hacer valer la propia humanidad y dignidad como persona;
- responder a la fuerza bruta con el ridículo o con el humor;
- romper el ciclo de humillación;
- no someterse ni aceptar ser tratado como inferior;
- exponer la injusticia del sistema;
- avergonzar al opresor para darle la oportunidad de arrepentirse;
- no echarse atrás;
- obligar a los poderes a tomar decisiones para las que no están preparados;
- reconocer el poder propio;
- estar dispuesto a sufrir antes que a devolver mal por mal;
- obligar al opresor a contemplar al oprimido de una manera nueva;
- quitarle la oportunidad al opresor de consolidar situaciones en las que una muestra de fuerza sea efectiva;
- estar dispuesto a pagar el precio por desobedecer leyes injustas;
- perderle el miedo al viejo orden y a sus reglas;
- buscar la transformación del opresor.

Todas estas sugerencias son maneras de poner en práctica la espiritualidad de Jesús en nuestro tiempo y lugar. Por otra parte, si las prácticas religiosas o espirituales en las que nos socializaron o en las que nos encontramos ahora (por más piadosas que parezcan) nos disminuyen, legitiman la violencia contra nuestros cuerpos o contra los de otras personas, entonces no se conjugan con el camino de Jesús y hay que ver cómo transformarlas por su *Ruaj*-Espíritu de libertad. Por eso es que el tema de la espiritualidad –empezando por la oración– es tan importante: tanto la vida de oración de Jesús como nuestra vida en la oración. Cuando "oramos sin cesar" (1 Tesalonicenses 5:17) transformamos toda nuestra vida en un acto contemplativo. Cada vez que respiramos, inhalamos a la *Ruaj* y echamos fuera lo que nos hace mal. La oración no es un acto piadoso aislado del resto de nuestras vidas y de nuestro accionar, sino un modo constante de estar conscientes de la presencia de Dios. Cuando nos alejamos para meditar y orar, es un momento para destilar de un modo consciente aquello que nos atraviesa a cada momento. Y eso es lo que vemos en Jesús: que por un lado vivía en el Espíritu a todo momento, y que por el otro se alejaba para orar en soledad de manera concentrada.

La *Ruaj*-Espíritu Santo permea toda la vida de Jesús; en Jesús vemos cómo es Dios, qué clase de Dios es Dios. A su vez, la *Ruaj* o Espíritu nos lleva a discernir y entender cómo seguir por el camino de Jesús en el aquí y ahora. No nos queda otra que *proseguir* por ese camino: no podemos vivir como si fuera hace

2000 años en otra geografía y con otras costumbres. Tenemos que ver cómo seguir a Jesús en nuestra cultura, en nuestra época, usando nuestro idioma, cuestionando por un lado el sentido común dominante cuando es destructivo, y recibiendo con alegría todo lo que sea dador de vida. La *Ruaj*-Espíritu nos ayuda en ese proceso que de hecho nos da vida, nos da oxígeno, libertad, pues donde está la *Ruaj*-Espíritu, allí está la libertad (2 Corintios 3:17).

En una pared de Buenos Aires apareció garabateada una leyenda que versaba: *Que venga lo que nunca ha sido.* La *Ruaj*-Espíritu de Dios –y la espiritualidad que de ella nace– nos da las fuerzas para vivir en la confianza de que podemos ser instrumentos del Dios de justicia y de amor. Con su ayuda, podemos hacer palpable la venida de "lo que nunca ha sido", en el seguimiento de Aquel que vino para que nosotros pudiéramos participar en la mismísima vida de Dios.

Bibliografía seleccionada

Bedford, Nancy. *La porfía de la resurrección*. Buenos Aires: Kairós, 2008.

Dewar, Lindsay. *The Holy Spirit and Modern Thought*. New York: Harper & Brothers, 1959.

Foster, Richard. *Streams of Living Water: Celebrating the Great Traditions of Christian Faith*. San Francisco: Harper San Francisco, 1998.

Heron, Alasdair. *The Holy Spirit. The Holy Spirit in the Bible, the History of Christian Thought and recent Theology*. Philadelphia: Westminster, 1983.

Jaén, Néstor. *Hacia una espiritualidad de la liberación*. Santander: Sal Terrae, 1987.

Kelly, J. N. D. *Early Christian Doctrines*. San Francisco: Harper & Row, 1978.

Moltmann, Jürgen. *El Espíritu de la vida*. Salamanca: Sígueme, 1998.

——. *Erfahrungen theologischen Denkens. Wege und Formen christlicher Theologie*. Gütersloh: Christian Kaiser/Gütersloher Verlagshaus, 1999.

——. *Trinidad y Reino de Dios: la doctrina sobre Dios*. Salamanca: Sígueme, 1982.

Peterson, Eugene. *Subversive Spirituality*. Grand Rapids: Eerdmans, 1997.

Schüngel-Straumann, Helen. "Geist. I. Altes Testament", en: *Wörterbuch der feministischen Theologie*. Gütersloh: Gütersloher Verlagshaus, 1991.

Schüssler Fiorenza, Elisabeth. *Cristología feminista crítica: Jesús, hijo de Miriam, profeta de la Sabiduría*. Madrid: Trotta, 2000.

Welker, Michael. *Gottes Geist. Theologie des Heiligen Geistes*. Neukirchen-Vluyn: Neukirchener Verlag, 1992.

Wink, Walter. *Engaging the Powers*. Minneapolis: Fortress Press 1992.

IX. ¿POR QUÉ CONFESAMOS UN DIOS "TRINITARIO"?

En los capítulos anteriores ya hemos hecho muchas referencias no sólo a la doctrina de la Trinidad, sino a las "personas" o dimensiones que constituyen la realidad trinitaria de Dios. Ya sea al hablar de la creación y del Dios creador, la fe y la Iglesia en relación con el Espíritu Santo, o la encarnación de Dios para la salvación del mundo fundada en la realidad de Jesucristo, hemos abordado los temas que constituyen la "materia prima" que llevan a la formulación de la doctrina trinitaria. Ahora nos toca explorar en forma más explícita los contornos de esta doctrina, y explorar qué conlleva confesar un Dios trinitario en contraposición a otras variantes a la hora de concebir y hablar de Dios.

1. El cuestionamiento a la interpretación trinitaria

Pareciera que la doctrina* de la Trinidad, es decir, la referencia a Dios como "Padre", "Hijo" y "Espíritu Santo", ya no goza del prestigio que alguna vez tuvo, como si ya no hablara a la conciencia y situación contemporáneas. "Es muy abstracta", "demasiado filosófica", "es machista y patriarcal*", "es antiecológica", "es pura especulación", "la gente no la entiende", son algunas de las frases que se escuchan en esta suerte de alergia antitrinitaria. Para muchos el misterio[1] que alguna vez significó la Trinidad se ha vuelto sencillamente **un enigma**, por definición insoluble y por ello dispensable. En esta línea Paul Tillich** –un famoso teólogo protestante del siglo XX– expresaba que "el misterio [trinitario] dejó de ser el misterio eterno del fondo del ser y en su lugar pasó a ser el enigma de un problema teológico por resolver y en muchos casos . . . la glorificación de un absurdo en números"[2].

Estos cuestionamientos se deben a una serie de factores. Mencionamos, para comenzar, el hecho de que en el escenario religioso contemporáneo el mundo de las **experiencias** ha adquirido una importancia hermenéutica* capital, como mencionábamos en el capítulo 2. En muchos casos la experiencia opera como principio de legitimación o validación de una concepción de la divinidad, ensalzándose –en los casos extremos– visiones funcionales a la propia subjetividad o al microespacio de la intersubjetividad. Esto crea para los

---

1 Siguiendo a Pablo (cfr. 1 Corintios 2:1–2), el misterio se revela en la cruz de Cristo. Aquí se devela el horizonte-misterio con respecto al mundo.
2 Paul Tillich, *Teología Sistemática*, vol. III (Salamanca: Sígueme, 1984), 352. Nota con exactitud que la doctrina trinitaria pasó de expresar los símbolos centrales de la automanifestación divina, a convertirse en un objeto de adoración rodeado de enigma.

grandes relatos religiosos un escenario bastante inestable, al menos comparado a épocas anteriores. Al decir del sociólogo de la religión Peter Berger[3], la modernidad ha pluralizado a tal punto las creencias que se impone una especie de "imperativo herético", es decir, la necesidad constante de elegir –frente a tantas opciones existentes– la creencia que más se adecua a la propia experiencia (donde inclusive el no elegir es ya elegir). La subjetividad, la propia experiencia, se convierte así en la nueva **fuente de autoridad** que no necesita de la maraña trinitaria para satisfacer sus anhelos religiosos. ¿Qué tiene que ver la aridez de un dogma* con la vitalidad de la experiencia?, parece ser aquí el planteo central.

Al tribunal de la subjetividad y su experiencia también se le debe sumar otros ámbitos de cuestionamiento al concepto trinitario. La crítica bíblica de los textos "probatorios" de la doctrina trinitaria en el Nuevo Testamento ha concluido que en las Escrituras no encontramos una "doctrina" (en el sentido de una teoría o formulación acabada), sino más bien **fórmulas** binarias referidas a Dios ("Padre") y su "Hijo" Jesucristo, e inclusive tríadas donde hay referencias a las tres personas de la Trinidad pero sin explayarse sobre las condiciones de divinidad de las personas o sobre el alcance y sentido de sus relaciones (Ver, por ejemplo, Mateo 28:19; Juan 1:1; 2 Corintios 13:13). También un mayor conocimiento del contexto donde se forjaron las formulaciones doctrinales arroja luz sobre las presuposiciones filosóficas que informaron las discusiones trinitarias. Y no olvidemos la importancia de los estudios fenomenológicos y comparativos de la religión que destacan no solamente paralelismos entre distintas concepciones de la divinidad (entre ellas las figuras de tríadas, por ejemplo, en la India) sino también su relatividad cultural y social.

En suma, todos estos factores han hecho que **la legitimidad** de la doctrina trinitaria fuese puesta en duda. Se dice así que el concepto trinitario, en realidad, es una manera más de ver lo sagrado que no debe excluir otras formas, sobre todo en esta época de rescate de los relatos olvidados o marginados. Ante este "vacilar" de la doctrina muchos teólogos y teólogas encontraron la motivación para lanzarse hacia una nueva imaginación con respecto a lo sagrado, explorando metáforas y experiencias en terrenos otrora desechados por el cristianismo.

Volveremos a algunas de las objeciones hechas a la doctrina trinitaria que consideramos importantes por dos razones: siempre aportan un dato novedoso a la reflexión, y además presentan un cuadro sintomático sobre una falla estructural profunda en la forma en que la tradición* cristiana entiende y comunica esta doctrina. Ante esto se abren dos desafíos: ¿Podrá la doctrina trinitaria superar la aridez de sus formulaciones para ser fiel al relato de un Dios vivo? ¿Da la Biblia un relato coherente que incuestionablemente lleva a una doctrina

---

3 Ver Peter Berger, *The Heretical Imperative: Contemporary Possibilities of Religious Affirmation* (New York: Anchor Books, 1979), 1-31.

trinitaria? ¿Puede la doctrina trinitaria superar el lenguaje patriarcal con el cual fue originariamente concebido?

Antes de responder a estas preguntas debemos mencionar un dato fundamental en nuestro escenario teológico contemporáneo. Es curioso que durante las últimas décadas no sólo hemos visto una gran inestabilidad como indicáramos más arriba, sino que también presenciamos una renovación de la reflexión trinitaria. Algunos sostienen que, en lo que a la doctrina trinitaria refiere, el siglo XX ha sido el período más prolífico después de la época de los grandes concilios de la Iglesia durante los siglos IV y V. No basta aquí con mencionar a los grandes teólogos y teólogas que han hecho de la Trinidad uno de sus ejes de reflexión (Karl Barth, Karl Rahner, Walter Kasper, Wolfgang Pannenberg, Jürgen Moltmann, Eberhard Jüngel y Hans Küng, en Europa; Catherine LaCugna, Elizabeth Johnson, Justo Gonzalez y Robert Jenson en los Estados Unidos; Jung Young Lee y Raimon Pannikar en Asia; Juan Luis Segundo, Leonardo Boff y María Bingemer en América Latina), sino que también hay que destacar la importancia que ha tenido esta doctrina como clave de interpretación en los grandes **documentos pastorales** de la Iglesia, como ser (en el campo Católico romano) el Concilio Vaticano II (1965) y la Conferencia de Obispos de Medellín (1968), como así también en los documentos del Consejo Mundial de Iglesias, la Federación Luterana Mundial, la Comunión Anglicana y la Comunión Mundial de Iglesias Reformadas, para mencionar sólo algunos casos.

Las hipótesis que podríamos barajar para explicar este fenómeno son muchas: la necesidad de articular una identidad clara frente a la "neopaganización" o pluralización de las sociedades tradicionalmente cristianas y la consiguiente variedad de la experiencia de lo sagrado; el descubrimiento de una reserva de sentido en la simbología trinitaria otrora no manifiesto en contextos patriarcales y más jerárquicos, lo que permite una apreciación diferente de las críticas ateas y humanistas a los conceptos religiosos tradicionales; la necesidad de rescatar metáforas de lo divino que nos religue comunitariamente con la naturaleza y la sociedad. Pero el dato unificador de todos estos motivos, el dato que consideramos de suprema importancia en este "redescubrimiento" de la doctrina trinitaria, es el estrecho **lazo que se establece entre la realidad de Dios y nuestra humanidad y temporalidad.** Lo uno no se da sin lo otro. La doctrina trinitaria constituye así un símbolo integrador de lo humano y lo divino.

Por ello, tanto los autores mencionados anteriormente como los documentos de las iglesias, enfatizan una estrecha relación entre la afirmación del Dios trino y la llamada a la responsabilidad en el plano de la historia, la naturaleza y la sociedad. Aún más, insisten en que **la responsabilidad pastoral propia de la Iglesia es una dimensión esencial del carácter "pastoral" de la revelación trinitaria en la historia.** La Iglesia es una manifestación de esta realidad trinitaria que lleva adelante su ministerio acorde a los "atributos" de este Dios en particular.

2. La Trinidad y las trampas del lenguaje

Necesitamos aclarar en qué consiste la doctrina trinitaria, qué es lo que quiere "decir". Debemos describir cómo **funciona** esta doctrina, es decir, cómo se "conjuga". Para ello comenzaremos haciéndonos eco de las objeciones que se le han hecho a la doctrina trinitaria, mencionadas anteriormente. Y nos concentraremos en el aspecto más crítico de las mismas, es decir, la posible falla en *nuestra manera* de **entender y comunicar** la concepción y experiencia de lo sagrado y la revelación bíblica. Puede que el rechazo que muchas veces produce la doctrina de la Trinidad se deba a que no sólo se la entiende mal, sino que en nuestras iglesias se la emplea **mal**, es decir, se la invoca en contextos que no le son propicios, o directamente no se la conjuga con los aspectos vitales que hacen a la existencia contemporánea (fuera de cuyo ámbito la doctrina literalmente enmudece).

En este nivel hablamos de la relación que existe entre el lenguaje y las realidades que el lenguaje codifica e interpreta. Pero lamentablemente muchas veces son las mismas iglesias las que parecen no ponerse de acuerdo sobre la pertinencia de los lenguajes y las formas de comunicación. Para ilustrar este punto tomemos el interesante ejemplo derivado del calendario litúrgico. Casi todos los años, alrededor del mes de mayo o junio, muchos teólogos y teólogas reciben sendas invitaciones para predicar durante el **Domingo de la Trinidad**. Existe como una convicción de que esta fecha conmemora una *doctrina*, y nada mejor que un teólogo o teóloga para tal ocasión. Después de todo, pocos son capaces de enfrentarse al enredo arcano que supone la Trinidad. Pareciera que mientras más incomprensible es lo que digamos, más cercanos estamos al dogma* trinitario. Se confunde incomprensibilidad y misterio, sofisticación y trascendencia, verborrea y espiritualidad.

Sin embargo, como bien lo demuestran los grandes predicadores de la historia de la Iglesia cristiana, el asunto no es tanto predicar **sobre** la Trinidad, sino predicar **trinitariamente**. Si esta es la clave, todo tema es susceptible de ser interpretado desde la óptica de la Trinidad. Hay una regla que es fundamental: el dogma como dogma no debe ser nunca un objeto de predicación, sino la **clave hermenéutica** que hile la narración evangélica con la experiencia de nuestra historia, de nuestra comunidad y de nuestra humanidad.

Por ello podemos decir que la doctrina trinitaria "habla" de Dios indirectamente, utilizando metáforas y símbolos que nos ayudan a iluminar el misterio de Dios y su relación con la creación. El ámbito doxológico*, es decir, la alabanza y la adoración, siempre será el marco fundamental que nos permita encuadrar un lenguaje sobre Dios. Allí es donde expresamos y celebramos la justicia y la liberación que Dios nos trae en Jesucristo, y que vivimos en el poder del Espíritu. El celebrar y hablar sobre este Dios también implica aceptar el carácter "paradojal" (más allá de la *doxa*, de lo aparente, de la opinión) de nuestra confesión. La confesión doxológica, la espera del Reino y su justicia, la afirmación de la gracia y la misericordia, corresponden a una visión de un futuro del cual sólo hemos recibido unas "postales". Anuncian lo que esperamos ver y recibir en forma plena, que por el momento sólo se manifiesta -en forma parcial- (cfr. Colosenses 1:15). Este esperar y anticipar conlleva tanto una afirmación de esta vida como así también una tensión con la realidad presente cuando está signada por la incompletud y la injusticia.

Por lo tanto, esta confesión doxológica no se da necesariamente mediante un lenguaje ordenado, racional, sereno, sino que irrumpe desde lo más profundo cargado de esperanzas, emociones y pensamientos. A veces surgen oraciones espontáneas, pidiéndole a Jesús que nos acompañe y nos fortalezca. Otras veces cantamos himnos que recuerdan las gestas liberadoras de Dios tanto en la historia bíblica, como en la historia de nuestros pueblos. Y en muchas ocasiones damos testimonio del Espíritu que siembra sus dones en la comunidad. La oración, el canto, la confesión y la alabanza podrán seguir un orden o no, pero siempre dan testimonio de un único Dios. Por ello la *doctrina* trinitaria es un intento de **clarificar los criterios** que siguen nuestra confesión: la tradición* habló de *lex orandi - lex credendi*, es decir, de la adecuación y dependencia del lenguaje doctrinal con respecto a la alabanza y confesión de la iglesia (ver capítulo 2). La doctrina no es libre especulación en busca de un nuevo objeto, sino un **lenguaje distinto** para afirmar los símbolos por medio de los cuales los y las cristianas -la Iglesia- participan de una realidad todavía por manifestarse en su plenitud.

La doctrina, en síntesis, explicita cómo se relacionan los símbolos, cómo se articulan unos con otros a fin de permanecer fieles al mensaje del Evangelio. Las doctrinas funcionan en forma similar a las **reglas gramaticales** de cualquier idioma. Cuando hablamos en español, por ejemplo, no enunciamos las reglas gramaticales propias de la lengua cada vez que enunciamos palabras, sino que las presuponemos a fin de conferir un orden y sentido a nuestros enunciados y así comunicarnos. Lo mismo con una doctrina: en el contexto específico del kerygma* y la práctica de la Iglesia, esta es a menudo tácita o implícita. No es necesario que siempre se esté hablando *directamente* sobre la Trinidad, pero sí que el sentido del discurso teológico y la acción de las personas cristianas estén guiados por la gramática trinitaria. Volvamos al ejemplo de la predicación durante el Domingo de Trinidad: este no es un Domingo para predicar *sobre* la Trinidad, sino para recordar que todo lo que la Iglesia dice y hace está declinado, informado, conjugado y regulado por la confesión de que Dios es "Padre" (en el sentido de padre o madre que cuida y nutre), "Hijo" (caminante entre las personas encarnado en nuestra humanidad) y "Espíritu Santo" (creando comunidad y dando vida). Cuando esto se conjuga con la vida de las personas cristianas, vivir trinitariamente podrá traducirse en el cuidado ecológico de nuestro entorno, en el respeto y la defensa de los derechos humanos, y en la procura de relaciones interpersonales y comunitarias basadas en el amor y la justicia.

3. El tema de la Trinidad

Vayamos ahora a lo que el teólogo católico Roger Haight llama el tema o asunto de la teología trinitaria, es decir, aquellas afirmaciones fundamentales que se expresan a través de los símbolos doxológicos referidos al "Padre," al "Hijo" y al "Espíritu Santo"[4]. Antes de avanzar sobre el tema del lenguaje patriarcal expresado especialmente en las nociones de "Padre" e "Hijo", debemos entender primero de qué trata la Trinidad, qué regula, con qué asunto trató de lidiar. Si tomamos los antiguos credos apostólico y niceno –que son instancias paradigmáticas de la regla trinitaria nombradas por vez primera en las obras de Ireneo** y Tertuliano** en el siglo II– vemos que aparecen tres temas o asuntos fundamentales reflejados en una estructura tripartita:

1. El primer artículo refiere al principio **monoteísta*** heredado de la fe judía, junto a la afirmación de la creación como expresión de la voluntad libre de Dios. Frente a la interpretación gnóstica* que postulaba una distancia inzanjable entre Dios (*pleroma*) y el mundo visible, el cristianismo afirma que Dios es el responsable por la existencia de todas las cosas, visibles e invisibles.

2. La segunda regla tiene que ver con el principio **cristológico**, es decir, la mediación del Logos o plan de Dios para la creación y la salvación. La novedad del cristianismo fue identificar a este Logos con un personaje histórico (Jesús, el Cristo*), por lo que los credos generalmente son más extensos en este punto.

3. Por último, una referencia al **Espíritu Santo** vinculaba el oficio profético con la existencia de una comunidad que vive de la promesa de la resurrección de la carne (o de los muertos, vida venidera).

Ahora bien, el desafío para el cristianismo se situó entre dos polos: por un lado, cómo mantener la **coherencia monoteísta** frente al hecho de que Jesús fuera levantado de entre los muertos como el Cristo de Dios y que el Espíritu de Dios se hiciera presente en su comunidad. Por ello el cristianismo debía dar cuenta de por qué adoraba no sólo al Dios de la fe hebrea, sino también al Cristo Jesús y su Espíritu. Por el otro lado, el otro desafío era cómo contrarrestar las distintas **propuestas dualistas** propias del contexto cultural de la Iglesia temprana –de origen helénico y gnóstico– empecinadas en establecer una especie de brecha o distancia insalvable entre Dios y la creación, entre lo infinito y lo finito, entre Dios en sí y su "economía" (es decir, su obra en la creación). Estas propuestas generalmente se articularon en forma "modalista" (partiendo del dogma de la

---

4 Roger Haight, "The Point of Trinitarian Theology", *Toronto Journal of Theology* 4:2 (Otoño 1988), 191-204. Seguimos también a George Lindbeck, *The Nature of Doctrine: Religion and Theology in a Postliberal Age* (Philadelphia: The Westminster Press, 1984), 94.

unidad de Dios se interpreta a las personas trinitarias como simples manifestaciones o *modos* de ser de la sustancia divina) o "subordinacionista" (manteniendo que sólo Dios Padre es Dios en un sentido absoluto, siendo el Hijo y el Espíritu Santo subordinados al Padre por ser sus orígenes dependientes de la sustancia y voluntad de Dios). Ninguna de estas variantes, empero, capturaba la radicalidad contenida en las fuentes bíblicas sobre el Dios que se hacía carne en Jesús y que manifestaba sus dones como Espíritu en los cuerpos, mentes y vidas de los creyentes. En suma, el desafío al cual responde la formulación trinitaria es como dar cuenta de un Dios que se confiesa majestuoso, y que por el otro lado se hace muy presente en nuestras vidas; cómo lo que está más allá de todo viene a nosotros y nosotras habitando nuestros sufrimientos y los límites de nuestra humanidad; como lo trascendente puede ser al mismo tiempo totalmente inmanente.

Frente a este contexto resaltan las afirmaciones osadas del concilio de **Nicea** (del año 325 d. C.; pueden ver el texto más abajo). Osadas, sobre todo, si se tiene en cuenta que van a contrapelo de los más elementales principios filosóficos, religiosos y culturales del mundo helénico. Es como si Nicea introdujera una afirmación diferente sobre el Ser, tal como lo sostiene el teólogo ortodoxo griego John Zizioulas**[5]. En el Concilio de Nicea se intentó "especificar" de cuál Dios se habla cuando el cristianismo refiere a lo aparentemente obvio, Dios. Por medio de su credo trinitario, Nicea apuntala una comprensión de Dios que garantiza **la presencia y el contacto esencial** de lo divino con el mundo*. Al declarar que el Hijo (y luego el Espíritu) son iguales en su esencia al Padre, se decían dos cosas a la vez: que Dios mismo es quien estuvo presente en Jesús y en la experiencia de los apóstoles y de la Iglesia, y que esta divinidad que se manifiesta como "Padre", "Hijo" y "Espíritu Santo" revela a un Dios que desde la eternidad promete la vida plena a toda su creación. No hay mundo pleno sin Dios, pero tampoco un Dios pleno sin el mundo. Por ello hablar de Dios es también hablar del mundo de cierta manera, es decir, del mundo que ha sido creado, es mantenido y que será llevado a su plenitud en Cristo.

Credo Niceno (325)

Creemos en un Dios Padre Todopoderoso, hacedor [*poietén*] de todas las cosas visibles e invisibles.

Y en un Señor Jesucristo, el Hijo de Dios; engendrado del Padre, unigénito, **es decir, de la substancia [*ousías*] del Padre**; Dios de Dios, luz de luz, **Dios verdadero de Dios verdadero**; **engendrado, no hecho** [*gennethénta ou poiethénta*]; **de la**

5 Ver John Zizioulas, *Being as Communion: Studies in Personhood and the Church* (Crestwood, New York: St. Vladimir's Seminary Press, 1985), 17.

misma substancia [*homoousios*] que el Padre; por quien todas las cosas fueron hechas, las cosas en el cielo y las cosas en la tierra; Quien por nosotros los seres humanos y por nuestra salvación descendió y se hizo carne [*sarkothénta*], haciéndose hombre, y sufrió y resucitó al tercer día, ascendió a los cielos, y vendrá a juzgar a los vivos y a los muertos.

Y en el Espíritu Santo.

Encontramos en Nicea cuatro elementos centrales que presentan contrapuntos al intento subordinacionista de los Arrianos*, una alternativa muy popular en la época patrística que enfáticamente insistía con que Cristo no era "tan" Dios como el Padre. Concentrándonos en el segundo artículo del Credo –el objeto de un feroz debate– destacamos los puntos que fueran formulados acentuando la consubstancialidad del Hijo con el Padre[6]:

1. La cláusula que aclara el significado de **ser engendrado** por el Padre, "es decir, de la sustancia [ser] del Padre", establece que lo que se genera no es una "*ousía*" o sustancia diferente, o menor, sino que comparte la misma esencialidad que el Padre. Lo que Dios es, también es el Hijo. Ser Dios, por lo tanto, no implica ser una "mónada" simple y solitaria, sino que una **relación** entre un Dios que engendra y un Dios engendrado.

2. "Dios **verdadero** de Dios verdadero", reitera la noción de que el Hijo no es Hijo "por gracia" (o por adopción), sino que lo es *esencialmente*. De ahí que una nueva idea de unidad, no matemática sino orgánica, comienza a vislumbrarse en esta formulación.

3. "**Engendrado**, no hecho" establece una distinción entre una forma "creatural" de ser creado, y una forma *divina* de ser engendrado. Sumado a las dos afirmaciones anteriores implica que ser Dios no es solamente "dar" ser (Padre), sino también "recibir" (Hijo). Esto significó un nuevo cuestionamiento a la concepción helénica de la homogeneidad de Dios.

4. Por último, el momento culminante de la fórmula de Nicea: "**de la misma sustancia** que el Padre" (*homoousios to Patrí*). Hay que notar que la fórmula no intenta establecer en qué consiste la sustancia del Padre (o Dios), sino afirmar que sea lo que fuese lo que caracteriza a la deidad, esto también es compartido de manera esencial por el Hijo. Por lo tanto, Dios mismo es mediador de la creación, es la realidad más íntima a todas las criaturas. Si bien es cierto que muchos cuestionaron la introducción de este término un tanto filosófico, la mayoría de las objeciones

---

6 Cfr. J.N.D. Kelly, *Early Christian Creeds* (London: Longmans, Green & Co., 1950), 235ss; y Robert Jenson, *The Triune Identity: God According to the Gospel* (Philadelphia: Fortress Press, 1982), 84s.

se levantaron no tanto para defender la visión bíblica de Dios, sino para mantener la idea cultural helénica de la impasibilidad y simplicidad divinas, que se verían seriamente comprometidas de tomar muy en serio la idea de *homoousios*.

Credo Niceno-Constantinopolitano (381)

[Nótese algunos añadidos con respecto al Credo de Nicea, sobre todo en el tercer artículo. Este es el Credo utilizado actualmente en muchas liturgias de nuestras iglesias].

Creemos en un solo Dios, Padre todopoderoso, Creador del cielo y la tierra, de todo lo visible y lo invisible.

Creemos en un solo Señor, Jesucristo, Hijo único de Dios, nacido del Padre antes de todos los siglos: Dios de Dios, luz de luz, Dios verdadero de Dios verdadero, engendrado, no creado, de la misma naturaleza que el padre, por quien todo fue hecho; que por nosotros los seres humanos y por nuestra salvación bajó del cielo, y por obra del Espíritu Santo se encarnó de María, la Virgen, y se hizo hombre; y por nuestra causa fue crucificado en tiempos de Poncio Pilato; padeció y fue sepultado, y resucitó al tercer día, según las Escrituras, y subió al cielo, y está sentado a la derecha del Padre; y de nuevo vendrá con gloria para juzgar a los vivos y a los muertos, y su reino no tendrá fin.

Creemos en el Espíritu Santo, Señor y dador de vida, Que procede del Padre (y del Hijo), que con el padre y el hijo recibe una misma adoración y gloria, y que habló por los profetas. Y en la iglesia, que es una, santa, católica y apostólica. Reconocemos un solo bautismo para el perdón de los pecados. Esperamos la resurrección de los muertos Y la vida del mundo futuro. Amén.

Las implicancias teológicas de estas cláusulas no tardaron en evidenciarse cuando un poco más tarde los arrianos insistieron en el peligro que significaba asociar consubstancialmente al Hijo con el Padre. Después de todo, la figura del Hijo estaba estrechamente apegada a una persona humana, Jesús, y esto podría poner en peligro la majestad y la impasibilidad divina. Dios, decían los arrianos, es incapaz de sufrir, por ello, el Hijo (quien sufrió en la cruz) no puede ser dios en la misma medida que el Padre.

Pero los "padres" de la Iglesia Atanasio** y los Grandes Capadocios (Basilio el Grande**, Gregorio de Nazianzo**, Gregorio de Nisa**) insistieron en que la visión presente en Nicea es testimonio fiel de lo que afirman las Escrituras. Les guste o no a los arrianos y a todos aquellos que compartían sus mismos presupuestos filosóficos y religiosos, un Dios trinitario implica confesar un Dios totalmente comprometido con nuestra realidad. De esta forma estos teólogos desplazaron definitivamente la contrapropuesta arriana, y su trabajo también contribuyó para que finalmente en el Concilio de Constantinopla (381) se adoptara una versión más expandida del Credo Niceno -lo que hoy llamamos el credo Niceno-constantinopolitano.

En los escritos de **Atanasio** (296-373) lo fundamental de la afirmación trinitaria nicena se centraba en dos puntos que demostraban su perspicacia teológica como también su preocupación pastoral. La novedad presente en Atanasio es describir al ser de Dios, su esencia, no como una abstracción helenista*, sino como una *relación*, una *comunión*[7]. El hecho de que Dios sea llamado "Padre" implícitamente sugiere una relación, el "Hijo". Dios, en otras palabras, es una relación que se da en la diferenciación. Pero aún más, esta relación y diferenciación no queda absorbida en sí misma, sino que se expresa en la encarnación del "Hijo", en la corporalidad humana, en la creación. Y Dios hace esto con un propósito: "porque Él se hizo ser humano para que nosotros podamos ser Dios"[8]. Esto es, si Dios no hubiese estado esencialmente presente en el Hijo (encarnado), no habría esperanzas para la salvación humana. La creación, a través de la encarnación, todo lo gana en virtud de este acto de Dios: no tiene por qué temer la presencia divina, como si esta fuera una amenaza para su propia identidad. En el Dios trino se halla en realidad la plenitud de la criatura, su futuro, tal como lo anticipara Ireneo en su concepto de *anakephalaiosis* o recapitulación del universo en Jesucristo.

Gregorio de Nazianzo (330-389), uno de los padres capadocios, tradujo este concepto de tal manera que no quedaran dudas sobre las implicancias de lo que se estaba diciendo: tanto se comprometió Dios con su mundo, que asumió la totalidad del mismo en Jesús, verdaderamente humano. Porque en efecto, **aquello que no es asumido no puede ser salvo**[9], afirmaba Gregorio. Para decirlo con palabras distintas: aquello que Dios no asume realmente no interesa. Imagínense lo que esto significa para la tarea pastoral de la Iglesia y el discipulado cristiano. Cuando lo asumido es la totalidad humana, la fe se vive en todos los ámbitos. Es una pena que la tradición cristiana, sobre todo en Occidente, haya olvidado esta afirmación central del dogma trinitario: las viejas dicotomías entre alma y cuerpo, cielo y tierra, eternidad y temporalidad, no hubieran tenido tanta fuerza.

Si Gregorio de Nazianzo destacó las dimensiones soteriológicas* implícitas en el dogma trinitario, su amigo y maestro **Basilio** (330-379) fue aún más imaginativo a la hora de explicar en qué consistía este asunto de la Trinidad. Tratando

---

7 Ver Atanasio, *Oratio* I,4,11; I,9,33; IV,2; II, 25,11.

8 *De Incarnatione*, 54. Como hemos insistido en capítulos anteriores, llegar a ser Dios (*theopoiesis* o *theosis*) no significa convertirse en dioses, sino que los seres humanos están llamados a habitar o morar plenamente en la realidad de Dios.

9 *Epist.* 101.

de clarificar la confusión que se había desplegado en torno a la correcta interpretación de los términos *hipóstasis* y *ousía* (comúnmente traducidos como esencia o sustancia, ambos empleados en el Credo Niceno), llega a una formulación que es a todas luces genial. En Basilio tenemos un claro exponente de la lógica de la tradición oriental de la Iglesia que piensa la unidad divina **desde la multiplicidad** (y no al revés, desde una supuesta unidad). Esto permitirá entrelazar de manera más fluida aquello que llamamos la "economía" (plan de salvación) con el ser mismo de Dios.

Jugando con las posibilidades que permiten los términos filosóficos un tanto abstractos, de origen aristotélicos, Basilio propone una manera de pensar a Dios a partir de esas identidades llamadas "hipóstasis" (Padre, Hijo y Espíritu Santo, lo que usualmente denominamos "personas"). La *ousía* o el ser de Dios está expresado y **sostenido** por las realidades hipostáticas que llamamos "Padre", "Hijo" y "Espíritu Santo". Como dice en una de sus cartas, la hipóstasis es aquello que da "soporte" o "sostén" a la esencia de Dios; Dios se expresa no tanto **a través** de ellas (como podría ser una posición modalista) sino **en** ellas. Así es nuestro Dios, un ser cuya esencia es el resultado de una dinámica relacional, fruto de la múltiple reciprocidad significada por los nombres de las personas (hypóstasis) trinitarias: esto es ágape, amor y comunión. Cuando esta noción fuera **cristológicamente** explayada el resultado fue sencillamente explosivo: Dios no es separable de una figura de nuestra historia. Aquí yace la radicalidad de la promesa para toda la creación que caracteriza al cristianismo.

La formulación de la doctrina trinitaria está lejos de ser una tonta discusión entre obispos seniles, o peor aún, banales especulaciones bizantinas entre teólogos posconstantinianos arrullados por la melodía del poder imperial. Tampoco denota, como alguna vez lo sugirió el famoso historiador alemán Adolf von Harnack (1851-1930), una paulatina "helenización" del concepto bíblico de Dios. Una mirada sobre la vida de estos teólogos nos muestra que su reflexión estaba profundamente ligada a los muchos desafíos pastorales que encontraban en sus ajetreados ministerios. Así estos autores proveyeron de una radical y original interpretación a las expresiones un tanto arcanas del Credo, cuyo substrato narrativo es precisamente el Evangelio y su historia de la salvación (economía). En suma, **la doctrina trinitaria se articula no como el resultado de una especulación filosófica, sino como el intento de expresar en forma de síntesis los contornos del Dios que se revela como evangelio** (evangelio entendido no solamente como el "mensaje" de Jesús, sino como la presencia de Dios en ese Jesús que se solidarizó con lo marginal y desechado, con las mujeres y los pecadores, con los perdidos y necesitados).

Al entender que la doctrina trinitaria interpreta el relato evangélico, la conclusión a la que lleva esta doctrina es que las tres identificaciones (Padre, Hijo y Espíritu Santo) destacan tres "realidades" o dimensiones igualmente cruciales al momento de concebir y articular lo sagrado. Más que una sustancia o sujeto absoluto (que muchas veces nos imaginamos de barba blanca entre las nubes), Dios es un campo de relaciones de amor y comunión que en su gratuidad crea un universo, lo sostiene (pastoralmente) y lo guía a su plenitud final. Pero lo interesante del relato cristiano es que ese dinamismo amoroso tiene una cualidad única: **Su esencia es la inclusividad, la comunión, el amor.**

Si seguimos la lógica destacada por Nicea, Atanasio y los Capadocios, el relato bíblico es entendido en el marco de la historia de Dios que subsiste dinámicamente donde eternidad e historia se implican mutuamente. Dios significa el origen del "ser" pero . . . también su recepción. Da y recibe porque es un Dios trinitario, abierto a la multiplicidad de las formas que se generan en la gesta misma de la evolución cósmica. No sólo los cuerpos humanos y sus estructuras sociales, sino las partículas subatómicas, galaxias, pájaros, bacterias, piedras, tierras, leyendas, estatuas, árboles, arquetipos, todo tiene un futuro en eso que llamamos Dios. Y la única "lógica" que puede recibir esta multiplicidad en unidad es, precisamente, lo que llamamos Trinidad.

La clave de esta doctrina no yace, pues, en la aritmética trinitaria (cómo tres pueden ser uno, o uno tres, etc.), sino en la integración en nuestra comprensión de lo que Dios es de un personaje histórico (Jesús, el Cristo). De no existir esta dimensión encarnada de Dios, el futuro de la creación y su renovación estarían en duda. Pero la cosa no queda ahí: el mismo relato evangélico que liga el camino de Jesús a la obediencia al "Padre", también relaciona una tercera instancia tanto con la resurrección de Jesús como con su manifestación entre sus discípulos: el Espíritu Santo. La manifestación del Espíritu y sus dones en la comunidad, sobre todo el amor (ver 1 Corintios 13) es integral a la comprensión de lo que Dios es.

Por ello la doctrina cristiana sobre Dios posee una tercera dimensión, la dimensión de la **expansión** del ser trinitario significado por el **Espíritu**. Recorriendo el Evangelio de Juan y las cartas de Pablo vemos que la expresión "Espíritu" se reserva para ese poder divino que hace a las personas partícipes del misterio. Es más, en Romanos 8 se habla de una creación también orientada por ese mismo Espíritu a la revelación final de Dios: ella gime a través de nuestro gemido, un gemido que anhela el rescate definitivo de los cuerpos, de la materialidad. Es destacable que precisamente en el tercer artículo del Credo (que adquiere su máxima expresión en el Concilio de Constantinopla, 381) **aparecen eventos que nos atañen a nosotros** asociados a la definición misma de Dios (fe, bautismo, Iglesia, vida eterna). Espíritu, en otras palabras, es el "campo de amor" subyacente a la comunión de las criaturas con el Creador. Tal es su fuerza inclusiva que esa realidad que llamamos "Cristo" ya no consiste en un individuo sino en una nueva corporalidad que nos incluye[10]. Dicho de otro modo, esa realidad que es el "Hijo" sigue abierta, e inclusive incompleta sin nuestra participación en la esperanza de la redención total de la creación.

---

10 Ver Wolfgang Pannenberg, "La resurrección de Jesús y el futuro del hombre", en A. Vargas-Machuca, ed., *Jesucristo en la historia y en la fe* (Salamanca: Sígueme, 1977), 350.

La doctrina trinitaria, dijimos, expresa la idea de la **apertura o inclusividad** escatológica propia del cristianismo. Para ponerlo de manera simple, el mito fundante cristiano no presenta eventos acabados en un tiempo primigenio que ritualmente hay que repetir en función del mantenimiento de un orden sagrado, sino que este relato nos incorpora como un factor central en la narración de la presencia divina en la creación y en la historia. Nuestras historias están llamadas a ser parte de la historia de Dios. La creación entera (como historia evolutiva) está llamada a participar de este Dios. Por ello, desde el sentido creado por la doctrina, podemos decir que Dios está "en proceso", o lo que es lo mismo, que Dios es el futuro unificador de todo el cosmos. La historia –nuestras historias– es incorporada substancialmente al relato sobre Dios: que nosotros –y el cosmos– existamos indicaría que Dios no podría "deshacerse" de nosotras sin alterar esencialmente lo que Dios es. El ser mismo de Dios está en juego en esas historias "ordinarias" que son nuestras vidas. Algo verdaderamente extraordinario.

Sintetizando, la doctrina trinitaria expresa tres dimensiones integradas e íntimamente relacionadas. Por un lado, habla de una trascendencia* que siempre permanece misterio, un Dios que siempre está **sobre** y **más allá** de la creación. Por el otro, habla de un Dios que se involucra, se juega, se compromete, aún hasta la muerte en la cruz: un Dios **con** nosotros. Por último, apunta a un Dios que nos acoge y lleva nuestras vidas hacia la plenitud, un Dios **en** y **entre** nosotros. Un Dios donante, un Dios que se dona a sí mismo, un Dios que distribuye sus dones entre nosotras. Estas son tres dimensiones inseparables, aunque distintas, de nuestro Dios, y es en y a través de las relaciones entre estas tres dimensiones o "personas" que nuestra existencia (y la del cosmos entero) tiene su lugar, existe. Y al revés: estas relaciones entre las hipóstasis divinas que son mediadas por nuestra existencia y sus circunstancias son lo que sostiene al mismo Dios, expresando su existencia en el espacio y el tiempo.

Un ejemplo del pensar trinitario: el caso de Gutiérrez y el tema de la espiritualidad

Pasemos a un **ejemplo** sobre cómo operan las reglas de la doctrina trinitaria tomando por caso la realidad del discipulado cristiano. Escogemos a un teólogo peruano –Gustavo Gutiérrez– y un tema –la espiritualidad– para mostrar una instancia donde la estructura de un concepto aparentemente obvio (espiritualidad) es resignificado por una lectura trinitaria. El corolario será una crítica a la espiritualidad de las minorías, de la *fuga mundi* o escape del mundo (que se puede detectar en muchas órdenes religiosas católica-romanas, como así también en congregaciones protestantes), y una renovada apreciación de la irrupción del mismo Espíritu en la historia que nos sostiene (cfr. "hipóstasis" en Basilio) en una praxis* de solidaridad con los excluidos.

Gutiérrez quiere redimensionar el tema de la espiritualidad a partir del concepto de **discipulado**. Así, en una primera definición, la espiritualidad cristiana está marcada por "el seguimiento de Jesús". Pero este seguimiento refleja su sentido bíblico cuando se lo entiende trinitariamente, cuando se la enmarca en el fundamento y en la finalidad de esta espiritualidad. Gutiérrez habla, por lo tanto, de un encuentro con Cristo, de una vida en el Espíritu y de una ruta hacia el Padre como las "dimensiones básicas de todo camino espiritual según la Escritura". Ninguno de estos elementos, por sí mismo, encierra el secreto de la espiritualidad, sino su mutua relación, su conjunto: es una realidad trinitaria.

El primer momento lo constituye el **encuentro con el Señor**. Un encuentro que Gutiérrez insiste es totalmente incondicional o gratuito. Se trata de un encuentro con lo totalmente Otro, pero cercano, con lo que nos convoca desde lo más profundo de la historia. El Señor, por así decirlo, es quien nos encuentra. Vemos en este punto un intento de Gutiérrez de leer los relatos evangélicos a la luz de ese movimiento de Dios hacia la creación representado por la figura del Hijo. Y en este marco inscribe la cruz como aquello que le da el perfil específico a esta figura: el primer acto de gratuidad de Dios es la creación, una **gratuidad** que se entrega por la creación toda, y en particular por sus hijos e hijas más despojadas y excluidas. Por ello Gutiérrez correctamente enlaza nuestra percepción de la cruz de Cristo con el encuentro con los y las crucificadas en la historia: el seguimiento de Cristo nos revela un mundo que parece estar en la antípoda de todo lo divino, el sufrimiento de los inocentes. En este primer paso, Gutiérrez está diciendo que existe una modalidad de ser Dios –el Hijo– que nos llama para compartir su propio camino (divino). Dios no es Dios sin este encuentro. Y aquí engarza Gutiérrez la segunda dimensión de la espiritualidad cristiana, el "**caminar según el Espíritu**" (*peripatousin katà pneuma*, Romanos 8:4). Siguiendo la concepción paulina, Gutiérrez acertadamente nota que el discipulado cristiano no solo adquiere su forma a partir de ese encuentro con Cristo en la historia, sino que ese discipulado y seguimiento es sostenido por la realidad hipostática del Espíritu. Esta es una afirmación central ya que le permitirá a Gutiérrez entender el discipulado cristiano (y la espiritualidad) como una dimensión misma de la praxis del Espíritu, y no solo "humana". Para clarificar esta noción nuestro autor introduce la conocida distinción paulina entre carne y espíritu, subrayando no tanto el aspecto moralista, ni tampoco el dualismo* ontológico, sino el hecho de que estas categorías refieren a formas diferentes de "orientarse" en el mundo. Mientras que el "caminar según la carne" (2 Corintios 10:2) denota una distancia y hasta hostilidad hacia Dios y su plan, caminar "según el espíritu" implica la transparencia de nuestras vidas a la presencia misma del Espíritu de Dios. Significa, en definitiva, orientar la totalidad de nuestras vidas hacia ese Dios que envuelve en forma amorosa a su creación. De hecho, Gutiérrez cancela todo recurso a una supuesta autoglorificación del creyente –o la tan mentada justificación "por las obras"– ya que esa transparencia que atraviesa nuestras vidas lo es también con respecto a las obras: en ellas se manifiesta el Espíritu que sólo busca promover la vida en medio de la muerte; son *karpós* (frutos), en oposición a las *erga* (obras).

El Espíritu, para Gutiérrez, apunta tanto a un campo de fuerza vital, como a los mismos efectos de este dinamismo entre aquellos que acogen en obediencia los designios del Señor. Su manifestación más visible es el proceso de filiación (hacerse hijas e hijos de Dios) que es la marca de toda la espiritualidad cristiana; pero es una filiación con respecto a una realidad personal, cuya identidad también está conformada por un cuerpo. De esta forma, Gutiérrez nos introduce al tema **eclesial** donde la praxis del Espíritu conforma nuestros cuerpos a un cuerpo espiritual. Habla de la Iglesia como una "extensión de la encarnación", es decir, como presencia de Dios que realiza su identidad de comunión y por ello de solidaridad con los cuerpos sufrientes. Pero esta identidad estaría incompleta si no la complementáramos con el destino que tiene esta realidad espiritual, a saber, el **encuentro con el Padre**. Aquí se manifiesta que esta realidad espiritual que encarnan los y las cristianas es nada más y nada menos que el anticipo de la realidad que es preparada para toda la historia y toda la creación.

Gutiérrez encuentra ejemplificada esa idea de ruta o camino hacia el Padre en el relato del **Éxodo en el Antiguo Testamento**. Como llamada a la libertad es también promesa de un encuentro que saciará las aspiraciones y anhelos más profundos de la humanidad. Pero uno de los aspectos más remarcables en este caminar es que los caminos que llevan al Padre no son del todo rectos; es más, parecen estar diseñados de forma peripatética, de modo tal que den lugar al tiempo necesario para que Dios se acostumbre a su pueblo y su pueblo a Dios. Gutiérrez habla de un proceso de conocimiento mutuo, de un **doble aprendizaje** que debe acaecer entre Dios y su pueblo al emprender rutas permanentemente nuevas. Interpreta esto como la marca de la libertad que debe acompañar a toda espiritualidad[11]. Libertad, por supuesto, entendida como la creatividad con que los y las cristianas buscan corresponder a ese Dios que todo nos da gratuitamente.

Así, en forma lúcidamente trinitaria, Gutiérrez nos deja con esta reflexión sobre la espiritualidad con una simbología preñada de la señal de nuestros nuevos tiempos: cómo vivir la libertad que Dios nos regala en la aridez del desierto. Esto no significa tener una lectura pesimista de los tiempos, sino "apocalíptica" en el buen sentido bíblico de la palabra: discernir los espacios desde los cuales el Señor se nos manifiesta. La libertad para discernir los caminos del Señor constituye un desafío que cada generación de cristianos debe confrontar, y una dimensión esencial de cómo Dios se relaciona con su mundo.

En síntesis, el estudio de Gutiérrez sobre la espiritualidad es más que un estudio explícito sobre la Trinidad, para ser un ejemplo de cómo **entender trinitariamente** la espiritualidad y el discipulado cristiano. Revierte una tendencia habitual entre los creyentes de pensar la espiritualidad como una especie de camino de acceso a la salvación, como una salida del mundo. Retrata una forma de espiritualidad donde nuestro caminar en la historia se incorpora hipostáticamente al caminar de Dios mismo. En suma, *nuestra* **espiritualidad es una expresión que se da gracias a la espiritualidad misma del Dios trino**. Porque en efecto, Dios no sólo envía, sino que Dios está en camino, en esos destellos donde el prójimo y sus necesidades nos interpelan con el rostro mismo de Cristo. Y que el Espíritu que habita entre nosotros es lo que mueve nuestras entrañas ante la vista del despojo, la miseria y el desencanto; es una manifestación más de la esencia y atributo pastoral que es propio del Dios trino.

---

4. La Trinidad y la cuestión de género

Sin dudas la historia señalará a las luchas y protagonismo de las mujeres como uno de los eventos más singulares y trascendentes de las últimas décadas. En el caso de la Iglesia y la teología, esta irrupción fue acompañada por un vigoroso discurso y una explosión de metáforas que intentaron superar las imágenes y categorías teológicas clásicas empañadas por el prejuicio patriarcal*. Estas nuevas metáforas han tocado de manera significativa la nomenclatura trinitaria tradicional.

---

11 Ibid.

No ahondaremos aquí en las interesantes propuestas de la teología feminista y mujerista (que ya mencionamos en capítulos anteriores), ni tampoco elaboraremos sobre el tema de la dignidad e igualdad de la mujer desde la perspectiva de la *imago dei* (cfr. el relato sacerdotal en Génesis 1:26). En lo que sigue sólo abordaremos el impacto de la perspectiva feminista sobre el lenguaje **litúrgico** y **teológico** en torno a la Trinidad.

En muchas de nuestras iglesias y comunidades se escuchan los reclamos para superar las nociones tradicionales de "Padre" e "Hijo" por considerárselos viciados por una perspectiva machista que invisibiliza a la mujer y sus experiencias. Es cada vez más frecuente catapultar hacia un primer plano la imagen más "femenina" del Espíritu (o Sofía), llamar a Dios "Madre" o "Padre maternal", o reemplazar el aspecto personalista del lenguaje trinitario por el lenguaje de los atributos o funciones trinitarias de Dios (decir "Dios creador" en vez de Padre, "Dios redentor" en vez de Hijo, y "Dios santificador" en vez de Espíritu Santo). Ya veremos más abajo los matices que se dan dentro de las teologías feministas. La pregunta, por lo tanto, no es si la teología feminista acierta o no en sus propuestas, y menos aún si es legítima o no. Que no quepan dudas: lo es. No sólo ofrecen perspectivas que complementan y desafían a las visiones clásicas, sino que más críticamente, ofrecen perspectivas sobre Dios que han enriquecido enormemente nuestro pensar sobre Dios. Las mujeres y sus luchas nos descubren aspectos que habían permanecidos ocultos en la teología cristiana, o aún ni siquiera imaginados. Las corrientes feministas han sido algunas de las muchas vertientes que han contribuido al pensamiento teológico que tratamos en este libro. Pero ello no quita que, en lo que refiere al lenguaje trinitario, no podamos plantearnos preguntas más modestas como: ¿Qué se gana y qué se pierde con estas innovaciones de lenguaje que desplazan las categorías clásicas? ¿Es el lenguaje trinitario intrínsecamente sexista?, y si lo es, ¿son sus símbolos y metáforas reemplazables?

Teología feminista

Esta teología no debe ser entendida como una rama de la teología que estudia temas supuestamente femeninos, sino como una relectura de toda la teología cristiana desde la perspectiva y la experiencia de la mujer. En el caso de la teología *mujerista*, se añaden las perspectivas propias de las experiencias de las mujeres latinas y migrantes en los Estados Unidos. Estas teologías se caracterizan por una crítica a las epistemologías patriarcales –tanto en la Biblia como en la tradición– y a las prácticas "machistas", proponiendo nuevas maneras de entender a Dios, al mundo, a la creación y a la humanidad. Todo esto repercute en nuevas teorías sobre la ética enfocadas en la transformación de las relaciones entre los sexos, como se forman social y culturalmente las identidades de género, y como nos relacionamos con nuestros cuerpos y con nuestro entorno (natural, cultural y social). Esto ha significado y significa una enorme contribución a la teología cristiana contemporánea, y las perspectivas feministas han sido incorporadas en las teologías de la liberación, en las teologías latinas y afroamericanas, en las teologías ecologistas, como así también en las más recientes teologías *queer*.

En lo que sigue presentamos una breve tipología sobre los modos de encarar esta problemática[12]. Básicamente se vislumbran tres posiciones ante la formulación trinitaria clásica, dándose por supuesto una amplia variedad en y entre cada una de ellas. Frente a la pregunta de si debemos conservar el lenguaje clásico de "Padre, Hijo y Espíritu Santo" en referencia a la Trinidad, he aquí las posiciones más frecuentes que se han dado en las últimas décadas:

a. ¡No!

Fuertemente arraigadas en las perspectivas brindadas por la filosofía del lenguaje, teólogas como Mary Daly**, Rosemary Radford Ruether**, Sally McFague**, e Ivone Gebara**, sostienen que toda categoría para referirnos a Dios (que es un misterio que todo lo trasciende) es en el fondo **limitada, además de ser metafórica**. Las metáforas, sin embargo, no son inocentes ya que revelan un mundo social (y de género) desde el cual se apropian ya sea para expresar una experiencia particular, o para legitimar relaciones de poder. Por ello el tema de la experiencia ocupa un lugar central como fuente y mediación indispensable del conocer teológico. Paul Tillich, desde otro ángulo, correctamente había notado que todo símbolo o metáfora religiosa no sólo conecta lo sagrado con lo profano, sino que sacraliza o eleva la figura profana utilizada como medio para expresar lo sagrado. Desde esta perspectiva, lógicamente, se cuestiona la **sacralización patriarcal** contenida en la metáfora de Padre-Hijo. De ahí la sospecha sistemáticamente formulada: ¿qué intereses y experiencias son sustentadas y legitimadas por el lenguaje trinitario clásico? ¿Debemos seguir utilizándolas en el contexto litúrgico y doxológico, por más que sean legítimamente bíblicas?

Sally McFague, por ejemplo, propone una serie de símbolos que buscan no sólo reflejar una experiencia femenina de lo sagrado, sino también expresar el principio de la inclusividad, dimensión fundamental para la interpretación de la experiencia de la mujer. Si bien no elabora una propuesta explícitamente litúrgica, sostiene que a Dios es mejor imaginarlo como madre, amante y amigo/a,

---

12 Sigo la tipología elaborada por Ted Peters, "The Battle over Trinitarian Language", *Dialog* 30/1 (Winter 1991), 44–48.

la expresión tripartita del amor en su modalidad de ágape, eros y filía[13]. Otras expresiones que cuestionan la "kyriarquía" (del griego *kyrios*: amo, señor - *archein*: gobernar), otra manera de referirse al patriarcado centrada en la idea de amo-señor-padre, construirán un esquema trinario destacando a "Jesús, hijo de Miriam, profeta de Sofía"[14]. Pero la mayoría de estas autoras/es se inclinan a que en el contexto litúrgico se "despatriarcalice" la clásica nomenclatura trinitaria para reemplazarla por los atributos tradicionalmente asociados con cada una de estas personas, a saber, "Creador, Redentor, Santificador", o por algún otro significante más neutral, como "Abba, Siervo, Paráclito". La pregunta es si esta manera de referirnos a la Trinidad todavía conserva los rasgos que la doctrina alguna vez quiso significar.

b. ¡Sí y no!

Coincidiendo con la tipología anterior esta postura, representada por teólogas como Catherine La Cugna**, Patricia Wilson Kastner, Elizabeth Johnson o María Clara Lucchetti-Bingemer**, reconoce y afirma que la terminología masculina ha sido utilizada en el lenguaje trinitario para reforzar esquemas patriarcales, como ampliamente lo demuestra la historia de la Iglesia. Sin embargo, una cosa es el **uso** (o abuso) que se hayan hecho de los símbolos y metáforas, y otra cosa es el **misterio** que esos símbolos quisieron comunicar. Así La Cugna sostiene que la tradición trinitaria es tanto fuente reveladora del misterio cristiano como un recurso de la cultura patriarcal[15]. Sin embargo, la misma teología trinitaria captada en su afirmación relacional afirma los mismos intereses que la teología feminista ha querido incentivar; lleva en su seno la **crítica más profunda a la cultura patriarcal**. En esta dirección otra teóloga, Patricia Wilson Kastner, argumenta que la simbología trinitaria es más conducente de los valores feministas y las experiencias de la mujer que la idea monoteísta tradicional de Dios, ya que nos lleva a imaginar la mutua **interrelación y dependencia** existente entre las tres hipóstasis, al igual que posicionar el cuerpo y la realidad sensual en el centro de la escena sagrada (Jesús).

Una teóloga latinoamericana como María Clara Bingemer coincide con lo anterior, rescatando el aspecto **antidualista** implícito en la teología trinitaria[16]. Para ella no hay problemas con la nomenclatura clásica, siempre y cuando el lenguaje de esta doctrina se interprete a la luz de los hechos narrados en la Biblia.

---

13 Sallie McFague, *Modelos de Dios: teología para una era ecológica y nuclear* (Santander: Sal Terrae, 1994), 157–298.

14 Así Elizabeth Schüssler Fiorenza, *Cristología feminista crítica: Jesús, hijo de Miriam, profeta de la Sabiduría* (Madrid: Trotta, 2000).

15 Cfr. Catherine M. LaCugna, *God for Us: The Trinity and Christian Life* (New York: Harper-SanFrancisco, 1991).

16 Ver María Clara Lucchetti Bingemer, "A trinidade a partir de perspectiva da mulher (algumas pistas de reflexão)", *Revista Eclesiástica Brasileira* 181/46 (Marzo 1986), 73–99.

De esta manera lo que hay que destacar son los rasgos maternales que suponen las relaciones retratadas en el lenguaje más formal de la doctrina: un padre "maternal" que envía desde su seno a su hijo; el sufrimiento en este padre ante la muerte de su hijo; la misericordia de Dios por su creación; y la sofía (sabiduría) divina identificada con el espíritu comunitario.

c. ¡Sí!

Esta última posición, más tradicional y conservadora, defiende el hecho de que la nomenclatura "Padre, Hijo y Espíritu Santo" denota el **nombre propio** de Dios; por ello es inmodificable[17]. En las versiones más extremas el nombre trino es considerado revelación divina, y por lo tanto eterno. Si bien no se indica con esto que Dios sea varón, hay que respetar a ultranza los nombres con que Dios ha permitido que se lo designe. La referencia trinitaria clásica es, por lo tanto, normativa tanto para el ámbito litúrgico como el doctrinal.

Si bien esta última posición es la más insostenible de todas, es menester reconocer que el tema de los nombres trinitarios no es un asunto liviano que se pueda despachar así nomás. Pero las otras dos posiciones avanzan argumentos que son imposibles de ignorar como, por ejemplo, que en torno al misterio divino no se puede caer en fáciles encasillamientos: al hablar de Dios hablamos de un misterio inefable. Sin embargo, hay que reconocer que de Dios hay que hablar o mejor dicho, que a Dios hay que **hablarle**. La manera como hablamos, por supuesto, no sólo indicará el lugar desde dónde lo hacemos (ver capítulo 1), sino que también señalará un camino donde buscaremos encontrar nuestro espacio. Nos referimos al hecho de que el lenguaje no es sólo denotativo, sino que es performativo: abre un espacio a la práctica, un situarse en el mundo en correspondencia con lo sagrado. Por ello surge la pregunta –previa a toda referencia a su verdad– ¿hacia dónde nos llevan estas distintas formas de articular lo sagrado? ¿Surgen realmente diferencias substanciales por el simple hecho de usar lenguajes diferentes?

Reconocemos que la primera posición (¡No!) encierra importantes valores y afirmaciones convergentes con la concepción trinitaria, como son la incorporación de la corporalidad a nuestro imaginario sobre lo divino, la afirmación de la presencia de lo trascendente* en y a través de lo inmanente*, y el recordatorio final de que el misterio del cual hablamos está más allá de toda ideación y articulación humana. Por ello es correcta una de las premisas centrales de esta posición, a saber, el carácter **metafórico** y simbólico de nuestro discurso sobre Dios. Esta noción hace insostenible la tercera posición, la idea de que la misma esencia divina está contenida en los nombres propios (y masculinos) de la Trinidad tal como fueron originalmente articulados.

---

17 Así lo sostiene Robert Jenson, *The Triune Identity* (Philadelphia: Fortress Press, 1982), 16.

Ahora bien, una cosa es hablar del carácter metafórico y analógico del lenguaje, y otra muy distinta es postular el principio de **intercambiabilidad** de todo símbolo referido a lo sagrado. Y aquí podemos hacer varias observaciones. En primer lugar, con respecto a la naturaleza de los **símbolos** mismos: estos no son invenciones que puedan manufacturarse desde la academia o desde una facultad de teología; el símbolo nace a partir de experiencias colectivas para quienes un referente en particular descubre (y cubre) ciertas dimensiones del misterio. En este sentido, se puede notar que muchas de las metáforas sugeridas por algunas teólogas feministas son más **signos** que símbolos, es decir, señalan la condición o el anhelo particular de ciertas perspectivas y experiencias más que una dimensión propia de lo sagrado. Esta crítica, cabe recalcar, es válida para toda teología, no sólo la feminista. Ya hemos visto como a lo largo de la historia las teologías que se erguían como voces universales en realidad expresaban las experiencias propias de varones, generalmente blancos o europeos, viviendo vidas relativamente acomodadas.

En segundo lugar, reconociendo que la **experiencia** es una mediación esencial para el encuentro con lo sagrado, la palabra "experiencia" tampoco debe abusarse, ya que adquiere sentido dentro de una tradición interpretativa particular. No existen experiencias desnudas, directas, sino siempre interpretadas por una tradición o lenguaje que asocia las experiencias con ciertos significados. Podemos criticar la tradición, como lo hacemos hoy día con nuestro propio lenguaje, el español, y sus problemas a la hora de ser inclusivos cuando usamos pronombres, artículos, etc. Pero de la misma manera en que no podemos vivir sin lenguaje, tampoco estamos desprovistos de una tradición a la hora de entender nuestra espiritualidad y las cosas en las que creemos.

En tercer lugar –y tal vez lo más fundamental– muchas de las propuestas encerradas en la primera posición presuponen una noción de la **trascendencia** que es análoga a las inclinaciones propias del Arrianismo* al querer mantener a la deidad lo más alejada posible de cualquier clausura histórica, como puede ser la figura de Jesús. Y en este punto las propuestas de esta posición son muchas veces incompatibles con lo sostenido por la doctrina trinitaria en su vertiente más clásica. La noción cristiana de Dios se juega en la historia que surge entre esa trascendencia que Jesús –siguiendo la tradición de Israel– llamó "Padre", la vida, muerte y resurrección de esa particularidad que denominamos Jesús, y ese poder que no sólo levantó a Jesús de entre los muertos, sino que convoca a toda la creación hacia un futuro de comunión ("Espíritu"). Si existen otros términos que puedan dar cuenta de esta referencialidad, bienvenidos. Pero recordemos que la imaginación teológica cristiana siempre tiene un límite: los relatos que colocan a la figura de Jesús, el Cristo, en el centro de la escena.

Por estas razones concordamos con la segunda posición (¡Sí y no!), que abre también la posibilidad de hacer explícita la lógica antipatriarcal de la doctrina trinitaria por medio de la incorporación de dimensiones que se relacionan comúnmente al ámbito de la experiencia de la mujer. Hablar de un Padre maternal[18], o inclusive de Dios como Padre y Madre, parece más apropiado, siempre que sirva para desplegar horizontes de ese Dios que se identificó con la humanidad y el cosmos en Cristo Jesús. El asunto, por lo tanto, es asegurarnos de que la forma en que articulamos nuestro lenguaje refleje el evangelio de Jesús, manifieste esa orientación profética e innovadora que superó las barreras de género y las relaciones de opresión. Pero a la vez es importante que lo hagamos recurriendo a la **reserva** que contienen los símbolos bíblicos de "Padre", "Hijo" y "Espíritu Santo". Cualquier otro tipo de referentes no debe perder de vista lo que estas categorías relacionales e incarnacionales enfatizaron. De lo contrario, correríamos el peligro de perder dimensiones esenciales de aquello que la tradición cristiana quiso y quiere significar.

---

18 Ver Jürgen Moltmann, "El Padre maternal: Patripasianismo trinitario y patriarcalismo teológico", *Concilium* 163 (1981), 381-389.

Bibliografía seleccionada

Barth, Karl. *Bosquejo de Dogmática*. Buenos Aires: La Aurora, 1959.

Boff, Leonardo. *La Trinidad, la sociedad, la liberación*. Buenos Aires: Paulinas, 1987.

Duquoc, Christian. *Dios diferente: ensayo sobre la simbólica trinitaria*. Salamanca: Sígueme, 1978.

González, Justo. *Historia del pensamiento cristiano*. Barcelona: Editorial CLIE, 2010.

——. *Mañana: Christian Theology from a Hispanic Perspective*. Nashville, TN: Abingdon Press, 1990.

Gregorio Nacianceno. *Los cinco discursos teológicos*. Madrid: Ciudad Nueva, 1995.

Haight, Robert. "The Point of Trinitarian Theology". *Toronto Journal of Theology* 4:2 (Otoño 1988), 191-204.

Hansen, Guillermo. "La concepción trinitaria de Dios en los orígenes de la teología de la liberación: el aporte de Juan Luis Segundo". *Cuadernos de Teología* XVI (1997).

——. "La Trinidad en 'funcionamiento': algunos temas actuales". *Cuadernos de Teología* XIX (2000).

Jenson, Robert. *The Triune Identity*. Philadelphia: Fortress Press, 1982.

Johnson, Elizabeth. *La que es: El misterio de Dios en el discurso teológico feminista*. Barcelona: Editorial Herder, 2002.

LaCugna, Catherine M. *God for Us: The Trinity and Christian Life*. New York: HarperSanFrancisco, 1991.

Lucchetti Bingemer, María Clara. "A trinidade a partir de perspectiva da mulher (algumas pistas de reflexão)". *Revista Eclesiástica Brasileira* 181/46 (marzo, 1986), 73-99.

McFague, Sallie. *Modelos de Dios*. Santander: Sal Terrae, 1994.

Moltmann, Jürgen. *Trinidad y Reino de Dios: la doctrina sobre Dios*. Salamanca: Ediciones Sígueme, 1983.

Muñoz, Ronaldo. *La Trinidad de Dios amor ofrecido en Jesús el Cristo*. Santiago de Chile: San Pablo, 2000.

Peters, Ted. "The Battle over Trinitarian Language". *Dialog* 30/1 (Invierno, 1991), 44-48.

Schüssler Fiorenza, Elizabeth. *Cristología feminista crítica: Jesús, hijo de Miriam, profeta de la Sabiduría*. Madrid: Trotta, 2000.

Segundo, Juan Luis. *Teología abierta para el laico adulto*, vol. 3: *Nuestra idea de Dios*. Buenos Aires: Ediciones Carlos Lohlé, 1970.

Vives, Joseph. "Trinidad, creación y liberación", en *Revista Latinoamericana de Teología*; 7. 19, 1990.

Zizioulas, John. *Being as Communion: Studies in Personhood and the Church*. Crestwood, New York: St. Vladimir's Seminary Press, 1985.

X. ¿QUÉ ESPERAMOS?

1. Algunas consideraciones sobre la escatología

Las razones de nuestra esperanza, tanto como el contenido de la misma, nos han ocupado a lo largo de todo este libro. Estrictamente hablando, no hay razón para dedicar un capítulo aparte sobre la esperanza cristiana ya que de ella hemos hablado al tratar los temas de la justificación y la santificación, la creación, el Dios trino, Cristo y el Espíritu Santo, entre otros. Aun así, merece hacerse una última consideración sobre el tema de la esperanza precisando un poco más su relación con lo que teológicamente se denomina *escatología*.

La escatología, según su definición clásica, refiere a la doctrina* sobre las cosas últimas o postreras. Tradicionalmente la dogmática* cristiana relegó los temas sobre las cosas últimas precisamente a lo último de sus tratados. Si tomamos cualquier manual o libro de dogmática podremos comprobar este hecho. Pero debemos saber que situar este tema al final no significa que su importancia sea menor. Al contrario, podríamos decir que junto a la doctrina de la Trinidad, la doctrina sobre las cosas últimas aparecen como el broche de oro de todo el pensamiento cristiano. Después de todo, la religión cristiana nació como un movimiento mesiánico apocalíptico, es decir, como una afirmación de la esperanza a partir del mensaje de Jesús sobre el reino y la resurrección de Jesús de entre los muertos. Allí radica nuestra esperanza, que no es solo una esperanza para las personas, sino para ellas y el contexto vital donde desarrollan sus vidas.

Escatón: viene de la palabra griega *éschata*, que es el término utilizado para referirse a las cosas que son material, espacial, o temporalmente últimas. Desde muy temprano, en la tradición patrística, remitió a la doctrina sobre las cosas últimas e incluía todos los conceptos asociados con la vida más allá de la muerte: cielo e infierno, paraíso e inmortalidad, resurrección o transmigración de almas, renacimiento, juicio final, etc. Pero la teología contemporánea ha puesto de relieve otro aspecto bíblico fundamental, la del señorío y Reino de Dios en la historia. En esta perspectiva las cosas últimas refieren no solamente a los eventos que tendrán lugar al final de los tiempos, sino a la justificación y liberación que ya acontece en la historia y en la vida de las personas. Es decir, lo que se espera (la vida plena) da forma a cómo esperamos (la vida presente).

Es preferible acercarse a la temática de lo escatológico como lo que hace referencia a la finalidad y fundamentos últimos de la creación, es decir, del universo. No se refiere simplemente a lo que ocurrirá **al final** de los tiempos, es decir, una especie de predicción sobre el desenlace de las fuerzas del bien y del mal, o sobre las señales que leemos en nuestro mundo indicándonos el acercamiento del gran final cataclísmico. Menos aún remite a una historia sobre la revancha de Dios contra los pecadores. Si bien algunos de estos aspectos están presentes en el lenguaje poético-dramático de algunos libros bíblicos, no constituyen el enfoque central de la esperanza cristiana. Como dijimos, la escatología alude a la noción de que Dios mismo es el fundamento y futuro de la creación, del universo, de la materia, de nuestras vidas, sociedades, culturas, ideas, sueños, de lo consciente y de lo inconsciente. Que Dios mismo viene a su creación, que la prepara para morar en ella con amor y justicia, es la base de la esperanza cristiana y el tema central de la escatología. Por ello, la escatología no es un mensaje de terror, sino que es una buena noticia, es **evangelio.**

Sin embargo, también es cierto que no siempre la teología cristiana fue coherente y unánime al respecto. En la historia del cristianismo podemos comprobar que se han dado muchas escatologías, se han propuesto distintos finales y finalidades para la existencia y para el mundo. Todo esto no sería más que un inocente ejercicio de la imaginación si no fuera que **las maneras en cómo imaginamos el final condicionan nuestras actitudes con respecto a nuestro presente y nuestro futuro inmediato.** La moral, nuestras opciones y compromisos, nuestras vivencias de lo cotidiano están marcadas decisivamente por nuestros relatos sobre las cosas últimas (tanto en el sentido temporal del término como en el sentido del fundamento último* de la existencia).

Dadas las preocupaciones que la cultura helénica trasladó al cristianismo (que hemos desarrollado al tratar los temas de la cristología y la Trinidad), la teología estuvo dominada durante siglos por temas y perspectivas que daban cuenta de aspectos parciales de la realidad, como ser la inmortalidad del alma, su posible destino (cielo, infierno, purgatorio), el juicio final basado sobre las obras, etc. Esto derivaba en una espiritualidad y postura ante la vida que impulsaban una orientación ultraterrena, muchas veces escapista, sin olvidar los terrores de conciencia que ello producía. El énfasis se trasladó desde el Dios que afirma su creación y la vida, y que por lo tanto fundamenta la esperanza para y en este mundo*, al tema del destino del *individuo* o una *parte* de él o ella en un ámbito espacial desligado de la vida terrena. Como veremos las intuiciones de fondo enmarcadas por estas posturas no estaban del todo erradas, pero los énfasis bíblicos como la venida de Cristo (parusía) que renueva la creación y su justicia (nuevo *eón*), la resurrección de los muertos más que la supervivencia del alma, la recapitulación en Cristo de toda la creación y no solamente de los seres humanos, y el carácter comunitario y liberador del reinado y señorío de Cristo (Reino), en suma, todo lo que apuntaba a los aspectos cósmicos, históricos y liberadores, no cabían dentro de esta comprensión individualista y dualista de lo escatológico. De acá emanan profundas distorsiones políticas, sociales y ecológicas que han acompañado a la iglesia cristiana por mucho tiempo.

Pero a partir del siglo XX, tanto entre católicos como protestantes, comienza a surgir una nueva conciencia. Comenzando por Europa, sobre todo después de la II Guerra Mundial y sus horrores como el Holocausto judío, se produce un cambio de rumbo en la teología que tendrá repercusiones para nuestra teología en el continente americano. Este cambio consistió en una renovada valorización del tema escatológico desde perspectivas que, sin negar la preocupación por el destino de los individuos después de la muerte, rescataron acentos bíblicos fundamentales con una visión más holística* o abarcadora de la acción de Dios. Se afirmaba que los relatos bíblicos sobre el fin del mundo implicaban también una crítica y una afirmación de *este* mundo. De esta manera lo escatológico aparece en muchos teólogos y teólogas contemporáneas como el punto de partida de la teología, no el de llegada. Pero ¿a qué se debe este énfasis? ¿Qué factores han contribuido para que se vuelva de manera tan insistente al tema escatológico? Mencionemos algunos:

1. La nueva **visión moderna** del ser humano dio un impulso muy grande a la idea de la historia como ámbito de realizaciones humanas. El progreso económico, la ciencia, la técnica, la medicina, convirtió a la existencia empírica en un hecho en principio más atractiva, más promisoria (por lo menos, para algunos sectores de la humanidad), abriendo un horizonte más optimista para la vida. En este contexto, ¿qué ofrece la fe cristiana?, ¿de qué habla su esperanza?, ¿esperanza con respecto a qué? La esperanza cristiana, ¿toma en cuenta en forma positiva la historia, la vida, la naturaleza? Más aún, ¿tiene en cuenta también las expectativas y reclamos de grupos sociales marginados o relegados –ya sea por su clase social, etnia, orientación de género– por la propia historia? Ya no se puede hablar sólo de una esperanza ultraterrena, sino que esta debe también anclarse en la cotidianeidad, en las experiencias positivas que tenemos en **este** mundo.

2. Otro factor importante son los nuevos conocimientos brindados por las ciencias naturales, sobre todo la física y la astronomía; ellas han descartado de plano la idea **espacial** de un recinto sagrado más allá de la Tierra. La anécdota del dicho que se le atribuye al astronauta soviético Yuri Gagarin expresa simbólicamente esta situación: después del primer vuelo espacial tripulado en 1961, enunció a su regreso que en su viaje "allá arriba" no encontró rastro alguno de Dios. La antigua concepción religiosa de cielo o Reino como un ámbito o morada de Dios y

de los santos situado en una esfera extraespacial, se ha vuelto insostenible. De la misma manera el mismo desarrollo del conocimiento científico ha llevado a una situación donde la pregunta sobre el destino final del universo ya no es un asunto reservado a la imaginación religiosa, sino un tema que también preocupa a los mismos científicos. Después de todo, no es lo mismo vivir en un universo que irremediablemente se encamina a su muerte térmica*, que vivir en un mundo que aún alberga esperanzas para la persistencia de la vida. Frente a ello, ¿qué tiene para ofrecer la perspectiva cristiana?

3. Los importantes desarrollos en el plano de los estudios **bíblicos y exegéticos** modernos han destacado el tema escatológico como central al mensaje, las acciones y la misma identidad y autocomprensión de Jesús. El descubrimiento de nuevos documentos (Mar Muerto, *Nag Hammadi*) como así también el estudio más pormenorizado de la literatura intertestamentaria (es decir, entre los dos "testamentos" de la Biblia, s. IV a.C. hasta I d.C.), han destacado la profusión y diversidad de tradiciones escatológicas durante el tiempo de Jesús. Como lo afirmaría más tarde el biblista Ernst Käsemann, el cristianismo no puede entenderse sino en el marco de las expectativas escatológicas y apocalípticas judías. Por ello, el tema escatológico vuelve a tomar un lugar central en la teología contemporánea, que busca en la figura de Jesús y en los relatos de sus primeros intérpretes una voz normativa para el quehacer teológico.

4. El encuentro y diálogo con **otras religiones** –sobre todo con el budismo y el hinduismo– ha destacado el tema escatológico como central a la identidad cristiana, dando un nuevo relieve a nociones como creación, historia, esperanza y propósito. El carácter anticíclico (eterno retorno) de la concepción judeocristiana de la historia tiene su base en su concepción escatológica de Dios y la creación. Por ello el lugar del ser humano en la creación y el rol de la ética adquieren en el cristianismo características particulares.

5. Por último, los **cambios vertiginosos y las diversas crisis** y desfasajes que se han experimentado en las últimas décadas han generado en los ámbitos de la cultura y en las sociedades nuevas preguntas sobre lo escatológico, sobre la esperanza y la finalidad de la vida. Nos encontramos, como dice el filósofo italiano Gianni Vattimo, en medio de un aturdimiento ante problemas que parecen mucho más vastos de lo que podemos afrontar: los cambios climáticos, inestabilidades económicas, polarización de nuestras sociedades, pandemias, las posibilidades que abre la ciencia para la manipulación de la vida (tanto desde lo genético como neurocognitivo), la pérdida de sentido del individuo frente a las sociedades masificadas y mediatizadas por las redes sociales, etc. En los países centrales la amenaza nuclear y la crisis ecológica constituyeron las puertas de entrada para una nueva valoración de la esperanza

cristiana. En los países periféricos, y sobre todo en América latina, Asia y África, han sido la marginalidad, la pobreza, la represión y la exclusión lo que han llevado a cuestionar los optimismos fáciles y las esperanzas quiméricas carentes de toda comprensión estructural de los problemas. La perspectiva que trazó la teología de la liberación* con su énfasis en la promesa del Reino en la historia fue una iniciativa valiosa basada en la esperanza cristiana para este mundo. Permitió entender la profunda relación existente entre la espiritualidad cristiana fundada en la promesa del Reino y el compromiso moral y social con los que más sufren en este mundo. Pero no se puede ocultar que también ha florecido, frente a esta misma realidad, una lectura apocalíptica dispensacionalista entre los sectores más fundamentalistas y conservadores de las iglesias cristianas. Nos hallamos ante un nuevo conflicto de interpretaciones dispares, una verdadera batalla hermenéutica*, donde el tema escatológico ocupa un lugar central.

Todos estos factores han influido en mayor o menor grado para que la teología y las iglesias le hayan prestado más atención al tema escatológico. Tampoco debemos olvidar que la reciente transición de un milenio a otro ocasionó un reavivamiento de los temas escatológicos en torno al fin del mundo, la venida de Cristo, u otras visiones más "secularizadas" como el fin de la historia, el triunfo del Imperio, etc. Pero si hace unas décadas prevalecía un optimismo que favorecía una identificación más inmediata entre el Reino y nuestra historia, es decir, una visión más histórico-mesiánica, hoy el péndulo parece haberse inclinado hacia el otro extremo. No cabe duda de que en muchas de nuestras comunidades la combinación de la crisis sociopolítica y cultural, sumada a la fuerte presencia de movimientos religiosos de raíces evangélicas y fundamentalistas, han hecho que el tema escatológico tomara un color y una fisonomía más "apocalíptica", en el sentido de estar viviendo los momentos previos al castigo divino de los pecadores y la salvación de los pocos que aceptan a Jesús como su Señor y Salvador. Así la perspectiva escatológica milenarista (más precisamente, premilenarista) ha pasado a ser una de las imágenes más recurrentes entre muchos miembros en nuestras comunidades.

2. Milenarismo, mesianismo, apocalipticismo

Para entender mejor esto último daremos un ejemplo. No hace mucho tiempo una agencia denominada Misión Evangélica Latinoamericana inundó los buzones (y los correos electrónicos) de muchas iglesias y congregaciones con un documento muy particular. El mismo contenía una hoja tamaño oficio, con ambas carillas tipeadas en forma compacta y densa, lo que ya denota un cierto estado mental y emocional. El tema general era, precisamente, la venida del Señor, narrada con una mezcla de datos bíblicos y los más dispares hechos tomados de las ciencias y de los eventos políticos y económicos mundiales. He aquí algunos pasajes ilustrativos:

"El Reino de Satanás y del anticristo vendrá después del rapto . . . Un nuevo reino mundial será establecido . . . Una religión universal mundialista, cuyas características estamos viendo como se perfila . . . Todo estará subordinado al Tirano, e impondrá su tiranía a través de la 'marka', el fatídico 666 que por medio de la gigantesca computadora . . . que funciona en Bruselas y que Internet ha hecho posible entrar en todas las mentes que poseen ese satánico aparato . . . y así adueñarse de todas las mentes de los habitantes del orbe".

Después de indicarnos que el Anticristo tiene planeado marcarnos a todos en la frente con un "código de barras" –donde consten todos nuestros datos personales– el texto continúa identificando a la ciudad de Nueva York como sede de la "Bestia". Desde allí planea deshacerse de todos los cristianos, hecho que "la bestia atribuirá a los extraterrestres". Pero cuando Jesús vuelva y tome posesión de su Reino, en lucha mortal con la Bestia, *será vista la Jerusalén celeste que como una ciudad satelital girará alrededor de la tierra, y habitada por los raptados quienes acompañarán al Señor donde quisiera estar*".

Estos pasajes corresponden a una visión extrema de la "venida del Señor", un reflejo de una lectura desesperada frente a hechos históricos mezclado con fabulaciones livianamente hilvanadas. No es que la imaginación esté prohibida, sino que esta imaginación debe ser seria y fiel con respecto a los datos que nos proporciona la Biblia y responsable hacia la experiencia de vida actual. Es difícil que el mensaje cristiano sea creíble con tantos disparates amontonados, sobre todo cuando estos se basan en una lectura muy irracional y arbitraria de las "profecías" que encontramos en la Biblia. Especulaciones como la anterior reflejan una **desazón y una desesperanza** con respecto a los tiempos que vivimos, y en ese sentido, comparte mucho con la literatura apocalíptica de la Biblia en la medida que presenta una protesta contra el estado de cosas actuales. Pero hasta allí llegan las similitudes, ya que estas imágenes son incapaces de reflejar y de comunicar la **esperanza** que encontramos en los textos bíblicos y que es la razón central de la literatura apocalíptica. En efecto, esta literatura nació no para predecir el fin del mundo, sino para alentar a los cristianos frente a la opresión que experimentaban bajo el imperio de los poderes de la época. Por ello, frente a estas versiones exterminadoras, apocalípticas, vengativas y fatalistas, es necesario afirmar que la visión cristiana de las cosas últimas es una reafirmación de la creación, una reivindicación de la dignidad de los sufrientes y marginados, una apertura a la vida futura, y una promesa para la vida pasada que centra su esperanza no en la retribución de los supuestos creyentes o justos, sino en la justicia y en la paz de Dios.

Milenarismo: doctrina derivada de la apocalíptica judía y presente en el capítulo 20 del libro del Apocalipsis. Su idea central es que hacia el final de los tiempos los santos y escogidos inaugurarán un reino de mil años, después del cual se desatará la lucha final con el Anticristo y el advenimiento triunfante de Cristo. Esta doctrina siempre estuvo presente en distintas expresiones del cristianismo, y fue revivida por algunas corrientes de la Reforma radical del siglo XVI. A partir del siglo XIX comienza a difundirse una visión más dura y dispensacionalista entre distintas sectas y denominaciones de origen norteamericano, con mucha influencia en las comunidades protestantes de habla hispana.

Seguramente muchos ya están familiarizados con algún tipo de versión semejante a esta, tal vez un poco más sobria en cuanto a sus detalles, pero igualmente "apocalíptica" en cuanto a su estructura general y su visión sobre el final de los tiempos. A esta manera de ver las cosas últimas la llamamos *milenarismo* (en referencia al milenio o mil años de reinado de Cristo junto a sus seguidores tal como aparece en el libro de Apocalipsis). En rigor, muchos movimientos religiosos han nacido al calor de las furiosas disputas en torno a las interpretaciones que se hacen de los hechos contemporáneos; estas darían las pistas para datar la llegada de Cristo y, así, prepararse para la llegada del milenio. La estructura de la visión milenarista es clara: su eje es el destino final de la humanidad, sobre todo, la recompensa que se dará a los justos y creyentes y el castigo que se impondrá a los impíos y malvados. Tomando como base los capítulos 13 y 20 del libro del Apocalipsis en el Nuevo Testamento (la Bestia, el Anticristo y el Reino de los Mil Años), junto al capítulo 7 del libro de Daniel del Antiguo Testamento (la figura de la Bestia), se acentúa la idea de un Reinado de Cristo junto a sus seguidores de mil años de duración, seguido por un juicio final previa batalla con las fuerzas del mal.

Ahora bien, frente a esta común visión "milenarista" han existido dos variantes que vale la pena distinguir ya que conllevan distintas actitudes hacia el mundo, la historia y la cultura. La primera, que denominaremos visión *posmilenarista*, identifica la llegada del milenio con ciertos aspectos de la era presente. Pero al no acontecer la llegada del Cristo triunfal tal como lo narra el libro del Apocalipsis, naturalmente se procedió a una interpretación menos literal y más simbólica del así llamado milenio, que en muchos casos deriva en una interpretación más "secularizada" del milenio. Aunque estas interpretaciones son extremadamente variadas, de alguna manera todas identifican la llegada del Reino con algún evento, institución o proceso en la historia humana. Lo fundamental de esta visión es la convicción de que ya vivimos en el milenio inaugurado por Cristo, que se demuestra ya sea por el compromiso espiritual y moral de los creyentes, ya sea por el avance del Evangelio y de la obra de la Iglesia, o ya sea por el hecho del progreso social, político o económico.

Por ejemplo, en el siglo IV y V Agustín** identificó el reinado de Cristo con la Iglesia católica, lo que disparó una poderosa tradición* que fue una de las marcas centrales del catolicismo romano medieval. Iglesia devino sinónimo de Reino, aun de Cristo mismo. La Reforma, especialmente con Lutero, también estaba convencida de vivir en una época posmilenarista, pero esta se acercaba a su desenlace final en la lucha contra el papismo, que era reconocido como una de las figuras legendarias del Apocalipsis, el Anticristo. Más recientemente, ciertas corrientes evangélicas norteamericanas (desde el Gran Despertar o Avivamiento hasta el Evangelio Social) y la teología liberal protestante de raíz alemana, asociaban el progreso del milenio con el incremento del número de conversos, o el triunfo de la cultura y la civilización cristianas, o aun con el inminente triunfo de la revolución socialista. La idea es que Jesús nos llama a vivir el milenio, a transformar las realidades presentes acorde al mensaje de paz y justicia del Reino.

Sin embargo, las ambigüedades acarreadas por el progreso cultural, económico y social han llevado a desacreditar toda identificación estrecha entre Reino e historia humana, tal como se manifestaron en sectores liberales protestantes, así como también en algunas expresiones de la teología de la liberación. En parte esta situación ha dado pie para el auge de una segunda corriente denominada *premilenarista*, muy común entre muchas iglesias evangélicas de tendencia fundamentalista que hoy día crecen vertiginosamente. Su característica principal es la cosmovisión* dualista con distinciones tajantes entre creyentes y pecadores, entre Dios y el diablo, entre la vida terrena y la vida eterna. Según esta visión el retorno de Cristo es un hecho inminente que será precedido por una serie de cataclismos y desastres con resultados diferentes para la humanidad. En el caso de los creyentes, estos serán "raptados" o "arrebatados" al aire, donde Cristo les saldrá al encuentro. A los no creyentes les espera la tribulación en manos del Anticristo, después de lo cual se desatará una lucha feroz (Armagedón) que desembocará en el triunfo de Cristo y su reinado por mil años. Después de esto, se inaugurará la vida eterna previo paso por el Juicio Universal.

Esta visión premilenarista insiste mucho en las visiones apocalípticas y en las profecías que se pueden encontrar en la Biblia, las cuales se interpretan como referencias a eventos mundiales contemporáneos que presagian la llegada del Señor. Algunos también identifican esta perspectiva con una visión exterminadora del final de los tiempos, es decir, el desencadenamiento de una ola de violencia que finalmente aniquilaría a los pecadores y los injustos. El problema, por supuesto, es cómo clasificar a los que son verdaderamente creyentes. Además, esta perspectiva es acompañada muchas veces por lo que se conoce como *dispensacionalismo*, es decir, una lectura de la historia y de la Biblia dividida en siete períodos o dispensaciones. La última de estas dispensaciones sería el milenio del reinado de Cristo, inaugurado por el "arrebato" de los elegidos. El eje fundamental del dispensacionalismo es una perspectiva dualista de la historia, la lucha entre Dios y el demonio que acontece en cada ámbito y rincón del planeta. La Biblia es escrutada para identificar las profecías que señalan la inminente llegada de Cristo como los poderes que se confabularán para luchar contra los elegidos durante la Gran Tribulación. Demás está notar la sensación de paranoia y falsa seguridad que permanentemente genera esta visión de las cosas últimas.

El hecho de que las propuestas premilenaristas, dispensacionalistas y apocalípticas no paran de difundirse indica que tocan una dimensión muy profunda del espíritu humano que busca posicionarse frente una historia con cambios vertiginosos. En efecto, parece propagarse aún más cuando este espíritu se halla afectado por las grandes crisis sociales, políticas y culturales que acompañan nuestro tránsito por el tercer milenio. Estos relatos milenaristas y apocalípticos tienen tamaña difusión puesto que se presentan como un salvavidas de certezas en una época de grandes crisis, confusiones y cambios. Hilvanan las "señales" que se dan en el mundo (guerras, terremotos, terrorismo, tsunamis, pandemias) con la intención de ordenarlos y predecir los hechos que indiquen la pronta llegada del Señor. **Cada desastre en la historia de la humanidad y de nuestro planeta parecería acercarnos aún más a Dios.** Pero al hacer este tipo de lecturas se cometen grandes injusticias no sólo con los hechos que dicen interpretar, sino con el corazón mismo de los relatos evangélicos.

Después de haber visto estas corrientes, ¿de qué habla la escatología? ¿Qué certezas podemos derivar de la Biblia? Antes de dar algunas respuestas debemos establecer al menos dos principios fundamentales que encontramos en los evangelios y en las cartas de Pablo. Por un lado, se habla de un Reino que no es de este mundo (Juan 18:36), un Reino que se haya en **discontinuidad** aún con las expectativas más arraigadas de la especie humana. Cuando el apóstol Pablo hace referencia la nueva creación o el nuevo *eón* seguramente tiene en mente eso, una ruptura y comienzo radical siguiendo el espíritu de la literatura apocalíptica (cfr. 1 Tesalonicenses 4:13-18). Se trata de un fin no en la historia sino **de** la historia. Por el otro lado, el Jesús de los evangelios sinópticos habla de un Reino que ya se hace presente, como semillas o como un grano de mostaza, en medio de la humanidad (cfr. Mateo 13). Existe, por lo tanto, una **continuidad** en y con nuestra historia. Podemos así hablar de la dimensión **mesiánica** de lo escatológico, es decir, la concepción de que hechos y acciones en la historia y la creación participan de lo escatológico ya sea como anticipación (prolepsis) o realización parcial. Se trata de un fin o futuro que es anticipado **en** la historia como paz y justicia (*shalom*).

A continuación, repasaremos algunos aspectos que aparecen en el mensaje bíblico y comprobaremos que aún allí hay distintas imágenes sobre lo último. No obstante, también se detecta una línea que se va enriqueciendo con distintas tradiciones y experiencias, creándose así un paisaje cada vez más frondoso.

3. Algunas pistas bíblicas

El consenso entre los biblistas es que el ministerio y la persona de Jesús, al igual que el surgimiento del cristianismo como nueva religión, no resultan comprensibles aparte de las esperanzas propias de la época, es decir, lo que antes denominamos "expectativas mesiánicas y apocalípticas". Antes de detallar las diferentes concepciones mantenidas durante la época de Jesús debemos pasar revista al desarrollo de la cuestión dentro de las mismas tradiciones del judaísmo. Se podrá observar que ésta paulatinamente se transformó de una religión centrada en el pacto y la bienaventuranza terrenal (inmanente*) del pueblo judío, a una religión orientada hacia la promesa o la manifestación plena y universal de Yahvé en la historia y en la creación. Veremos que en el mismo judaísmo coexistirán una visión mesiánico-davídica y particularista, y una apocalíptica y universal, con todas las variantes intermedias que es donde finalmente se situará el cristianismo. Es más, se constata también una paulatina preocupación por dar una palabra de esperanza frente a la realidad de la injusticia y la muerte, entendiéndose que estas deben ser rebatidas y superadas por Dios si Dios es realmente el Señor de la historia que trae la liberación de los humillados y pecadores.

En el Antiguo Testamento identificamos, por lo menos, cuatro períodos diferentes en los cuales la fe de Israel adoptó distintos énfasis escatológicos[1]:

1. **Período pre-escatológico**: corresponde al período comprendido entre la monarquía y los profetas clásicos (s. X al VII a.C.). Si bien era cierto que Israel creía en alguna forma de existencia después de la muerte (*sheol*, notar la similitud con la concepción helénica de *hades*), no sobresale durante esta época un gran interés por el significado teológico y existencial de este estado. Todos, justos e injustos, parecen concluir su existencia en este ámbito umbroso y difuso. La esperanza y la fe de Israel estaban puestas en un futuro inmanente e histórico, moldeado en torno a una imagen idealizada del pasado davídico*. Se esperaba la manifestación de un rey mesiánico, es decir, ungido por el mismo Dios (por su espíritu o *ruaj*), quien restituiría la gloria pasada de Israel y traería bienestar a su pueblo. Salvación, en suma, significaba la continuidad y prosperidad histórica de la comunidad.

2. **Período proto-escatológico**: período inmediatamente anterior al exilio babilónico de Israel (s. VII a.C., Isaías, Amós, Ezequiel). Las visiones escatológicas de este período se caracterizan por una concepción más universal del reino mesiánico. No sólo Israel, sino todas las naciones serán llamadas a disfrutar de las promesas divinas. También aparece en este

---

1 Seguimos la tipología de Theodore Vriezen, *An Outline of Old Testament Theology* (Newton, Mass.: Bradford, 1958).

período la idea del juicio y castigo de Israel, representado por la imagen del "día del Señor".

3. **Período escatológico propiamente dicho**: Comprende la experiencia exílica de Israel, expresado particularmente en el deutero-Isaías (a partir del siglo VI a.C.). Este es uno de los períodos más cruciales y creativos en la historia de Israel ya que es un tiempo de derrota y sufrimiento que pone en seria prueba su fe y esperanzas. Por medio de una relectura de sus tradiciones se purgan las imágenes nacionalistas y triunfalistas, destacándose en cambio la imagen del *siervo sufriente* como receptáculo de las esperanzas mesiánicas judías. También aparece de manera más acentuada un interés teológico por el destino más allá de la muerte.

4. **Período apocalíptico**: último período correspondiente al postexilio y al período intertestamentario (siglo. V al I a. C., libros de Daniel, Baruc, Esdras, Joel, I y II Macabeos). Se abandonan las esperanzas en el establecimiento de un reino mesiánico en el futuro histórico, acentuándose la llegada de una nueva era o *eón* que pondría fin a la historia (de sufrimiento) presente. Este período marca una diferencia importante con los anteriores: mientras que antes las expectativas escatológicas se agrupaban en la idea de un fin (mesiánico) **en** la historia, ahora se marca un fin (apocalíptico) **de** la historia. Así la historia universal es interpretada como una lucha entre estos dos *eones**, resolviéndose al final con la clara victoria del nuevo *eón* que vindicaría a los justos y santos. La figura del "Hijo del Hombre" –personaje celestial prototípico estrechamente ligado a Yahvé– aparece como el que inaugura este *eón*. La idea de la resurrección de los muertos –una tradición tal vez de origen persa que se asimiló al judaísmo durante y después del exilio en Babilonia– germina como una señal de esperanza para todos los "justos" que fueron salvajemente torturados y ejecutados por el poder invasor (cfr. II Macabeos 7:9). También se perfila en forma más clara un interés en la vida de ultratumba, con la distinción de ámbitos benigno (cielo) y maligno (infierno).

Apocalíptica

Término derivado del griego *apocalipsis*, que significa revelación. En sentido técnico se refiere a un patrón o modelo de pensamiento religioso expresado en ciertas tradiciones del judaísmo y del cristianismo. Su rasgo principal es la esperanza en la irrupción de una nueva era o *eón* trascendente, intentando dar un mensaje de esperanza ya sea en medio de las irrealizaciones del reino o en tiempos de persecución. En la literatura judía encontramos el pensamiento apocalíptico en los libros canónicos y no canónicos de Daniel,

Henoc, al Apocalipsis de Baruc, el cuarto libro de Esdras, la Asunción de Moisés, el libro de los Jubileos y el Testamento de los Doce Patriarcas. Los escritos apocalípticos cristianos más importantes son el Apocalipsis de San Juan (canónico) y el Apocalipsis de Pedro (no canónico); también hay pasajes apocalípticos en los Evangelios, como ser Mateo 24–25, Lucas 21, Marcos 13.

Es importante notar cómo a medida que cambiaban las experiencias históricas de Israel también cambiaban las preguntas y las respuestas religiosas a sus propias esperanzas. Esto muestra, en principio, la estrecha relación existente entre historia y escatología, es decir, entre las experiencias que vivimos individual y colectivamente, y las representaciones de la esperanza. Sin embargo, el foco de la esperanza de Israel nunca se apartó de la idea de la *fidelidad* de Yahvé, aunque sí haya cambiado la interpretación sobre el alcance de la misma: primero se expresó como la promesa de la continuidad histórica de un pueblo, luego como bienaventuranza significada por un reino justo, después como una ampliación de esa bienaventuranza con connotaciones universales, y por último como anuncio de la fidelidad de Yahvé más allá de la muerte. Nos movemos, asimismo, desde la idea de un fin que se esperaba **en** la historia a un fin pronosticado **de** la historia.

Las tradiciones de los cuatro períodos descriptos no se sucedieron en forma definitiva y clara, sino que convivieron y hasta se entremezclaron en distintas épocas y tradiciones. Por ello, cuando llegamos al tiempo de Jesús, encontramos distintas tradiciones que convivían ya sea en una confortable simbiosis, o en abierto antagonismo. Basta recordar las disputas que aparecen en los Evangelios entre Jesús y la visión de los saduceos (cfr. Mateo 22:23ss), quienes negaban la resurrección de los muertos. O la pregunta de Jesús a sus discípulos sobre quién decía el pueblo que él era, a lo que se responde con distintos personajes proféticos y mesiánicos: Juan el Bautista, Elías, el profeta de los últimos tiempos, Cristo o mesías (cfr. Marcos 8:27-30). No obstante, el denominador común era el hecho de la expectativa escatológica como tal: todos esperaban algo o alguien que se manifestaría o se revelaría para la salvación y la liberación de Israel, o de las naciones, o aún de toda la creación. Lo que se discutía era quién y qué inauguraría esta era, en qué consistía esa nueva realidad, y cuándo y dónde tendría lugar.

Figuras salvíficas en la tradición judía

La profusión de imágenes referidas a personajes salvíficos –que se remitían a distintas tradiciones bíblicas, sobre todo de los libros proféticos– identificaban distintas corrientes escatológicas que poseían características particulares. Conocer algunas de ellas es importante no sólo para comprender el entorno religioso judío, sino para comprender a la misma obra y persona de Jesús de Nazaret. Mencionemos algunos[2]:

a. Profeta de los últimos días; plenitud del Espíritu (*ruaj*).

Esta es la figura de un mediador humano, pero muy cercano a Yahvé. Esta cercanía la marca la presencia del Espíritu. Originalmente de origen real o sacerdotal, esta figura mesiánica fue mutando hacia un perfil más profético. Su característica principal era el mensaje de las buenas nuevas de la salvación. A pesar de ser una figura mesiánica, la figura de este profeta también aparece en la literatura apocalíptica, identificado ya sea con Moisés o con Elías. Al tiempo de Jesús circulaban por lo menos cinco versiones de esta figura profética: (1) Profeta o hacedor de milagros; (2) Elías, quien vuelve para preparar los caminos del Señor o del Hijo del Hombre; (3) profeta de los últimos días identificado con David; (4) profeta *como* Moisés, o un nuevo Moisés; (5) el mismo Moisés resurgido. Como vemos, se juntan aquí elementos mesiánicos y apocalípticos, y es muy probable que estas tradiciones hayan sido las principales a la hora de interpretar la persona y obra de Jesús por parte de sus primeros seguidores.

b. Hijo de David o Hijo de Dios

Es una tradición que surge en el período postexílico, llegando a su clímax en la época asmonea (s. II al I a.C.). En los tiempos de Jesús ya contaba con el apoyo de varios grupos dentro del judaísmo, tales como los fariseos, zelotas y esenios. Su premisa fundamental es la esperanza en el restablecimiento de un reino en la línea davídica, un *mesías*. Si Israel pertenece a Dios, debe ser gobernada por un representante legítimo de Dios. Es una visión altamente política y mesiánica de un reino caracterizado por una paz que no tendrá fin. Muchos pensaron que Jesús era tal rey, lo que explicaría en parte las sospechas romanas y saduceas hacia su persona.

c. Hijo del hombre

A diferencia de la versión anterior aquí se asume que la historia tendrá un fin. Este fin es inaugurado por una figura no mesiánica preexistente (cfr. el libro de Daniel). Es un ser celestial que desciende a la tierra en los últimos tiempos no sólo para inaugurar un nuevo *eón*, sino también para juzgar a los vivos y a los muertos. La

---

2 Seguimos a Edward Schillebeeckx, *Jesús: la historia de un viviente* (Madrid: Trotta, 2002).

resurrección es un motivo central; pero la resurrección como tal no es –como en Pablo– un evento salvífico. En el período intertestamentario, por ejemplo, la resurrección es vista como un preámbulo para el juicio divino, lo que podría terminar en una bienaventuranza o una condenación eterna (cfr. los libros de los Macabeos).

d. Siervo sufriente

Esta figura se halla estrechamente relacionada con la del profeta de los últimos tiempos, pero adquiere características singulares por el lugar que ocupa el sufrimiento del siervo escogido en los planes redentores de Dios. Se inspira en los pasajes de los cantos del siervo del deutero-Isaías, y sirvieron para marcar la imagen de un profeta mesiánico no triunfalista (como en la línea de la tradición davídica-mesiánica), rechazado y sufriente. Según algunos eruditos es muy probable que el mismo Jesús haya interpretado su misión en el marco de esta tradición (por ejemplo, reflejado en su decisión de ir a Jerusalén sabiendo que muy probablemente moriría), al igual que sus discípulos confundidos por su muerte violenta en la cruz.

El cristianismo es una respuesta a las preguntas sobre quién debía de venir, qué es lo que se espera, y dónde debe esperarse: éste era Jesús, el Cristo* de Dios, quien resucitó de entre los muertos. Todas estas tradiciones sirvieron, de una u otra manera, para interpretar la obra, muerte y persona de Jesús. Pero lo que motivó una nueva síntesis y la identificación de Jesús como la justicia definitiva de Dios fue su muerte y resurrección. Aclaremos: esto no significa que la vida y la obra de Jesús no fuesen importantes, sino que adquieren una nueva trascendencia a partir de este hecho tan singular que hace que todas las obras y dichos de Jesús aparezcan en una nueva perspectiva. Si Jesús no hubiese sido muerto como lo fue, y más aún, si no hubiese sido resucitado de entre los muertos, habría sido identificado solamente como una figura tal vez profética, pero no mesiánica en el sentido de ser el portador de las esperanzas de Israel, y del mundo. La muerte y resurrección de Jesús son los eventos que galvanizan las energías de una nueva religión, una nueva visión sobre el fin que Dios tiene preparado **en** la historia y **para** la historia.

Pero también es central otro hecho: el cristianismo no sólo siguió basando sus esperanzas en la llegada del Reino, sino que ese Reino se identificó estrechamente con la figura de Jesús. Al hacerlo, se da curso a una nueva concepción del Mesías y de lo mesiánico: un Mesías crucificado, un escándalo para los judíos, una necedad para los griegos, una esperanza definitiva para los pobres y los sedientos de justicia. Por ello, lo mesiánico ya no se interpreta como la entronización de un rey y el establecimiento de un nuevo régimen, sino como aquellas manifestaciones que en la cotidianeidad expresan el señorío o imperio de Dios: dar agua al sediento, comida al hambriento, morada al extranjero, vestido al desnudo, consuelo a los desdichados (cfr. Mateo 25:31-46). En ellos, y en la acción con ellos, irrumpe y se manifiesta **ahora** el señorío de Dios en forma silenciosa, misteriosa, escondida, casi anónima. El Reino se manifiesta **ya** en este mundo, pero ninguna estructura, régimen o agrupación puede agotarla, o arrogarse su representación.

Pero aún hay más. La identificación de Jesús como el Mesías, la justicia de Dios, implicó también una nueva visión sobre las cosas últimas, sobre lo escatológico, sobre el fin de la historia y las finalidades de Dios. Jesús, constituido en el Cristo por excelencia, es la manifestación en nuestro tiempo del futuro que Dios tiene preparado no sólo para Israel, sino para toda la humanidad que sufre el yugo del pecado y la exclusión. En este sentido, el cristianismo continúa las expectativas propias del pueblo de Israel, pero también las sobrepasa para lanzar una visión universalista y más radical que también abarcó expectativas humanas allende a los confines del cercano oriente. Jesús como el Cristo deviene en esperanza para un futuro de justicia y paz prometido a todos los pueblos y a toda la creación.

Por último, la muerte y resurrección de Jesús y su identificación como el Mesías también recoge importantes elementos de la tradición apocalíptica judía. Jesús es tanto la manifestación del señorío de Dios **en** la historia, como el fin mismo **de** la historia. Ya hemos notado como este fin fue expresado en el lenguaje dramático y colorido del libro del Apocalipsis, pero en rigor es una perspectiva que se presupone en todos los Evangelios volviéndose más explícita en las cartas de Pablo. Aquí notamos el énfasis paulino en el Cristo crucificado (en respuesta a posiciones tal vez un tanto más entusiastas sobre los efectos de la presencia de Cristo, cfr. 1 Corintios 2:2), y las repercusiones cosmológicas* de la resurrección de Jesús. Porque en Cristo se encarna tanto el anticipo de algo que ocurrirá en la historia, como también la finalidad de la historia y su recapitulación, manifestando el propósito último que subyace a la misma decisión de Dios por crear un mundo diferente de sí mismo. La resurrección es en realidad la creación liberada y llena del Espíritu Santo, por ello manifestación de una nueva era de justicia y paz. Constituye un fin de la historia, aunque ya es anticipada en la historia de todos aquellos que confiesan, es decir, que moldean y conforman sus vidas, a la figura de Jesús, el Cristo de Dios.

4. Refinando algunos puntos escatológicos

A partir de la experiencia de la muerte y resurrección de Jesús el cristianismo delinea los contornos centrales de su visión escatológica. Al hacerlo recoge muchas de las tradiciones de Israel, pero relanzándolas en una perspectiva universal y cosmológica particular. Esto implica que la visión cristiana vio en el

Jesús crucificado y resucitado el futuro al cual está llamado todo el universo. Nos resta clarificar todavía algunos temas referidos a la realidad de la muerte en general y su lugar en el planteo escatológico cristiano. Pero antes trataremos de recoger varios puntos centrales que despejen el camino hacia este tema.

Algunas de las cuestiones que han quedado pendientes tienen que ver con la armonización de los aspectos de continuidad y discontinuidad: fin en la historia y de la historia, las tradiciones mesiánicas y apocalípticas, y las dimensiones inmanentes* y trascendentes* de lo último. Lo escatológico concebido desde la perspectiva cristiana, es decir, desde la muerte y resurrección de Jesús de Nazaret, debe tener en cuenta al menos estos cuatro aspectos expresados por la frase *"Esperanza para este mundo"*:

1. Esperanza para este *mundo*: Por un lado, desde el punto de vista de la muerte y resurrección de Jesús, lo escatológico en el sentido pleno de la palabra no se agota en una realización futura dentro de las coordenadas de nuestro espacio y tiempo. No es simplemente una expectativa mesiánico-davídica, es decir, una nueva estructuración socio-política en nombre de Dios, ni milenarista, es decir, el gobierno del mundo durante mil años por parte del Cristo resucitado junto a sus elegidos. Es mucho más que ello. Pero, por el otro lado, existen aspectos importantes en estas perspectivas mesiánicas, siendo la más significativa la localización del reinado de Dios en medio de la historia y la creación. En otras palabras, las tradiciones mesiánicas-davídicas y milenaristas acentúan una **continuidad** por cuanto que es esta misma creación la que es destinada a ser espacio para la justicia y la gracia de Dios. La dimensión mesiánica de lo escatológico, en suma, afirma que hechos acontecidos en la historia y la creación participan y participarán de lo escatológico ya sea como anticipación (*prolepsis*) o realización parcial. De ahí que la vida en su cotidianeidad tenga una repercusión eterna: no sólo la forma y el fin al que aspiramos impacta en nuestras decisiones y acciones diarias, sino que estas acciones y decisiones constituyen una suerte de materia prima desde donde se moldea lo último. Nuestra justificación final nos libera para el compromiso con la justicia. Por ello hay esperanza para este *mundo*.

2. *Esperanza* para este mundo: Pero, como también dijimos, la escatología no es algo totalmente realizable en el curso de nuestra historia. Si así fuera, el Reino todavía estaría sujeto a las dinámicas y principios de la finitud que hace que la muerte tenga la última palabra. No habría una esperanza final, inclusive (y esto es crucial) para todos los fracasos que se han vivido en la historia desde las épocas más tempranas, si Dios instaurara un reino en el futuro histórico de la humanidad. Si lo escatológico coincide con la plena manifestación (revelación) de Dios, esto significa que la historia y la creación tal como lo experimentamos (con sus

principios, leyes, dinámicas, logros y fracasos, aciertos y errores, etc.)
deberán ser transformadas por un poder que viene más allá de sus confines. El Reino es la abolición del dominio de la muerte y del pecado, y la
manifestación plena de toda la potencialidad de la creación. Representa
una **discontinuidad**. Por ello esta plenitud es la cancelación del poder de
la muerte; muerte que, paradójicamente, señala ahora tanto el paso del
tiempo como la aparición de una multiplicidad de eventos, organismos,
cuerpos y, por último, personas. De no existir la muerte biológica no
habría lugar para la manifestación de lo múltiple, no habría creación.
Pero, por el otro lado, la muerte se halla en tensión con el Dios cuya
esencia es la vida. Por ello es Dios mismo quien debe revisitar y redimir
tanto nuestro presente, nuestro pasado y nuestro propio futuro (histórico). En otras palabras, hay *esperanza* para este mundo.

3. Esperanza para *este* mundo: Sin embargo, la discontinuidad significada
por esta concepción de lo escatológico no debe llevar a pensar que Dios
irrumpe en la historia como una aplanadora que todo lo destruye. Dios no
descarta en su nueva creación los avatares de lo viejo. Veremos este tema
más en detalle en la sección siguiente sobre la muerte. Basta decir por
el momento que la creación tal como lo experimentamos, es decir, la
historia del universo en su aspecto evolutivo, tiene de por sí una finalidad teleológica: no nos referimos tanto a que se encamine hacia una
resolución en un futuro lejano, sino que esa resolución se transparenta
aquí y allá como pequeños chispazos de la trascendencia. De ahí que,
ante la evidencia científica de que el universo parece encaminarse irremediablemente hacia su destrucción o muerte (enfriamiento y estado
de equilibrio total) el cristianismo no cae en la desesperanza, sino que
afirma que todo lo creado será reconfigurado en una nueva dimensión
espaciotemporal, que es lo que llamamos Reino. Pero ¡atención! Hablar
de esta nueva dimensión no significa remitirnos a una estratosfera que
nada tiene que ver con nuestro mundo. Al contrario, se trata de la manifestación de una realidad que subyace a la que experimentamos pero
que va incluyendo los espacios de nuestro existir. Esta es una idea difícil
de articular salvo por las mismas imágenes bíblicas que recurren a la
figura del resucitado: hay continuidad de una identidad (cuerpo, Jesús,
heridas) en medio de una evidente discontinuidad (la muerte ya no tiene
dominio sobre Jesús). Aquí el lenguaje no puede ser más que metafórico
y parabólico, lo que no implica irreal: propone que el orden invisible que
subyace a lo que ahora es visible finalmente se manifestará en y a través
de todos los tiempos y espacios, desde el "Big Bang"* que presumiblemente dio origen al Universo que conocemos, hasta el momento de su
colapso final. Hablamos, así, de la esperanza para *este* mundo.

4. Esperanza *para* este mundo: La comunidad de los creyentes, la Iglesia,
es donde converge en el presente el futuro prometido por Dios con el

pasado y presente de la creación. La realidad y el poder que da sustento a la Iglesia es la realidad escatológica de la resurrección de los muertos, es decir, el poder (*dynamis*) creador de la *ruaj* que exalta a Jesús como cabeza, o más precisamente, como molde de todo lo existente (Logos). Como dice Bonhoeffer, la Iglesia es Cristo que ha tomado figura en la historia, es decir, la creación que vive explícitamente su futuro y esperanza a partir del futuro y la esperanza que Dios es. Su misión es dar testimonio de ello siendo signo de esperanza *para* este mundo.

En resumidas cuentas, lo escatológico es un final, una ultimidad que siempre se acerca. No es meramente un final que aguardamos para un futuro lejano en la historia del universo o para los momentos posteriores a nuestra muerte física, sino un final o ultimidad que ya subyace a todo lo que vivimos, hacemos, pensamos. El Reino, Jesús resucitado, Dios mismo, ya se manifiesta en medio nuestro porque es la realidad última subyacente a nuestra temporalidad. Este final, que es el fundamento de la creación, es algo que sale a nuestro encuentro señalándonos la gracia y la justicia que nos aguarda. Por ello no es algo extraño, lejano, sino lo más cercano y fundamental para nuestras vidas. Y cuando ese final nos interpela y sentimos que nos convoca, emerge la forma en que el Reino se anticipa entre nosotros: la gratitud y la alabanza de la fe, por un lado, la responsabilidad ética y la búsqueda de la justicia, por el otro.

5. Dios y las preguntas sobre la muerte

Después de haber recorrido los rasgos centrales de la concepción escatológica cristiana llegamos al tema de la muerte. En realidad, siempre estuvimos hablando indirectamente de ella, pero es importante tener en cuenta este marco general antes de entrar al tema específico de la muerte. Veremos así que la muerte o el final de nuestras vidas puede ser interpretado como un evento, un suceso que es contemporáneo a todas las muertes, a todos los comienzos y finales, aunque la experimentemos en forma puntual, separadora y trágica.

Cuando hablamos de muerte nos referimos a un terreno proclive a la imaginación. Después de todo, lo único que conocemos de la muerte son sus secuelas, lo que queda, su fósil. Qué es lo que hay "más allá" es realmente un asunto de opiniones o pareceres, un terreno vedado a la investigación científica que sólo acaricia –como máximo– los fenómenos psíquicos y biológicos que acompañan al proceso de morir. Pero poco nos puede decir sobre la muerte como tal[3]. La realidad e inevitabilidad de la muerte siempre constituirán el telón de fondo de todas las propuestas religiosas; el asunto es qué tipo de mapa mental confiere la

---

3 Recordar la interesante investigación de Hans Küng, ¿*Vida Eterna?* (Madrid: Cristiandad, 1983), donde cuestiona las conclusiones "científicas" sobre las experiencias de muerte.

religión a los fieles para lidiar con la **vida misma**. No es un secreto que la negación del peso trascendental de la muerte acompaña a esa especie de desencantamiento con la vida que parece imperar en muchos sectores. El asunto no es, por supuesto, alimentar las llamas de la imaginación con esa especie de terror ante lo desconocido u hostil, sino tratar de entender el posible significado de la muerte *para* la vida misma. Creemos que sólo una visión escatológica y trinitaria da una respuesta satisfactoria a este tema porque replantea nuestras concepciones de la espacialidad y la temporalidad, a partir de las cuales debemos entender la muerte y el sentido de la vida.

En muchas iglesias llama la atención la disociación que existe entre los mensajes referentes a la vida y el discurso en torno a la muerte. Es como si se remitiera a dimensiones contrapuestas, donde el hecho físico de la muerte significara una suerte de pasaje entre ámbitos mutuamente excluyentes. La visión que literaria y simbólicamente cristalizara en el siglo XIV el poeta italiano Dante Alighieri en la *Divina Comedia*, es decir, la **espacialización** de la vida y la muerte, refleja lo que tal vez aún hoy perdura en nuestras comunidades. Caricaturizando esta imaginación vemos que la muerte aparece como una suerte de **umbral** después del cual nos confrontamos ante el hecho ineludible del juicio de Dios. Lo que definirá el destino futuro de la persona (¿alma?) es definido, en gran parte, por las opciones y acciones que esa persona haya tomado en ese espacio que llamamos vida. Ante el juicio divino lo que importa, en definitiva, es la retribución debida a esa evaluación que se haga del conjunto de sus obras (sean estas de carácter sacramental, social o aún más intangibles, como la fe). Aquí se define el futuro de su espacialidad, es decir, de su recompensa (en el cielo) o castigo (en el infierno).

Por supuesto que esta visión no es tan simple, hay matices. Por ejemplo, en la *Divina Comedia* existe la idea de un purgatorio que supone distintas gradaciones de la culpa y el pecado. Esto abre la posibilidad de interceder por el destino final de los muertos, lo que supone una cierta comunicación entre estados o espacios. Esta es una concepción todavía muy fuerte en la religiosidad católica romana, que armoniza la visión escatológica cosmológica de la parusía del Señor con el estado actual del difunto[4], postulando así la existencia de un alma que espera la parusía para reunirse con su cuerpo glorificado (Cfr. Apocalipsis 21:22). Pero sólo se trata de variaciones sobre un tema dado: lo común es el tema de la espacialidad de la muerte y la concepción del destino final definida desde una clave retributiva.

En lo que sigue quisiéramos sugerir que una perspectiva cristológica, escatológica y trinitaria reubica el tema de la muerte más allá de su concepción como umbral hacia una dimensión (espacial) desconocida. La muerte es un punto de **reversibilidad espaciotemporal** donde todo tiempo pasado asociado con su

---

4 Una tensión constante que vemos en Pablo entre el estado actual de los que duermen en el Señor (1 Corintios 15:18), y la resurrección personal o la Parusía (1 Corintios 15:22s).

espacialidad es revisitado y revivido desde la clave de plenitud que es Cristo. Así no deberíamos hablar de la muerte como un umbral hacia el "más allá" o un futuro incierto, sino como el punto de inflexión del futuro de Dios que recapitula todo nuestro "más acá". En Dios, verdaderamente, nada se pierde, sino que todo se transforma. Este es el caso especialmente con respecto a una temporalidad y espacialidad que nuestro sentido común señala como pasado, ido, irreversible. De esta manera nuestra experiencia del presente es cualitativamente redimensionada como ámbito de lo pasajero –es cierto– pero destinada a ser descomprimida (plenificada, redimida, resucitada, regenerada, restaurada, recapitulada) por la eternidad. Lo que esta eternidad pueda recapitular, por lo tanto, está ligada a las formas, compromisos, acciones, pensamientos y emociones que han dado expresión a nuestras vidas.

Como hemos mencionado, la teología contemporánea se ha caracterizado por un replanteo muy rico de la escatología y de la muerte. Pero también algunas variantes contemporáneas han **existencializado** exageradamente la idea de lo escatológico, o han relativizado su inexorabilidad desde la crítica social. Respecto al primer caso la postura del teólogo alemán Rudolf Bultmann** es ilustrativa. Asumiendo la cosmovisión* científica moderna, tira por la borda el lastre escatológico y cosmológico de la teología. Para este autor lo que realmente importa es la dimensión antropológico-existencial de la fe y sus consecuencias presentes. La muerte, entonces, se diluye como barrera última, resaltando en vez las decisiones que aquí y ahora dan orientación a nuestras vidas. Es como si en su crítica, por momentos muy acertada, Bultmann redujera los ricos matices bíblicos a una escatología de la existencia presente. Ya hemos mencionado que ciertamente la escatología no es sólo una mirada hacia un futuro umbroso sino una transformación del presente[5]. Pero también es cierto que ese presente adquiere un sentido pleno cuando aceptamos que en su irremediable paso hacia el pasado éste también tiene un futuro. Porque, en definitiva, ¿hay existencia plena y auténtica cuando la muerte guarda en sí el peso de la aniquilación de todo proyecto de vida? ¿No es esto una limitación irremisible a cualquier sentido que queramos darles a nuestras vidas?

El tema de la vida ha sido un asunto central en las reflexiones de la teología latinoamericana de la liberación. Con este énfasis el tema de la muerte aparece transignificado desde una crítica social hacia los **mecanismos que producen una muerte injusta y prematura**. Se la trató de diversas maneras, ya sea como el corolario perverso de la dependencia, el capitalismo o la represión, o más recientemente, del neoliberalismo, la destrucción ecológica, la negación de las identidades de género y la globalización. Los temas del sufrimiento, el martirio o la cruz, se interpretaron como realidades impuestas siniestramente sobre el pueblo. De hecho, el énfasis en la praxis* y en la historia propio de la teología latinoamericana buscaba superar una espiritualidad fatalista y pasiva en medio

5 Ver Jürgen Moltmann, *Teología de la esperanza* (Salamanca: Sígueme, 1981), 20.

de las injusticias sociales (cfr. Gutiérrez y su concepción de la espiritualidad en el capítulo anterior). Cristo, después de todo, no es solamente un consuelo en el sufrimiento sino la **protesta** misma de Dios contra el sufrimiento. Pero a pesar de los importantes alcances de esta teología también debe reconocerse el silencio que cunde frente al fenómeno de la muerte como tal. En principio esta es independiente de las mediaciones sociales y económicas que ciertamente confieren un rostro prematuro y escandaloso a la muerte.

En efecto, se ha acentuado mucho el aspecto relativo de la muerte –es decir, relativo a las configuraciones económicas y sociales que adelantan o anticipan la muerte; pero no hay una reflexión acabada sobre el aparente carácter absoluto de la misma muerte, es decir, sobre la relación de la muerte y el plan mismo de Dios. La imaginación teológica ha sido fértil en cuanto a idear estrategias superadoras frente al fatalismo y la inacción; pero ha sido más modesta sobre el permanente desafío de la muerte ante cualquier proyecto histórico de vida. En fin, esta historización sociológico-existencial de la muerte, ¿es sostenible sin una imaginación cosmológica-escatológica más cabal? ¿Cómo se evita el desencanto ante la vida cuando nuestras esperanzas históricas fracasan? ¿Se remite todo a lo que hacemos o dejamos de hacer? ¿Cuál es la esperanza para aquellos que fracasaron o cayeron en procura de un proyecto de justicia y equidad? ¿Tienen algún futuro nuestras utopías clausuradas?

Creemos que es tiempo de desinflar una perspectiva demasiado inmanente o histórico-mesiánica de lo escatológico para volver a apreciar el papel modesto que juega nuestra praxis* como testimonio en la historia, pero cuya realización plena está totalmente fuera de nuestras manos. En contra de los que muchos piensan, no todo está perdido, aunque esas esperanzas históricas sean consumadas en una nueva configuración del espacio y del tiempo. Hay un espacio y un tiempo donde las esperanzas que aparentemente han muerto son definitiva y absolutamente reivindicadas. Y esto sólo acontece en Dios mismo, en el espacio y tiempo de Dios que abraza la nulidad absoluta, la muerte.

Por supuesto, nuestro "olfato" crítico-teológico se ha tornado bastante suspicaz ante este tipo de planteos, sobre todo después del esfuerzo de la Teología de la Liberación por recuperar la historia y la temporalidad como espacio de la autorrevelación divina –y por ende de la (auto)realización humana. La sospecha de que los intereses escatológicos de la teología pueden distraer de las responsabilidades históricas e incluso desempeñarse como una ideología funcional a los grupos dominantes[6] ha sido común en los sectores más progresistas. Ciertamente estamos ante un peligro potencial, sobre todo cuando propuestas demasiado escatologizadas tienden a abstraerse de las circunstancias que componen la cotidianeidad y, sobre todo, de los sufrimientos que provoca la injusticia y la opresión. Sin embargo, esta sospecha tiene cabida sólo si está dirigida al tipo

---

6   Cfr. D. Tracy y N. Lash, "El problema de la cosmología: reflexiones teológicas", en *Concilium* 186 (1983), 439.

de visión escatológica dualista que hemos descrito al principio de esta sección. Sería más cuestionable, por el otro lado, si se desechara toda visión escatológica. Después de todo, el dato central de la fe cristiana se centra en la **cruz y la resurrección de Jesús** como revelación de un *modus operandi* divino que reivindica el mensaje de Jesús sobre el Reino y sus buenas noticias para las personas marginadas y pecadoras. Esta reivindicación escatológica, es decir, esta manifestación del amor de Dios como su declaración última sobre la existencia de los seres humanos, no implica la inauguración de un nuevo ámbito espacial ajeno a lo ya vivido, sino una apertura de nuestra espacio-temporalidad a una nueva relación con Dios.

La cruz como crisis de la historia y el futuro deparado para nuestras historias y experiencias son dos temas que necesitan un poco más de atención. El primer asunto lo vemos magníficamente reflejado en la obra tal vez más enigmática de la teología latinoamericana: *Hablar de Dios desde el sufrimiento del inocente*, de Gustavo Gutiérrez. En un admirable redescubrimiento del tema de la gratuidad divina, el autor plantea que no hay proyecto histórico que pueda agotar el proyecto divino, más aún, que toda reflexión teológica genuina debe partir de la experiencia de la cruz y de la muerte. ¿A qué apunta Gutiérrez? Sin duda hay un primer nivel que refiere a la cruz como seguimiento y rechazo por parte de los poderes, es decir, a la cruz desde la clave del discipulado. Pero podemos detectar también un nivel ulterior que apunta a la **debilidad de la cruz** como espacio para la plena manifestación del **poder de Dios**.

En esta línea Gutiérrez cita a Pablo, para quien la cruz es paradójicamente escándalo y necedad, pero sobre todo es también la *"fuerza* de Dios" (1 Corintios 1:24). Esta fuerza o poder radica, a nuestro juicio, en lo que Dios promete a los cuerpos que han sido temporariamente vencidos por el pecado y la muerte. ¿Significa esto un renunciamiento a nuestro compromiso en la historia? ¿No es esto una expresión más del desencanto que inunda nuestras vidas? Nuevamente, tal lectura sería posible si se estableciera esa especie de corte espacial entre vida y muerte, esa distancia inabordable que hace de nuestras vidas un mero preámbulo en un viaje hacia una dimensión desconocida. Pero ¿qué pasaría si esa cruz nos remite a una inflexión espaciotemporal que revierte el flujo del acontecer que invariablemente nos acarrea hacia la muerte? ¿Qué acontecería si el poder que allí se manifiesta es el poder de redimir los espacios y los tiempos que aparentemente han fracasado? ¿Cuál sería el sentido de las historias que tejemos si estas fueran sencillamente desechadas por una espacialidad **ajena?** Una cosa es cierta: la cruz es el final de un camino, la muerte aparente de la esperanza, pero también es el preámbulo de la planificación de nuestras vidas, de nuestro espacio-tiempo. Dios se hace presente en lo más bajo, en lo desechado y en lo humillado, en fin, se hace presente en las profundidades de la muerte. Y desde allí vuelve a resurgir la vida . . .

En este punto se abre la segunda dimensión a destacar, a saber, la continuidad y discontinuidad entre historia y escatología, y cómo repercute esto en nuestras experiencias. Si ubicamos la cruz en el centro de nuestro relato veremos que lo que media el poder de este Dios es precisamente **un cuerpo**. Por ello lo remarcable de este poder es que para que pueda manifestarse debe haber una cruz, para que ese poder tenga fuerza debe tener concreción, debe tener una mediación. Pero ante una peligrosa mística de la cruz es fundamental destacar que *esta* cruz es el corolario de la mediación mayor de la presencia divina que es el amor. Cuando resucita, ese cuerpo promete ser cuerpo para toda la humanidad. Pero, mientras tanto, ¿por qué seguir cultivando nuestros cuerpos, alimentando la vida, luchando por lo justo y lo equitativo, reivindicar dignidades perdidas?

El escritor argentino Jorge Luis Borges decía que la conciencia del ser humano está cautivada por anhelos, apetencias y esperanzas que no se corresponden con la duración de nuestras vidas.[7] ¿De dónde surgen? Según Agustín este es un dato mismo del alma humana: "... porque nos has hecho para ti ... nuestro corazón está inquieto hasta que descanse en ti."[8] Indudablemente la **esperanza** es un dato antropológico difícil de soslayar, pero ¿cuál es su fundamento real? Es decir, ¿qué es lo que la hace algo más –o menos– que una ilusión? Pablo, nuevamente, sale a nuestro cruce ofreciéndonos un dato clave cuando dice que "el cuerpo ... es ... para el Señor, y el Señor para el cuerpo" (1 Corintios 6:13). Esta imagen del cuerpo nos permite imaginar un futuro comunitario que integre en forma personal las vidas marchitas. El destino humano no es librarse de sus cuerpos en un más allá sino **solidarizarlos** en esa realidad personal que llamamos "Hijo", la plenitud de la existencia. De ahí que la metáfora utilizada por Lutero, en el sentido de que nuestras vidas son la materia prima a partir de la cual Dios formará el mundo futuro, nos parece más que apropiada[9]. Ella permite entender que el futuro prometido no tiene por objeto algún elemento o cualidad dentro de nosotros, sino esa totalidad expresada por nuestros cuerpos e historias de vida. Y el que habla de cuerpos, habla de una compleja red de relaciones. Es cierto que a la muerte la tendremos que experimentar solos, pero definitivamente no la viviremos solos.

Toda esta temática encierra consigo la importancia que tiene para la práctica pastoral y la teología una nueva comprensión de lo que es el espacio y el tiempo desde la perspectiva escatológico-trinitaria. En definitiva, la perspectiva cristiana sobre la muerte –sin disimular su carácter amargo, trágico y aparentemente absurdo– implica una **imaginación distinta sobre espacios y tiempos** sugeridos por la misma experiencia de un Dios trino. Afirmamos al principio que sólo una visión trinitaria de Dios da una respuesta satisfactoria al significado de la muerte

7 Ver Jorge Luis Borges, "La Inmortalidad," en Obras Completas, vol. IV (Buenos Aires: Emecé Editores, 1996), 174.

8 Angel Custodio Vega, ed., *Obras de San Agustín, t. II: Las Confesiones* (Madrid: BAC, 1974), I, 1.

9 Cfr. Friedrich Mildenberger, *Theology of the Lutheran Confessions* (Philadelphia: Fortress Press, 1986), 83.

212 • NUESTRA FE

para la vida. Este Dios asume la muerte -a través de la cruz de Jesús- como el punto de inflexión que revierte la flecha del tiempo, que descomprime las potencialidades y humildes realidades mediadas por nuestras historias. Si bien nosotros experimentamos una existencia sujeta a una direccionalidad cuyo fin es la muerte, el tiempo impregnado por el amor divino transforma su poder fatal. Como Pablo lo indicara, el aguijón de la muerte es neutralizado por el Cristo resucitado (1 Corintios 15:55). Esta manera de ubicar el lugar de la muerte da una nueva esperanza y un nuevo cariz a lo que hacemos en esta vida . . . y a las esperanzas que permanecen irrealizadas.

Las consecuencias de pensar la muerte y la vida desde una perspectiva escatológico-trinitaria son radicales. Nos permite afirmar que nuestras historias serán revisitadas reestructurándose sus logros, aciertos y fracasos. Lo que se desata vuelve a atarse, lo que desaparece, aparece. El ritmo de nuestras vidas gana así una nueva dimensión frente a la promesa de que nuestros pequeños logros no serán olvidados y que nuestras desdichas serán transformadas. Hablamos no sólo de la reivindicación de "La Historia" (así, con mayúsculas), sino de las pequeñas, casi insignificantes historias de nuestra cotidianeidad. Por supuesto, ese futuro que nos depara Dios no es una noche en la que todos los gatos son pardos; no todo será igualmente "materia prima" ya que existe una correspondencia entre la conformación de nuestras historias al plan de Dios y el lugar de la plena realización divina. Nuestros gestos, luchas, llantos, alabanzas, maldiciones, compromisos y frustraciones vividas desde la fe aportan las hebras que serán tejidas en la trama del amor de Dios y la urdimbre de la justicia del Reino. Estas fibras y fragmentos serán "trabajados" por Dios, tiernamente, poniendo las cosas en su justo lugar en ese tapiz de la vida plena.

¡Qué manto de humildad arroja esto sobre nuestras vidas! ¡Qué honda gratitud envuelve cada segundo de nuestra existencia! ¡Qué absurdo sería la vida si cada momento fuese sólo un preámbulo para la muerte! ¡Qué parodia si la tortura y la opresión tuviesen la última palabra! Pero el juicio de Dios ya se ha pronunciado: "Dios amó de tal manera al mundo . . ." (cfr Juan. 3:16).

En suma, la visión trinitaria de los fines de Dios nos invita a luchar, a resistir, a organizar, a saber, a adorar, y, sobre todo, a amar. Pero invita dando un nuevo ritmo y un nuevo plazo a las expectativas que a veces infundadamente pretendemos extraer del carácter unidireccional de la historia. Vivir, y vivir lo cotidiano desde la gratuidad de la justicia de Dios constituye sólo el comienzo del tapiz del *éschaton*. La nueva vida ya ha comenzado, la muerte ha quedado atrás.

Bibliografía seleccionada

Boff, Leonardo. *Hablemos de la otra vida*. Santander: Sal Terrae, 1981.

Elizondo, Virgilio. *The Future is Mestizo: Life Where Cultures Meet*. Revised Edition. Boulder, CO: University Press of Colorado, 2000.

Gutiérrez, Gustavo. *Hablar de Dios desde el sufrimiento del inocente*. Salamanca: Sígueme, 1984.

Hick, John. *Death and Eternal Life*. Louisville: Westminster Press, 1994.

Küng, Hans. *¿Vida eterna? Respuesta al gran interrogante de la vida humana*. Madrid: Cristiandad, 1983.

Libanio, Joao Batista. "Esperanza, utopía, resurrección", en Ignacio Ellacuría y Jon Sobrino, eds., *Mysterium Liberationis: conceptos fundamentales de la teología de la liberación*. San Salvador: UCA Editores, 1992.

Moltmann, Jürgen. *Teología de la esperanza*. Salamanca: Sígueme, 1968.

Schillebeeckx, Edward. *Jesús: la historia de un viviente*. Madrid: Cristiandad, 1983.

——. *Cristo y los cristianos: gracia y liberación*. Madrid: Cristiandad, 1983.

Thielicke, Helmut. *Vivir con la muerte*. Barcelona: Herder, 1984.

Westhelle, Vítor. *Eschatology and Space: The Lost Dimension in Theology Past and Present*. New York: Palgrave Macmillan, 2012.

CONCLUSIÓN

Al concluir nuestro recorrido . . .

Esperamos que esta introducción a la teología cristiana haya servido aunque más no sea como un sendero –entre muchos otros– que nos permita transitar hacia el corazón de la tarea de la teología y sus temas centrales. Dios siempre dará de que hablar, pero sobre todo, nos dará muchas razones para pensar en medio de los compromisos y desafíos de la vida. Al llegar al final de estos diez capítulos, hemos terminado el recorrido en conjunto, pero el camino de la teología prosigue. En la bibliografía de cada capítulo ya encontraron sugerencias para seguir leyendo y explorando los distintos temas teológicos, y seguramente muchas personas ya les han recomendado otros libros para la lectura y el estudio. Esta es una tarea, o mejor dicho, una vocación que nunca se agota. Por ello deseamos que *Nuestra fe* –tanto en la acepción del título de este libro, como en el sentido más amplio de la fe, la esperanza, y el amor en búsqueda de entendimiento– siga generando reflexión teológica, diálogo fructífero y una práctica de la gracia y de la justicia a la manera de Jesús, acompañada del discernimiento que nos ofrece el Espíritu.

GLOSARIO

Adopcionismo: Opinión cristológica que, basándose en un concepto monárquico de la divinidad, supone que Jesús, hijo de María, era meramente un ser humano, pero elevado de algún modo a la altura de Dios, por una especie de adopción (identificado ya sea con el bautismo o la resurrección).

Antropocentrismo: (del griego *anthropos*: ser humano) Literalmente significa centrado en el ser humano. Desde una perspectiva exagerada, es la tendencia a considerar al ser humano como centro del universo, y, a este, como instrumento destinado a la realización de los fines humanos. El ser humano aparece, así, como el ser privilegiado en función del cual se habrían creado todas las cosas.

Apologética: (del griego *apologetikós*: relativo a la defensa, de *apologéomai*: defenderse) Es una comunicación de la creencia religiosa dirigida a otros que hacen afirmaciones acerca del conocimiento de y el servicio a Dios. Presupone un auditorio externo a la fe, pero que presupone patrones de conocimiento y lenguaje comunes al hablante y a su auditorio, lo que conduce al apologeta a emplear terminología, estilos de pensamiento e ideas familiares al receptor. Representa el contenido de una fe particular de una manera esencialmente intelectual y actúa como una membrana para el intercambio de ideas. Sus contenidos se basan en la revelación de Dios, pero su forma se basa en la cultura. Fue una de las primeras características de la teología cristiana naciente que, por las circunstancias históricas y culturales en que se desarrolló, sintió la necesidad de defenderse de los ataques del entorno pagano. La apología primitiva, llevada a cabo por los padres apologistas del siglo II, exigió una inicial defensa de la fe mediante intentos de fundamentación racional. Este rasgo se hizo, no obstante, permanente y característico de la teología cristiana a lo largo de la historia.

Arrianismo: Movimiento que se remonta al sacerdote Arrio (+336 d.C.). Los arrianos insistían en el carácter absoluto de la unidad divina, por lo que el Hijo no podría decirse Dios de la misma manera que el Padre. Su alternativa era pensar al Hijo (naturaleza divina de Cristo) como una criatura, aunque por supuesto superior al resto de la creación. Con esto pretendían proteger a la divinidad, sobre todo con relación a los textos bíblicos que hablan de un Dios encarnado, que sufre en la cruz. Las ideas arrianas fueron confrontadas en el Concilio de Nicea (325 d.C.).

Ateísmo (ver bajo **Monoteísmo**)

Big-Bang (Gran Explosión): Término que designa la teoría cosmológica que sustenta la existencia de una singularidad inicial del universo. Dicha teoría cosmológica, ampliamente sustentada en la actualidad, sostiene que hace aproximadamente 14.000 millones de años surgió toda la materia y la energía del universo en una especie de súbita expansión.

Capadocios: se conoce con este apelativo a Basilio de Cesarea (ca. 329-379 d.C.), su hermano menor Gregorio Niseno (330-ca. 395) y su amigo Gregorio Nacianceno (330-389), los tres provenientes de Capadocia (región de Asia Menor, actualmente parte de Turquía). Participaron activa y creativamente en las discusiones trinitarias y cristológicas del siglo IV d.C.

Cartesianismo: Tradición filosófica y científica que se deriva de los escritos del filósofo francés René Descartes (siglo XVII). En contraposición al empirismo, que mantiene que la base de todo conocimiento es la experiencia, el cartesianismo es fundamentalmente racionalista, es decir, sostiene que la fuente principal del conocimiento es la misma razón.

Cosmológico/Cosmología: La cosmología es la disciplina científica que estudia el origen, la evolución y el destino del universo en las mayores escalas de distancias y tiempos que somos capaces de medir. Comprende un concepto de la naturaleza, una visión de la distribución de la materia, una teoría de la evolución del universo, hipótesis sobre la formación de estructuras cósmicas e hipótesis sobre el comienzo y el fin de la materia y la energía. Su campo de estudio reúne las ciencias naturales, en particular la astronomía y la física, en el esfuerzo por comprender el universo físico como un todo.

Cosmovisión: Todo enjuiciamiento metafísico, religioso, ético (teorético-existencial) de índole global acerca de la realidad. Comprende las ideas de cómo son las cosas en el mundo y cuáles son las cosas que importan a los seres humanos. Constituye el relato de una sociedad y cultura integrando tres niveles: lo personal, lo social y lo ambiental.

Creacionismo: Doctrina religiosa que sostenía que cada alma humana era creada por Dios de forma directa e inmediata. También se aplica a la doctrina de la creación del universo por Dios *ex nihilo*. En la actualidad, el término se utiliza restrictivamente para referirse a la posición fundamentalista que sostiene que el origen del mundo es tal como lo narra el Génesis, con la intención de oponerla directamente a la teoría de la evolución formulada por Charles Darwin.

Cristo: (del griego *christós*) Traducción del término hebreo *mashia* (ungido). No es en principio un nombre sino un título que se aplica a la figura de un redentor. El adjetivo "mesiánico" se refiere a creencias o teorías escatológicas acerca de un futuro mejor para la humanidad y el mundo. En el judaísmo, el *mashia* significaba el rey largamente esperado que, proviniendo de la línea davídica, liberaría a Israel de la opresión extranjera y restauraría las glorias de sus momentos triunfales como nación. Luego de su muerte, Jesús de Nazaret fue llamado el Cristo, lo que indica que sus seguidores creyeron en él como "el ungido", el sucesor del aquel rey David sobre el cual existían -de parte de algunos grupos judíos- esperanzas mesiánicas de restauración para Israel. En algunos textos del Nuevo Testamento es claro que "Cristo" era en realidad un título, aunque en muchos otros -como en los escritos de Pablo- el título se usa junto al nombre, combinándolo como Jesús Cristo o Cristo Jesús e incluso como un nombre: Cristo. Para los cristianos, "Cristo" se convirtió, por lo tanto, en la designación y el título de Jesús de Nazaret como indicativo de su función y su identidad.

Darwinismo: Teoría evolucionista que sustenta la evolución de las especies vivas por medio de la selección natural. Fue formulada por Charles Darwin, que la desarrolló principalmente en sus obras *El origen de las especies por medio de la selección natural, o la lucha por la existencia en la naturaleza* (1859) y *La descendencia del hombre y la selección sexual* (1871). Dicha teoría implica que ciertas variaciones hereditarias, morfológicas o fisiológicas, debido al influjo del medio ambiente, favorecen la reproducción de individuos con dichas características que pasan luego a toda la especie, o bien, dan origen a una especie diferente.

Davídico: Referente a David, rey de Israel. El segundo de los reyes israelitas, sucesor de Saúl, se cree que reinó entre ca. 1000 y ca. 962 a.C. y estableció el reino unido de Israel con Jerusalén como capital. En la tradición de Israel se convirtió en el rey ideal. Fundador de una dinastía durable, alrededor de su figura y su reino se construyeron las expectativas mesiánicas del pueblo de Israel. Dado que él constituía un símbolo de esperanza, los escritores del Nuevo Testamento enfatizaron la pertenencia de Jesús al linaje de David.

Doctrina: (latín: *doctrina*; griego: *didaskalia, didajé*) Dentro de la teología es un término genérico que designa al componente teórico de la experiencia religiosa o de la fe cristiana. Es el resultado de un proceso de conceptualización de las percepciones o símbolos primarios de la fe, que descansan mayormente en experiencias e intuiciones. La reflexión doctrinal busca proveer a la religión de sistemas conceptuales que guíen el proceso de instrucción, disciplina y apologética.

Dogma: (latín: *decretum*, griego: *dogma*) Dentro de la teología es un término que se refiere específicamente al fundamento de las doctrinas: aquellos principios básicos o axiomáticos sobre los cuales opera la reflexión doctrinal y que son profesados como esenciales por todos los y las creyentes. El dogma no constituye una opinión doctrinal ni es la declaración de un teólogo, sino que expresa el estatuto (*decretum*) doctrinal alcanzado por la comunidad eclesial. El dogma de una iglesia es lo que ésta declara como los contenidos más esenciales de su fe.

Doxología: (del griego *doxa*: honor, gloria y *legein*: decir, hablar) Es una expresión que refiere a la alabanza de Dios. Su fundamento es la acción de Dios en la historia (de Israel) y su revelación salvífica en Jesús, que la doxología celebra y proclama. En el culto cristiano existen diferentes doxologías como: *Gloria in Excelsis*, *Gloria Patri*, y distintas variaciones de esta última.

Dualismo (Monismo/Pluralismo): Es el uso de dos principios heterogéneos e irreductibles (algunas veces en conflicto, otras veces complementarios) para analizar el proceso de conocimiento o explicar la totalidad de la realidad (dualismo metafísico) o una gran parte de esta (dualismo epistemológico). Ejemplos de dualismo epistemológico son "ser/pensamiento" o "sujeto/objeto", ejemplos de dualismo metafísico, son "Dios/mundo", "materia/espíritu", "cuerpo/mente" y "bien/mal". El dualismo se distingue del *monismo*, que reconoce sólo un principio, y del *pluralismo*, que invoca a más de dos principios fundamentales.

Eón: (del griego *aion*: mundo, era, porción de tiempo, largo tiempo) Este término es utilizado en el contexto filosófico y religioso griego, sirio y egipcio. El uso bíblico se apoya en la concepción del término "eón" propia del género apocalíptico del judaísmo tardío que habla de dos eones que se relevan entre sí (este/aquel; pasajero/ sin fin; presente/futuro; dolores, trabajos, depravación/justicia y verdad). También establece una conexión entre la venida del eón futuro y el Mesías. En sentido figurado, este término designa también una edad o una época histórica.

Epiklesis: (del griego *epiklesis*: llamada) Invocación litúrgica del Espíritu Santo en la celebración de la eucaristía o Santa Cena.

Epistemología: (del griego *espisteme*: conocimiento y *logos*: teoría o discurso) Es el estudio de la naturaleza, el origen y los límites del conocimiento humano; generalmente se la designa como "teoría del conocimiento". La epistemología tiene una larga historia que abarca desde el tiempo de los filósofos presocráticos griegos hasta el presente. Junto con la metafísica, la lógica y la ética, es uno de los cuatro campos principales de la filosofía.

Escolasticismo: Filosofía y teología cristiana del medioevo, dominada por categorías aristotélicas. Esta corriente teológica se caracteriza por la presentación sistemática de las doctrinas y su armonización con la razón. Lo positivo de este método es la presentación de distintas tesis, antítesis y su discusión; lo problemático es que, dentro de este sistema, la teología es encerrada en una rígida comprensión racionalista. El autor más representativo de este método fue Tomás de Aquino (1225–1274), autor de la *Summa Theologica*.

Ecología: (del griego *oikos*: casa y *logos*: teoría o discurso) El término "ecología" fue propuesto en 1869 por el naturalista alemán Ernst Haeckel, quien la definió como el estudio de la relación entre el ser humano y su medio, tanto orgánico como inorgánico. La teóloga ecofeminista contemporánea Rosemary Radford Ruether define la ecología como la ciencia que identifica los procesos o las leyes por las que la naturaleza regenera y sostiene la vida, sin la intervención de los seres humanos.

Gnosticismo: Movimiento filosófico y religioso notorio en el mundo grecorromano del siglo II d. C. En la visión gnóstica, el ser inconsciente del ser humano es consustancial con la mente de Dios, pero a causa de una trágica caída, es arrojado a un mundo que es completamente extraño a su verdadero ser. A través de la revelación que proviene de Dios, el ser humano llega a ser consciente de su origen, esencia y destino trascendente. La revelación gnóstica debe ser diferenciada del iluminismo filosófico, dado que no puede obtenerse por medio de la razón pura. Se trata, más bien, de la intuición del misterio del ser. Según el gnosticismo, el mundo, formado de una materia corruptible y maligna no puede ser obra de un Dios bueno. Es, por lo tanto, considerado como una mera ilusión o una construcción rudimentaria regida por Yahvé, el demiurgo judío, cuya creación e historia son despreciadas. Este mundo es, por lo tanto, extraño a Dios, quien para los gnósticos es profundidad y silencio, el absoluto más allá de todo nombre o predicado, fuente de los buenos espíritus que conforman el *pleroma* o reino de la luz.

Hemenéutica: (del griego *hermeneuein*: interpretar) Es la ciencia de los principios que son válidos para la interpretación. En teología, se refiere al proceso de interpretación de textos bíblicos y doctrinas que tiene en cuenta el significado original de los textos y el esclarecimiento de su sentido para los y las creyentes contemporáneas.

Hierofanía: Término utilizado por el historiador de las religiones rumano, Mircea Eliade, para designar a los fenómenos constituidos por las experiencias religiosas tanto en sociedades tradicionales como contemporáneas. Según Eliade, el ser humano entra en conocimiento de lo sagrado porque se manifiesta como algo diferente por completo de lo profano. Etimológicamente, hierofanía significa "algo sagrado que se muestra", es decir, la manifestación de lo sagrado en el mundo.

Holístico: (del griego *holos-hole*: todo) El concepto de holismo fue introducido en 1925 en Sudáfrica por el primer ministro y filósofo Jan Christian Smuts como una alternativa al pensamiento científico-analítico y reductivo imperante. En la teoría holista de Smuts, la totalidad del organismo y sus sistemas son más grandes que la suma de sus partes.

Homilética: (del griego *hómilos*: reunión) Estudio del proceso y el propósito de la preparación y la predicación de los sermones.

Inmanente (ver bajo **Trascendente**)

Kerygma: (del griego *kerygma*: lo que es anunciado o promulgado, mensaje o proclamación) Se refiere en primer lugar a la predicación de los apóstoles registrada en el Nuevo Testamento y que constituye el mensaje central de la fe cristiana: Jesucristo, en cumplimiento de las profecías del Antiguo Testamento fue enviado por Dios, predicó la venida del Reino de Dios, murió, fue sepultado, se levantó de entre los muertos y fue ascendido a la diestra de Dios.

Monasticismo: Movimiento religioso institucionalizado cuyos miembros intentan practicar obras que están por encima y más allá de las requeridas tanto al laicado como a los líderes espirituales de sus religiones. El monástico, generalmente célibe y ascético, se separa de su sociedad, ya sea para convertirse en eremita o anacoreta o, para unirse a la sociedad de quienes se han separado con similares intenciones.

Monismo (ver bajo **Dualismo**)

Monoteísmo (Henoteísmo/Ateísmo/Politeísmo): Creencia en la existencia de un dios, o en la unicidad de Dios. Se lo distingue del *politeísmo*, que es la creencia en la existencia de muchos dioses; del *ateísmo*, que es la creencia en que no existe ningún dios y del *henoteísmo*, la creencia en y adoración de un dios aceptando la existencia de otros dioses. El monoteísmo es característico del judaísmo, el cristianismo y el islamismo, aunque algunos elementos de esta creencia se pueden discernir en varias otras religiones.

Muerte térmica (del universo): Concepto proveniente de la física y que se relaciona directamente con la segunda ley de la termodinámica, la entropía. Básicamente esta ley señala que todos los cambios de la naturaleza conducen (eventualmente) al desorden, la disipación y la desintegración de las estructuras. Si bien los fenómenos vitales (especialmente el crecimiento y la reproducción) manifiestan una entropía negativa o negantropía (ya que tienden a formar orden a partir de estados menos ordenados), en el cómputo global también los organismos vivos contribuyen al crecimiento de la entropía en el entorno. Puesto que la entropía es también una medida de la probabilidad, en cosmología se ha especulado que el destino entero del universo es la *muerte térmica*, estado final de plena igualación o de máximo desorden. Ello supone que todo proceso es irreversible, de manera que el crecimiento de la entropía sería también una medida de la llamada "flecha del tiempo".

Mundo: (del griego *kosmos*: mundo, lo ordenado y adornado, en oposición al *caos*) Término que la filosofía griega antigua aplica a la realidad o al mundo como conjunto ordenado capaz de ser comprendido por el ser humano. En el NT tiene al menos tres matices: universo, tierra, humanidad. En las cartas de Pablo existe un contraste entre el mundo presente, pasajero y amenazado de muerte, y el mundo futuro que denomina "cielo nuevo y tierra nueva". En este reino futuro el mundo ya no estará sometido a los elementos y sus leyes, sino que estará reconciliado con Dios. Al igual que en el Evangelio de Juan, el mundo no posee una maldad propia: sigue siendo la creación buena de Dios. Pero el pecado de los seres humanos arrastra al mundo consigo hacia un estado de separación con respecto a Dios. Por ello Dios envía a su Hijo al mundo no como juez, sino como salvador (Juan. 3:17).

Patriarcal: referente al *patriarcado*, sistema social basado en la autoridad absoluta del padre o del varón sobre el grupo familiar. A partir de los años 70 del siglo XX, bajo la influencia de la teoría crítica feminista, se genera una significación diferente del término. De allí en más, lo patriarcal alude a una formación jerárquica predominante –tanto en las sociedades antiguas como en las actuales– donde el colectivo de varones a partir de su poder, domina sobre otros, particularmente, sobre el conjunto de mujeres y niños.

Positivismo: En general, aquella actitud teórica que sostiene que el único auténtico conocimiento o saber es el saber científico. Para ello, el "espíritu positivo" es fiel a unos principios orientativos o reglas que se mantienen en todas las filosofías positivas de las diversas épocas: la regla ontológica del fenomenismo –según el cual la realidad se manifiesta en los fenómenos accesible a los sentidos– obliga a rechazar cualquier concepción de una esencia oculta más allá de los fenómenos; la regla del nominalismo –según la cual el saber abstracto no es saber de cosas en sí o universales, sino de meras cosas individuales generalizadas; la regla que obliga a renunciar a juicios de valor y a enunciados normativos –en cuanto carentes de sentido cognoscitivo y, finalmente, la regla de la unidad del método de la ciencia –según la cual cabe pensar en un solo ámbito del saber, reducible a la observación y a la experiencia, en definitiva a una única ciencia, preferentemente la física.

Praxis: (sustantivo del verbo griego *prátteín*: acción o realización de algo). Generalmente se considera como sinónimo de "actividad práctica", en contraposición a la mera "actividad teórica", y entre los griegos designaba también la acción moral. Sin embargo, esta oposición entre la "actividad práctica" y la "actividad teórica", tal como generalmente había sido entendida, es puesta en entredicho por el materialismo histórico elaborado por Marx y Engels. Para dichos autores, este término adquiere un significado más específico y técnico concibiendo a la praxis como la actividad humana material y social de transformación de la naturaleza, de la sociedad y del ser humano mismo. Desde este punto de vista, en lugar de oponerse la praxis a la teoría, se puede considerar que es la praxis la que engendra el origen de todo conocimiento. A partir de aquí puede entenderse a la praxis como una unidad dialéctica entre la acción humana y el conocimiento.

Protológico: Término filosófico que se refiere a la *protología* como "la ciencia de los orígenes". En su uso teológico la protología hace referencia a las cosas primeras, a los orígenes del mundo y la humanidad tal como aparecen en la revelación. Lo *protológico* está concebido así en analogía con lo *escatológico* y se relaciona con la comprensión de la existencia humana y cristiana a partir de la tensión del origen que se escapa, a la vez que permanece en un presente que adviene.

Razón instrumental: Expresión introducida por miembros de la "Escuela de Frankfurt" para criticar a un modelo de racionalidad meramente lógica que confía a la razón la principal tarea de concordar fines y medios. De este concepto de razón como instrumento derivan, según esta escuela, las formas de ideología y dominio que aparecen en la sociedad actual que, persiguiendo el imperio sobre la naturaleza, han terminado por dominar al mismo ser humano.

Rito: Ceremonia que sigue normas propias a una tradición. Generalmente, los ritos de naturaleza mágica o religiosa se encaminan –según sus creyentes– a la consecución de fines de tipo sobrenatural, que no sería posible obtener mediante técnicas racionales y mundanas. Las normas rituales provienen siempre de la tradición, en el origen de la cual suele haber un mito. Normalmente son conservados y transmitidos por la propia sociedad (bien sea por tradición oral, o por textos sagrados) o por castas religiosas. El ritual determina una forma de comunicar un sentido (religioso) pautando el tiempo, lugar, personas, actuaciones, palabras, gestos y objetos que remiten a lo sagrado. Por extensión, se llama también rito o ritual al conjunto de normas pautadas que se siguen en cualquier actividad, aunque no sea de carácter sagrado. Como es un modo específico de comportamiento observable en todas las sociedades conocidas, se podría considerar al rito como una manera escenográfica de definir o describir lo humano y su relación con el entorno y lo trascendente.

Sacramento: (del latín *sacramentum*) Signo o símbolo religioso, especialmente asociado a las iglesias cristianas, en el cual se reconoce un poder sagrado o espiritual que es transmitido a través de elementos materiales ritualizados siendo medios de la gracia divina.

Soteriología: (del griego *soter*: salvador *logos*: discurso) Doctrina de la salvación.

Teología de la liberación: Teología que se articuló hacia fines de los años sesenta en América Latina e intentó responder desde la óptica de la fe a los grandes desafíos sociales y políticos de la época. Supo convocar a los más lúcidos teólogos latinoamericanos, que realizaron una relectura de la fe cristiana desde el lugar de los pobres y desde la praxis por la liberación. Fiel a su método teológico, esta teología ya no forma una corriente homogénea, aunque su énfasis en la opción por los más sufrientes y la dimensión socio-política de la fe son algunos de los grandes legados que deja a la teología del continente y a toda la ecumene.

Tradición: (del latín *traditio*: pasar, entregar) Remite simultáneamente al proceso de comunicar algo como así también a aquello que se comunica. La tradición, entonces, significa la transmisión de una generación a otra de las enseñanzas cristianas. En este sentido debe distinguirse de las Escrituras. La forma de transmisión puede comprender uno o varios de los siguientes medios: prácticas, liturgia, normas de conducta, doctrinas, escritos, etc. En la iglesia primitiva tanto la regla de la fe (*regula fidei*), la catequesis, como la liturgia, fueron importantísimos medios de transmisión de la tradición

Trascendente(/Inmanente): (del latín *transcendens*: lo que sobrepasa o supera) En general, lo suprasensible, lo que no está determinado por las leyes espaciotemporales. También remite a aquello que tiene o a lo que se da trascendencia, entendiendo por tal el hallarse situado más allá, en un sentido u otro, de los límites de la experiencia del mundo sensible. Dios, por ejemplo, es un ser trascendente, porque está más allá del universo en el sentido de que no es reducible a él. *Inmanente* (del latín *inmanere*: quedarse en) es la característica, opuesta a la trascendencia y a lo trascendente, de todo aquello que se sitúa en el interior del mundo o dentro del límite de la experiencia humana. Subraya que no existe un orden de cosas distinto, que esté más allá o por encima de lo que se denomina universo. Existen así sistemas filosóficos, como el de Spinoza, que se remiten a un Dios inmanente al universo.

DATOS BIOGRÁFICOS

Agustín de Hipona (354-430 d.C.): Aurelio Agustín nació en Tagaste, ubicada en la actual Argelia. Fue hijo de un pagano, Patricio, y de una cristiana muy devota, Mónica. Enseñó retórica en Cartago, Roma y finalmente en Milán. Fue simpatizante del Maniqueísmo durante nueve años, luego se interesó por la filosofía neoplatónica de Plotino y finalmente, bajo la influencia de Mónica, y de las predicaciones de Ambrosio, el obispo de Milán, se convirtió al cristianismo y se separó de su compañera de larga data, con la que no se había casado en parte porque ella pertenecía a otra clase social. Su único hijo, Adeodato, permaneció con él. Describe estos avatares en sus célebres *Confesiones*. En el año 395 fue nombrado -en contra de su voluntad- obispo de Hipona, en el Norte de África. Puede organizarse su obra en tres grandes etapas, usando a sus contrincantes como ejes: sus escritos en contra de los maniqueos, sus escritos en contra de los donatistas y sus escritos en contra de los pelagianos. Su amplia obra incluye cartas, sermones, tratados sobre la Trinidad, la interpretación bíblica, la creación, el tiempo, las últimas cosas, la iglesia, los sacramentos, el libre albedrío, el pecado original y el origen del mal, y muchos otros temas que han sido de suma influencia en el cristianismo occidental.

Anselmo de Canterbury (ca. 1033-1109 d.C.): Anselmo era piamontés, nacido en Aosta. Fue monje benedictino en la Normandía y luego arzobispo de Canterbury, Inglaterra. Se lo suele denominar el "Padre de la Escolástica". En su *Proslogion* trata de demostrar la existencia de Dios por medio de argumentos lógicos; lo que más tarde sería denominado la prueba "ontológica" de la existencia de Dios: Dios es aquello de lo cual nada mayor puede ser imaginado. Una de sus más célebres frases es *fides quaerens intellectum*, o la "fe en busca del entendimiento" (*Monologion*). Esta idea suya tuvo especial fascinación para Karl Barth, quien publicó un estudio sobre Anselmo con ese título.

Atanasio de Alejandría (ca. 293-373 d.C.): Teólogo y obispo. Recibió su formación filosófica y teológica en Alejandría, asistió al obispo Alejandro de Alejandría en el Concilio de Nicea (325) y lo sucedió después de su muerte en 328. Fue el mayor defensor de la ortodoxia cristiana durante la batalla contra el arrianismo del siglo IV. Sus principales obras incluyen: *Contra gentes*, una refutación del paganismo, *De Incarnatione* y *Apologia contra Arrianos*.

Barth, Karl (1886-1968): Teólogo reformado suizo y uno de los teólogos protestantes más influyentes del siglo XX. Conocido por ser uno de los iniciadores de la teología neoortodoxa o dialéctica. Su pensamiento se centra en la revelación de Dios en Jesucristo, el eterno Hijo de Dios encarnado, que entiende como fundamento de toda afirmación dogmática y ética válida. Rechaza la "teología natural" (*theologia naturalis*), es decir la idea de que podamos derivar un conocimiento genuino de Dios desde la observación de la creación y la realidad independientemente de su automanifestación en Jesucristo. El corazón de su extensa obra es la *Dogmática Eclesiástica* (*Kirchliche Dogmatik*), que ha sido traducida al francés y al inglés. En las primeras décadas del siglo XX fue activo en la parroquia y en las luchas sociales de los obreros. Más tarde ejerció una importante oposición al régimen de Hitler y sus seguidores en la Iglesia Evangélica de Alemania. Una de sus contribuciones más importantes fue su colaboración en la formulación de la "Declaración Teológica de Barmen" de 1933, en la que integrantes de lo que se denominó la "Iglesia Confesante" en Alemania, opuesta a los excesos idolátricos del Nacionalsocialismo y al conformismo de los llamados "Cristianos Alemanes". Allí se declara que fuera de Jesucristo no hay otro Señor al que los cristianos le deban una lealtad última.

Basilio de Cesarea (ca. 329-379 d.C.): Nació en una familia cristiana distinguida de Cesarea, la capital de Capadocia, Asia Menor (hoy Turquía). Uno de sus tíos había sido obispo como así también lo fueron dos de sus hermanos (Gregorio Niseno y Pedro de Sebaste). Estudió en Cesarea, Constantinopla y Atenas, donde trabó amistad con Gregorio Nacianceno. Luego de sus estudios, bajo la influencia de su hermana Macrina, se inclinó por la vida ascética y fundó un establecimiento monástico con un grupo de amigos en el Ponto. Efectuó visitas a los monasterios de Egipto y en el año 360 asistió a los obispos capadocios en un sínodo en Constantinopla. En 365 regresó a Cesarea cuando la iglesia estaba amenazada por el arrianismo. De allí en más su teología y política eclesiástica se concentraron en presentar un bloque de unidad de cristianos pronicenos contra el arrianismo bajo la fórmula "tres personas (*hypóstasis*) en una substancia (*ousía*)", comprendiendo así la unidad divina a partir de la multiplicidad. Sucedió a Eusebio como obispo de Cesarea en 370. Entre sus escritos están *Contra Eunomio* (defensa contra el arrianismo), *Sobre el Espíritu Santo* y más de 300 cartas (que constituyen breves tratados de teología y ética).

Boff, Clodovis (1944-): teólogo brasileño, religioso de la orden de los Siervos de María. Fue, junto con su hermano Leonardo, uno de los principales exponentes de la Teología de la Liberación. Realizó sus estudios en Rio de Janeiro y Lovaina, fue misionero en Amazonia y, en la actualidad, enseña en la Universidad Pontificia Católica de Paraná. Su obra *Teología de lo político* –producto de su tesis doctoral– constituye una de las más importantes sistematizaciones de los presupuestos epistemológicos de la Teología de la Liberación.

Boff, Leonardo (1938-): Teólogo brasileño, católico romano. Luego de trece años de educación religiosa fue ordenado sacerdote franciscano en 1964, prosiguiendo luego sus estudios de filosofía y teología en Alemania. En 1970 obtuvo su doctorado en teología con su tesis *La iglesia como sacramento* y más adelante se doctoró también en Filosofía de la Religión. En 1971, se convirtió -luego de Gustavo Gutiérrez y Juan Luis Segundo- en uno de los referentes más importantes de la Teología de la Liberación. Debido a sus polémicos escritos eclesiológicos fue examinado por la "Congregación para la Doctrina de la Fe" del Vaticano y llamado a silencio en 1985. Su desempeño como profesor y editor se vio limitado a la vez que todos sus escritos pasaron a requerir la licencia del obispo local y del superior franciscano. Si bien su primera opción fue permanecer dentro de la iglesia, luego de un largo tiempo de trabajo reducido, tomó la decisión de abandonar a los franciscanos y renunciar a sus votos en 1993. En la actualidad es profesor emérito de Ética, Filosofía de la Religión y Ecología en la Universidad Federal de Río de Janeiro.

Bonhoeffer, Dietrich (1906-1945): Pastor y teólogo luterano alemán, mártir de la iglesia evangélica, ejecutado en abril de 1945 por los Nazis sospechado de conspirar contra el régimen de Adolf Hitler. Estudió teología en las universidades de Tübingen y Berlín, bajo el gran maestro liberal Adolf von Harnack. Recibió también una fuerte influencia de Karl Barth. Activo en la "Iglesia Confesante", sirvió en numerosas parroquias además de enseñar teología. Fue director de un seminario en Finkenwalde, al nordeste de Alemania, luego clausurado por la Gestapo. Algunas de sus obras más famosas son *Sanctorum Communio* (su tesis doctoral), *Ética, El precio de la Gracia*, y *Resistencia y Sumisión* (edición póstuma de sus cartas de prisión).

Bucero, Martín (1491-1551): Reformador protestante alemán conocido por sus incesantes esfuerzos por mediar entre grupos de la Reforma en conflicto. Influyó sobre el desarrollo del luteranismo y el calvinismo, y sobre la liturgia de la comunión anglicana. En 1521 abandonó la Orden de los Dominicos y al año siguiente se transformó en pastor y contrajo matrimonio. En 1523 se refugió en Estrasburgo donde alcanzó una posición de liderazgo. Medió en la discusión entre Lutero y Zwinglio sobre la eucaristía y fue signatario de la Concordia de Wittenberg de 1536.

Buenaventura (ca. 1217/21-1274): Giovanni Fidenza, llamado "Buenaventura", quizá por San Francisco de Asís mismo, a cuya orden pertenecía. Una de las figuras centrales del apogeo de la filosofía escolástica del siglo XIII. Nació en Bagnoregio, cerca de Viterbo, en la Toscana (Italia) y estudió en París, de 1232-1246, donde fue discípulo de Alejandro de Hales y en donde ingresó en la orden franciscana. De 1253 a 1255 enseña en París por la misma época en que lo hace Tomás de Aquino. Uno y otro encarnan dos enfoques distintos de la filosofía escolástica, que se perpetuaron en sus respectivas órdenes religiosas; ambos mueren el mismo año.

Bultmann, Rudolf (1884-1976): Teólogo luterano alemán, famoso por su controvertida demanda de que el mensaje del Nuevo Testamento debía ser "desmitologizado". Pensaba que la autocomprensión contemporánea del ser humano ya no cuadraba con la cosmovisión bíblica; por ello, los dichos e imágenes bíblicas debían ser interpretadas existencialmente de modo que sean comprensibles para las personas de hoy. Entre sus obras más importantes está su *Geschichte der synoptischen Tradition* (Historia de la tradición sinóptica), que constituye un análisis del material utilizado en la redacción de los evangelios de Mateo, Marcos y Lucas en un intento de rastrear la historia de las tradiciones de la iglesia primitiva.

Calvino, Juan (1509-1564): Reformador de origen francés activo en Ginebra (Suiza) y la figura más prominente de la segunda generación de reformadores. Es autor de una de las obras sistemáticas más importantes de la Reforma, *Institución de la Religión Cristiana*. Siguiendo la doctrina luterana de la justificación por la fe, Calvino desarrolló asimismo otros aspectos del pensamiento bíblico. Entre ellos se destacan los temas de la santificación, los usos de la ley y la predestinación. El pensamiento de Calvino es un referente fundamental para las iglesias llamadas "Reformadas" (o "Calvinistas"), y también fue influyente en algunas corrientes de las tradiciones anglicanas y bautistas.

Catalina de Siena (1347-1380): Italiana, terciaria de la Orden Dominica, mística, conocida por su ascetismo. Sus escritos (dictados) incluyen 380 cartas, 26 oraciones, 4 tratados conocidos como el *Diálogo*, donde están registradas sus experiencias extáticas ilustrando su doctrina de la "celda interior" acerca del conocimiento de Dios y de sí misma.

Gebara, Ivone (1944-): Brasileña, es una de las teólogas ecofeministas más importantes de América Latina. Sus aportes apuntan a desentrañar el papel que juega la religión como legitimadora de la subordinación de las mujeres y de la naturaleza. Sus trabajos buscan un lenguaje diferente sobre Dios desde la opción por los pobres, por las mujeres, por la naturaleza, por el ecosistema, y por la Tierra. Algunas de sus obras más conocidas son *Teología a ritmo de mujer*, *Intuiciones ecofeministas*, y *O que é cristianismo*.

Clemente de Alejandría (155-ca.215 d.C.): Apologeta, teólogo misionero en el mundo helenístico, líder y maestro de la escuela de Alejandría. Escribió varias obras de carácter teológico y ético además de comentarios bíblicos. Entre la más importante de sus obras se encuentra la trilogía compuesta por *Protepticos* (Exhortación), *Paidagogos* (Pedagogo) y *Stromateis* (Miscelánea). Combatió al gnosticismo y discutió contra aquellos cristianos sospechados de un cristianismo intelectualizado, además de educar a futuros líderes teológicos y eclesiásticos.

Cranmer, Tomás (1489-1556): Primer arzobispo protestante de Canterbury, Inglaterra (1533-56). Fue asesor de los reyes Enrique VIII y Eduardo VI. Como arzobispo, llevó la Biblia en inglés a las parroquias, preparó el Libro de Oración Común y compuso una letanía aún en uso. Fue denunciado por María I, reina católica, de promover el protestantismo, lo que llevó a su condena por herejía y ser quemado en la hoguera.

Daly, Mary (1928-2010): exreligiosa católica romana, fue la primera mujer estadounidense en obtener un doctorado en teología en dicha tradición (Friburgo, 1963). Disconforme con la posición del Concilio Vaticano II sobre la mujer, publicó en 1968 *The Church and the Second Sex* (*La iglesia y el Segundo sexo*), y en 1973 *Beyond God the Father: Toward a Philosophy of Women's Liberation* [Más allá de Dios Padre: hacia una filosofía de la liberación de las mujeres] obra en la que anuncia su separación radical del cristianismo. En 1978 aparece su *Gyn/Ecology: The Metaethics of Radical Feminism* [Gin/Ecología: metaética del feminismo radical], acerca de la relación estrecha entre el feminismo y los principios del movimiento ecológico (posición actualmente mantenida por el ecofeminismo).

Dídimo el Ciego (ca. 314-ca. 398 d.C.): Teólogo alejandrino, ciego desde los cuatro años. Fue designado jefe de la Escuela Catequística de Alejandría, contando entre sus discípulos a Jerónimo. Entre sus obras se encuentran: *Sobre el Espíritu Santo*, *Sobre la Trinidad* y *Contra los Maniqueos*.

Evagrio Póntico (345-399 d.C.): El primer escritor eclesiástico que escribió en aforismos. Conocía a los Padres Capadocios y estuvo en el Concilio de Constantinopla (381). Al año siguiente (382), influido por Melania la Vieja, se dirigió a Egipto para aprender y practicar la vida ascética; es considerado el fundador del misticismo monástico. Escribía en griego, si bien sobrevivieron solamente traducciones (al latín, siríaco y armenio) de sus textos. Para Evagrio, la oración significaba contemplación, y el conocimiento de Dios significaba orar y contemplar.

Gregorio Nacianceno (330-389 d.C.): Nació a las afueras de Nacianzo, Capadocia (actualmente Turquía), en una familia cristiana (su padre era obispo). Recibió una educación clásica y también religiosa en Cesarea, Alejandría y Atenas. Como estudiante conoció a Basilio, con quién desarrolló una gran amistad. Fue ordenado al ministerio en el año 362 y diez años más tarde fue nombrado obispo de Sasima, posición que nunca desempeñó ya que optó por volver al hogar a asistir a su padre y pasar parte de su tiempo en el retiro monástico de Basilio en Ponto. Fue llamado a defender la fe de Nicea frente a los arrianos en Constantinopla donde fue nuevamente nombrado obispo. Terminado el concilio y habiendo renunciado a la sede, regresó a Nacianzo donde se hizo cargo de la iglesia. A partir del año 384 se retiró a la propiedad familiar donde permaneció hasta su muerte. Sus escritos más notables incluyen los cinco *Discursos Teológicos* contra los arrianos y la *Filocalia* –colección de escritos de Orígenes que recopiló junto con Basilio– además de 242 cartas y poemas.

Gregorio Niseno (330–ca. 395 d.C.): Hermano menor de Basilio de Cesarea. Después de haber vivido algunos años en matrimonio, se consagró a la vida clerical, llegando a ser obispo de Nisa, en Capadocia (Turquía). Asistió al Concilio Ecuménico de Constantinopla (381) e intervino en las grandes discusiones religiosas y trinitarias de su tiempo. En sus numerosos escritos brilla la facilidad, la fuerza, la profundidad, la dulzura y la magnificencia de su estilo.

González, Justo (1937–): Historiador y teólogo de origen cubano, y un referente central en la teología hispana en los EE.UU. Dio sus primeros pasos en los estudios teológicos en el Seminario Teológico Evangélico en Matanzas, Cuba, para luego doctorarse en la Universidad de Yale. Autor prolífico, su *Historia del pensamiento cristiano* (1965) se ha convertido en un texto clásico para el estudio de la evolución de la teología cristiana, tanto para estudiantes de habla inglesa como española. También se destacan *Mañana: Christian Theology from a Hispanic Perspective* (1990) e *Introducción a la historia de la iglesia* (2011), entre numerosas obras que han tenido una gran recepción.

Gutiérrez, Gustavo (1928–): Sacerdote y teólogo peruano considerado junto al uruguayo Juan Luis Segundo como los "padres" de la Teología de la Liberación latinoamericana. Posee una sólida formación humanística, teológica y pastoral (ha estudiado Medicina, Letras, Filosofía, Psicología y Teología). Realizó sus estudios en Lyon, Lovaina, Roma y París y fue profesor de Teología de la Universidad Católica de Lima y de la Universidad de Notre Dame en los Estados Unidos. Fundador y director del Instituto Bartolomé de las Casas, en Lima, fue la primera persona que sintetizó y recogió las ideas de la Teología de la Liberación, acuñando y definiendo el término en una conferencia pronunciada en 1969 y en su libro *Teología de la liberación: Perspectivas* publicado dos años más tarde. Entre sus obras más destacadas se encuentran también: *La verdad os hará libres, En busca de los pobres de Jesucristo, Hablar de Dios desde el sufrimiento del inocente* y *Beber en su propio pozo*.

Hildegarda de Bingen (1098–1179): Religiosa benedictina, visionaria y mística, se la conoce también como la *Sibila del Rin*. Fue educada en el convento benedictino de Disibodenberg, del cual fue priora desde 1136 a 1147 cuando con un grupo de monjas se apartó para fundar el convento de Rupertsberg. Sus visiones, de carácter profético y apocalíptico, quedaron registradas en *Scivias*; el contenido de estas se refiere a la iglesia, la relación de Dios con los seres humanos y la redención. Fue poeta y compositora. En su *Symphonia armonie celestium* *revelationum* reunió 77 de sus poemas líricos con sus respectivas notaciones musicales. Aparte de estas, escribió numerosas obras sobre la vida de los santos, medicina e historia natural –con una calidad de observación científica extraordinaria para su tiempo– y numerosa correspondencia en la que se encuentran también tratados alegóricos y proféticos.

Ignacio de Antioquia (ca.35 d.C.-?): Nacido en Siria, aparentemente conoció en su juventud a los apóstoles Pedro y Pablo, de los que escucharía directamente el Evangelio, y probablemente también fue discípulo del apóstol Juan. Ignacio (como Clemente y Policarpo) es el único lazo que nos une históricamente con la época apostólica. Obispo de la ciudad de Antioquia en tiempos del emperador Trajano (98-117 d.C.), fue, según la tradición paleocristiana, el tercer obispo de dicha ciudad después del mismo apóstol Pedro y de Evodio. En esta ciudad había numerosos refugiados judeocristianos procedentes de la destrucción de Jerusalén y su templo en el año 70 d.C. En el año 107 d.C. es acusado y llevado a Roma para ser devorado por los leones en el circo. En el camino a su martirio escribe siete cartas a siete iglesias por las regiones que va pasando, y que han llegado hasta nosotros como testimonio del Evangelio predicado en el primer siglo.

Ireneo (ca. 125-ca. 200 d.C.): Teólogo cristiano que llegó a ser obispo de Lyon (actualmente Francia) durante la persecución de Marco Aurelio. Nada se sabe sobre su familia. Probablemente nació en alguna de las provincias marítimas del Asia Menor. Sin duda recibió una educación muy esmerada y liberal, ya que sumaba a sus profundos conocimientos de las Sagradas Escrituras una completa familiaridad con la literatura y la filosofía de los griegos. Tuvo además el privilegio de conocer a algunos de los discípulos que habían conocido a los Apóstoles y a sus primeros seguidores. Entre estos, figuraba Policarpo –discípulo del apóstol Juan– quien ejerció una gran influencia en su vida. En su obra *Exposición y refutación del falso conocimiento*, más conocida como *Adversus Haereses*, expone y refuta las tesis de los gnósticos. Es muy importante también su contribución teórica a la formulación del dogma trinitario, que constituyó un aporte fundamental a los cimientos de la teología cristiana.

Isasi Díaz, Ada María (1943-2012): Pionera de la teología "mujerista", Isasi Díaz nació en Cuba y fue religiosa y misionera católica romana. Después de recibir su doctorado, sus escritos y contribuciones se caracterizaron por desarrollar una visión teológica desde las luchas cotidianas de las mujeres Latinas en los Estados Unidos. Activista por la ordenación de las mujeres en la Iglesia católica romana, fue también muy activa en la organización de comunidades alternativas. Entre sus numerosas obras se destacan *En la Lucha/In the Struggle: Elaborating a Mujerista Theology* (décima edición, 2003), *Mujerista Theology: A Theology for the Twenty-First Century* (1996), y junto a Fernando Segovia fue co-editora de *Hispanic/Latino Theology: Challenge and Promise* (2006).

Knox, Juan (1514-1572): Líder principal de la reforma escocesa, quien estableció el tono moral austero de la Iglesia de Escocia y modeló la forma democrática de gobierno que esta adoptó. Luego de un período de encarcelamientos en Inglaterra y exilios en el continente europeo, volvió a Escocia, donde supervisó la preparación de la constitución y liturgia de la Iglesia Reformada Presbiteriana. Su obra literaria más importante fue la *Historia de la Reforma en Escocia*.

Lactancio (ca. 240-ca. 320 d.C.): Retórico latino, historiador y apologista cristiano. Al comenzar las persecuciones en el año 303, habiéndose convertido al cristianismo, renunció a su puesto de profesor de oratoria en Nicomedia, conferido por Dioclesiano. Comenzó a escribir apologética cristiana para los paganos ilustrados y también para los cristianos perturbados por los desafíos intelectuales de la época. Entre sus obras se encuentran: *Institutos divinos* y *La muerte de los perseguidores*.

LaCugna, Catherine Mowry (1952-1997): teóloga católica romana, fue profesora de teología en la Universidad de Notre Dame (Indiana, EE. UU.). En su libro *God for Us: The Trinity and Christian Life* [Dios para nosotros: La Trinidad y la vida cristiana], publicado en 1991, trata de demostrar que la doctrina trinitaria "es un esfuerzo por expresar la fe básica de los cristianos." Fue editora de *Freeing Theology: the Essentials of Theology in Feminist Perspective* [Liberando la teología: Temas esenciales de la teología en perspectiva feminista].

Lucchetti-Bingemer, María Clara (1949-): Teóloga brasileña, docente de la Universidad Católica de Rio de Janeiro. Desarrolló su actividad académica en diversas áreas de la teología tales como la sistemática, la pastoral y la ética, así como también la espiritualidad y la antropología de la religión. En su trabajo por la situación y el lugar de las mujeres en la sociedad y la iglesia, mantiene que sólo a través de la conjugación de ambos géneros –femenino y masculino– la iglesia y la sociedad pueden enriquecerse y encontrar soluciones a los graves problemas sociales que enfrentan. Su convencimiento es que "la lucha de las mujeres en América Latina es inseparable de la lucha de los pobres." Es autora de numerosos libros, entre ellos: *Alteridade e vulnerabilidade*; *Experiencia de Deus e pluralismo religioso no moderno em crise*; *O impacto da modernidade sobre a religiao*; *O segredo feminino do misterio*; *O misterio de Deus na mulher*; *Maria, Mãe de Deus e Mãe dos pobres* (con Ivone Gebara).

Lutero, Martín (1483-1546): Monje y teólogo alemán, nacido en Eisleben, Sajonia, es el principal exponente de la Reforma del siglo XVI. Basó su teología en la noción de que la justicia de Dios –noción tan cara al cristianismo– refiere a lo que Dios hace por los seres humanos en Cristo (justificación), más que a una demanda de Dios impuesta a los seres humanos para su salvación. Esto significa que la justificación es el acto por el cual Dios declara a los pecadores justos al comunicarles o participarles de su gracia y amor. Las principales corrientes protestantes, incluidas muchas expresiones en la tradición anglicana, tomaron como base de su perfil teológico este "descubrimiento" de Lutero. Entre sus numerosas obras se encuentran las de exégesis bíblica, en especial su *Comentario de la Carta a los Romanos*, también obras polémicas como *Sobre el papado de Roma, A la nobleza cristiana, De la cautividad babilónica de la Iglesia, De la libertad del cristiano* y *De servo arbitrio*. Es también el autor de la famosa traducción al alemán del Nuevo Testamento que obtuvo una enorme difusión y del *Catecismo Mayor* y *Catecismo Menor*, escritos confesionales de la Iglesia Luterana.

McFague, Sallie (1933-2019): Teóloga anglicana cuyas obras reflejan un profundo interés por el lenguaje religioso y la hermenéutica, la crítica feminista y la problemática ecológica. Autora prolífica, entre sus libros encontramos: *Teología metafórica* y *Modelos de Dios*, sin traducción al castellano, *The Body of God, Super, Natural Christians, Life Abundant: Rethinking Theology and Economy for a Planet in Peril,* y *Blessed are the Consumers*.

Melanchton, Felipe (1497-1560): Reformador, teólogo y educador alemán, amigo de Lutero y defensor de sus visiones. Fue el redactor de la Confesión de Ausburgo de la Iglesia Luterana en 1530 y autor del primer tratado sistemático de la doctrina evangélica: los *Loci comunes*. A causa de su competencia académica, fue convocado a la tarea de fundar y desarrollar escuelas. Fue así que reorganizó la totalidad del sistema educativo alemán fundando y reformando varias de sus universidades.

Míguez Bonino, José (1924-2012): Tal vez el más sobresaliente de los teólogos protestantes latinoamericanos y autor de fama mundial. En los años 60 y 70 acompañó a teólogos como Gustavo Gutiérrez, Juan Luis Segundo y Jon Sobrino en la articulación de la Teología de la Liberación. También se ha destacado en el campo ecuménico regional e internacional, como asimismo por su participación en distintas organizaciones de defensa de los derechos humanos. Algunas de sus obras más importantes son: *Ama y haz lo que quieras, Espacio para ser hombres, La fe en busca de eficacia, Toward a Christian Political Ethics, Rostros del protestantismo latinoamericano,* y *Poder del evangelio y poder político*.

Moltmann, Jürgen (1926-): Uno de los teólogos más destacados del siglo XX, que volvió a reubicar el tema de la escatología en el corazón de la teología cristiana. De origen alemán, Moltmann tuvo también mucha influencia en la teología latinoamericana y norteamericana, con las cuales mantuvo un diálogo muy estrecho. La obra que dio a conocer su pensamiento fue *Teología de la esperanza* (1966), seguido por otras tales como *El Dios crucificado, Trinidad y Reino de*

Dios, Dios en la creación, El Camino de Jesucristo, y *Ética de la esperanza* entre otras. Su pensamiento se caracteriza por mantener en tensión las dimensiones mesiánicas y apocalípticas del pensamiento bíblico, ensalzando el marco escatológico del compromiso cristiano con la sociedad, la cultura y el resto de la creación.

Próspero de Aquitania (ca. 390-ca. 463 d.C.): Mantuvo correspondencia con Agustín, fue secretario del papa León I, estuvo casado y vivió en una comunidad monástica en Marsella. Entre sus obras más importantes encontramos: *Sobre la gracia y el libre albedrío, Contra el autor de las "Colaciones"* (contra Juan Casiano), el poema *De los ingratos* y la *Vocación de todos los gentiles*.

Ricoeur, Paul (1913-2005): Filósofo francés, nacido en Valence. Fundador de una hermenéutica filosófica entendida como filosofía de la reflexión. Estudió en Rennes e impartió enseñanza en diversos institutos de bachillerato. Posteriormente, fue profesor en las universidades de Estrasburgo (1950-55), París-Sorbona (1956-1966) y París Nanterre (1966-1978). También ha enseñado en el departamento de teología de la Universidad de Chicago. Prolífico escritor, entre sus obras más importante debemos señalar: *Filosofía de la voluntad* (I: *Lo voluntario y lo involuntario*; II: *Finitud y culpabilidad*), *Historia y verdad, De la interpetación: un ensayo sobre Freud, El conflicto de las interpretaciones: ensayos de hermenéutica, La metáfora viva, Tiempo y narración, Ideología y utopía*.

Ruether, Rosemary Radford (1936-2022): Teóloga feminista norteamericana de tradición católica romana, ha sido una de las grandes referentes de esta teología. Su libro *Sexism and God-Talk* constituye un clásico en el campo de la teología y presenta un acercamiento sistemático feminista a los símbolos cristianos. Es autora de numerosas obras en las cuales se reflejan sus principales intereses en la investigación y la enseñanza: la mujer y la justicia social en la historia de la teología. Ella afirma que la integración de la mujer a la educación y al ministerio teológico constituye un período único en la historia de la Iglesia cristiana, período en el que las contribuciones de las mujeres a la vida de la Iglesia pueden finalmente ser recuperadas. Entre sus obras más conocidas se destacan *Sexism and God-Talk; Women Church; Women and Redemption: A Theological History; Gaia and God: Ecofeminist Theology and Earth Healing; Faith and Fratricide; In Our Own Voices: Four Centuries of American Women's Religious Writing* y *The Wrath of Jonah: The Crisis of Religious Nationalism in the Israeli-Palestinian Conflict*.

Schleiermacher, Friedrich (1768-1834): Filósofo y teólogo protestante romántico alemán, iniciador de la teología moderna. Nació en Breslau y estudió en Halle. Como pastor vivió en diversas ciudades hasta instalarse en Berlín, donde formó parte del círculo de los románticos, en el que entró a través de su amigo Friedrich Schlegel. Con él concibió el proyecto, que posteriormente realizaría por su cuenta, de traducir todas las obras de Platón. Apartado de Berlín por la jerarquía eclesiástica protestante, marchó a Halle, donde logró una plaza como profesor de teología entre 1804 y 1806. Posteriormente regresó a Berlín. Entre sus obras figuran: *Sobre la religión*, *Discursos dirigidos a los instruidos entre aquellos que los desprecian*, *Fundamentos de una crítica de la doctrina ética*, *Monólogos*, *La fe* cristiana *según los fundamentos de la iglesia Evangélica*, *Esbozo de un sistema de doctrina ética*, *Dialéctica*, *Fundamentos de la ética filosófica*.

Serapión de Thmuis (ca. 330-360 d.C.): Fue nombrado obispo de Thmuis, en el Delta del Nilo. Recibió entre tres o cuatro cartas de Atanasio acerca del Espíritu Santo, y parece haber asistido al concilio de Sárdica en 343 donde defendió a Atanasio. De su notable producción quedan el tratado *Contra Manichaeos* y algunas cartas.

Sobrino, Jon (1938-): Teólogo jesuita contemporáneo nacido en Barcelona, de padres vascos. Vive en El Salvador desde 1957, lugar desde donde desarrolló gran parte de su actividad pastoral y teológica. Autor de quizá los textos cristológicos más desarrollados de la teología latinoamericana de la liberación, como por ejemplo, *Jesucristo Liberador. Lectura histórico-teológica de Jesús de Nazaret*. Presta especial atención a la importancia de los "pueblos crucificados" y martirizados de América Latina para toda reflexión teológica en nuestro continente. Desarrolla su concepto de la teología como "inteligencia del amor" en su ensayo "Teología en un mundo sufriente. La teología de la liberación como '*intellectus amoris*'" en su libro *El principio-misericordia. Bajar de la cruz a los pueblos crucificados*. Escribió además varias obras sobre la iglesia y numerosos trabajos pastorales.

Sölle, Dorothee (1929-2003): Famosa teóloga y pacifista alemana. Estudió Teología en la posguerra en Rhein, Freiburg y Göttingen. En los años 70, sus *Politischen Nachtgebeten* (*Oraciones políticas nocturnas*) fueron conocidas más allá de Colonia, su ciudad natal. Fue una gran militante del movimiento pacifista y también una sólida contribuyente a la teología feminista. Enseñó 12 años en Nueva York, donde dio clases de Teología Sistemática. Autora de varios libros, entre ellos *Pensar a Dios*, *Qué cristianismo tiene futuro*, y *Mística y Resistencia*. Su teología –producida después de las "teologías de la muerte de Dios"– excluyó el carácter de fatalidad en el sufrimiento, buscando superar la idea de un Dios que se complace en el dolor.

Tertuliano (ca.160-ca.220 d.C.): Padre apologeta que nació en Cartago (actual Túnez). Los pocos datos acerca de su vida provienen de algunas referencias en su obra. Al parecer, su padre era centurión, y Tertuliano recibió una esmerada educación en derecho, filosofía y retórica. Vivió un tiempo en Roma, donde probablemente ejerció como abogado, y se interesó por el cristianismo, aunque su conversión tuvo lugar a su regreso a Cartago, alrededor del 190. A partir de este momento, desplegó una notable actividad polémica contra los paganos y los herejes y en defensa del cristianismo, a través de numerosos escritos, entre los que cabe citar *Ad martyres, Apologeticus, De praescriptione haereticorum, Adversus valentinianos, Adversus Marcionem* y *De baptismo*, entre otros muchos. Tertuliano se convirtió en una figura destacada en la Iglesia del norte de África, aunque es dudoso que llegara a ser ordenado sacerdote. En sus escritos elaboró una prosa latina original y desarrolló el vocabulario que más tarde utilizaría el pensamiento cristiano en torno a la Trinidad y la cristología.

Tillich, Paul (1886-1965): Teólogo luterano de origen alemán, célebre por su método teológico de correlación que buscaba posicionar el lenguaje teológico en diálogo estrecho con las preguntas lanzadas por el contexto y la situación modernas. Para él la teología era una labor constructiva que se nutría tanto de las fuentes "tradicionales" (Biblia, doctrinas, credos) como de las expresiones culturales, artísticas y filosóficas. Entre sus numerosas obras encontramos: *Pensamiento cristiano y cultura en Occidente, La era protestante, Teología de la cultura, El futuro de las religiones, Teología Sistemática* y *En la frontera*.

Tomás de Aquino (1225-1274): Filósofo y teólogo dominico. Nació en Roccasecca, cerca de Aquino, Nápoles. Sus primeros estudios fueron con los benedictinos en Montecassino, luego en la Universidad de Nápoles. Conoce a los Padres Dominicos (comunidad recién fundada) y se une a ellos. Recibió el doctorado de teología en la Universidad de París y a los 27 años es maestro en París (1252-1260). Fue un claro exponente de la teología escolástica, que -en contraposición a la teología más contemplativa y monástica tradicional hasta el momento- se caracterizó por su carácter racional y su ámbito universitario. Su obra profundamente influenciada por la filosofía aristotélica constituye una genial síntesis filosófico-teológica. Su *Summa Theologica*, de carácter teológico-filosófico, se fundamenta en la filosofía, las Escrituras, la teología y los escritos de los Padres antiguos de la Iglesia. Su *Summa contra gentiles*, de carácter más apologético, fue escrita para confrontar a musulmanes, judíos y herejes y contiene una visión de las convicciones cristianas.

Weber, Hans-Ruedi (1926-2020): Pastor de la Iglesia Reformada Suiza, fue profesor del Instituto de Estudios Ecumenicos de Bossey y director de estudios bíblicos del Consejo Mundial de Iglesias desde 1971 hasta su jubilación en 1988. Es autor de varias obras, entre las que encontramos *Experiments with the Bible, The Book that reads me, Kreuz und Kultur, Immanuel: the coming of Jesus in art and the Bible, Salty Christians* y *Un Viernes al mediodía*.

Weber, Max (1864-1920): Sociólogo y economista alemán, nacido en Erfurt, Turingia, en una familia liberal y pietista. Es considerado, junto con Karl Marx y Emil Durkheim, uno de los padres de la sociología moderna. Estudió historia, economía y derecho, y su intensa vida académica estuvo orientada a dar un sólido fundamento metodológico a las ciencias sociales, a definir conceptos fundamentales de la sociología y a investigar los orígenes de la sociedad industrial moderna y el rol de la ética protestante en el desarrollo del capitalismo. Sus obras principales son *La ética protestante y el espíritu del capitalismo*, un estudio sobre sociología de la religión, y *Economía y sociedad*, tratado de sociología general.

Wesley, John (1703-1791): Ministro anglicano, evangelista y fundador, junto a su hermano Charles, del movimiento metodista dentro de la Iglesia de Inglaterra. En 1738, a los 35 años, tiene una experiencia de conversión escuchando la lectura del prefacio al comentario a la Epístola a los Romanos de Lutero. De allí en más, entendió su misión como la predicación de las buenas nuevas de la salvación por la fe. Su entusiasmo dio lugar al rechazo de las congregaciones de la Iglesia de Inglaterra, lo que lo llevó a trabajar en pequeñas sociedades eclesiales y luego a extender su obra a las masas fuera de las iglesias. Los nuevos conversos se reunían en pequeños grupos donde mantenían la comunión y el crecimiento espiritual. Las "sociedades metodistas" (o "bandas") pronto se extendieron en Londres, Bristol y por toda Inglaterra, expandiéndose luego por los Estados Unidos.

Wink, Walter (1935-2012): Fue un teólogo norteamericano metodista, y profesor de interpretación bíblica en el Auburn Theological Seminary en la ciudad de Nueva York. Desarrolló también tareas pastorales y enseñó en el Union Theological Seminary. Conocido por su progresismo y su compromiso con la resistencia no-violenta a los "poderes" (político, económico, social), entre sus obras se destaca la trilogía: *Naming the Powers: The Language of Power in the New Testament*; *Unmasking the Powers: The Invisible Forces That Determine Human Existence* y *Engaging the Powers: Discernment and Resistance in a World of Domination*.

Zinzendorff, Nikolaus Ludwig (1700-1760): Religioso pietista alemán que fundó la comunidad de Herrnhut para el asilo de refugiados moravos. Esta comunidad se caracterizó por la piedad personal, la espiritualidad religiosa y la vida familiar. Zinzendorf impulsó a esta comunidad a convertirse en el centro misionero de su época y viajó por Europa, India y América del Norte llevando el entusiasmo de la hermandad morava. Escribió en alemán, latín, francés e inglés y sus numerosísimos escritos fueron mayormente ensayos, sermones e himnos.

Zizioulas, John (1931-): Prominente teólogo ortodoxo-griego. Estudió teología en Tesalónica y Atenas, recibiendo su doctorado en 1965. Durante 14 años fue profesor de teología en la Universidad de Glasgow, y ha sido profesor visitante en Ginebra, Washington y Londres. Notable ecumenista, fue consagrado Obispo en 1986 y nombrado Metropolitano de Pérgamo. Fue también presidente de la

Comisión Ortodoxa en el diálogo con la Iglesia católica romana. Sus aportes teológicos se destacan en las áreas de teología trinitaria, ecumenismo, y teología ecológica. Su obra más importante es *Being as Communion*.

Zwinglio, Ulrico (1484-1531): Fue el líder más importante de la Reforma Protestante en Suiza. Como sacerdote criticó los abusos de la Iglesia católica romana y mantuvo que los creyentes debían interpretar la Biblia por sí mismos. Cuando, en 1518, fue designado predicador de la Catedral de Grossmünster en Zürich, comenzó a instituir reformas graduales en la iglesia que el cantón llegó a adoptar. Más tarde lo siguieron otros varios cantones abandonando el catolicismo romano. Sus principales diferencias con Lutero fueron sus concepciones teológicas en torno a la naturaleza de la Cena del Señor y la cristología.